안심하라!
네 믿음대로
되리라!

안심하라!
네 믿음대로
되리라!

양총재 지음

kmc

"치유와 회복 그리고 봉사"

 목사는 평생 설교합니다. 설교는 기록된 말씀을 이 시대에 선포하는 것입니다. 설교를 위해 성경을 선택하는 능력이 설교자의 신학적 자질이라면 그것을 선포하는 능력은 설교자의 실천적 자질입니다. 이론과 실천의 조화는 모든 목사들이 바라는 이상적인 설교자의 능력입니다. 그러나 오늘날 설교자들 중에 그 조화를 이루지 못하는 경우가 많고, 있더라도 오랫동안 지속하기가 결코 쉽지 않습니다.

홍보출판국(도서출판 KMC)에서 「안심하라! 네 믿음대로 되리라!」는 책이 출판되었습니다. 이 책의 특징은 목사에게 요구되는 이론과 실천이 조화를 이루었다는 것입니다. 베데스다 연못가에서 38년 동안 앓은 병이 낫기를 원했던 병자가 "일어나 네 자리를 들고 걸어가라(요 5:8)"는 예수님의 말씀을 의심 없이 믿으므로 그 병이 나았던 것을 볼 때, 양총재 목사가 기록된 말씀대로 설교하고 그것을 들은 많은 교인들이 믿음의 증거들을 체험했다는 것은 지극히 당연한 결과입니다.

양총재 목사는 올해로 목회 경력 38년이 되었습니다. 38년 동안 목양일념을 걸어왔기에 겉으로는 단순해 보이지만, 그 안에는 말로 다할 수 없는 뜨거운 영성이 내재되어 있습니다. 그 증거가 「안심하라! 네 믿음대로 되리라!」는 책입니다. 여기에 실린 간증들은 한서교회의 신앙고백인 동시에 이 시대를 사는 기독교인들의 신앙고백입니다. "교회를 왜 다니느냐?"는 질문에 한서교회의 교인들은 '치유와 회복과 봉사'를 위해 다닌다고 말합니다. 담임목사의 설교를 듣고 은혜 받아 병든 육신과 영혼이 치유되고 회복되어 하나님의 일꾼으로 봉사하며 살아가기 때문입니다.

이제 설교로 고민하는 이들에게 이 책을 권합니다. 목회의 방향을 정하지 못한 이들이나, 타성에 젖은 이들에게 이 책은 이정표가 될 것입니다. 믿음과 행함의 조화야말로 교회를 교회답게 하는 영원한 주제입니다. 그 주제를 38년 동안 지켜온 양총재 목사야말로 모든 설교자의 귀감입니다.

신경하 감독회장

"꿈과 희망을 심어주고 미래를 열어가는 말씀"

양총재 목사께서 매 주일 설교한 것을 책으로 엮어서 출판하게 된 것을 축하해 마지않습니다. 한교회에서 설교한 것을 책으로 묶는다는 것은 그의 성실함과 기획적인 노력의 결과이기에 축하하는 바입니다. 일반적으로 말로 하는 것은 쉽지만, 글과 책으로 엮는 것은 쉽지 않기 때문입니다.

사람들은 꿈과 희망을 갖고 살아갑니다. 잃어버린 자화상과 영원을 추구합니다. 그러나 한번 주어진 생을 값지고 보람 있게 살기는 힘듭니다. 그래서 늘 아름답고 뜻있는 인생을 살아가고 있는가를 돌아봅니다. 어둠 속에서 희망을 추구하며 본향으로 가는 일을 게을리하지 않으려고 노력합니다. 양총재 목사는 어둠 속에서 방황하는 사람들에게 꿈과 희망을 심어주고 격려하며 미래를 열어주는 데 열과 성을 다했으며, 그들에게 생기를 갖게 했습니다.

이 책은 세상에서 고통과 시련을 겪는 사람들에게 그것을 극복하고 새로운 미래를 열어가는 삶을 살도록 가르치고 격려하기 위해 양총재 목사가 부단히 노력해 왔음을 보여주고 있습니다. 이 책을 읽는 사람들의 가슴에 감동을 주고 꿈과 희망을 심어준다고 믿습니다.

목사에게는 세 방이 있어야 한다고 합니다. 첫째는 심방, 둘째는 기도방, 셋째는 책방이라고 합니다. 양총재 목사는 그 방들을 고루 갖춘 능력있는 설교자요 목회자입니다. 이 설교집은 시공을 초월해 어디서나 누구에게나 하나님 말씀을 접하게 하는 장점을 지니고 있습니다. 한번 설교된 말씀이 문자화되어 책으로 나왔으니 오랫동안 보존되고 전파될 수 있어 매우 의미 있는 일이라 생각되어 축하를 드리는 바입니다.

하나님께서는 여러 가지 방법을 사용하셔서 교회를 세워나가시는데, 이번에 나온 양총재 목사의 책이 많은 사람들의 인생을 하나님 중심으로 변화시키는 새로운 역사가 일어나기를 바라면서 이 책을 적극 추천하는 바입니다.

김지길 감독(전 감독회장)

"믿음의 원동력이 되는 말씀"

양총재 목사의 저서 「안심하라! 네 믿음대로 되리라!」의 추천사를 쓰게 되어 매우 기쁩니다. 이 책은 일반 설교집과 다르게 양총재 목사와 함께 주님 안에서 호흡하는 한서교회 성도들의 신앙고백이 포함되어 있습니다. 설교자의 선포와 회중들의 응답이 한 책에서 만나 서로 대화하는 쌍방향의 소통이 이루어지고 있습니다. 성도들을 향한 목회자의 애끓는 사랑과 선포되는 말씀 속에서 환희와 감격을 체험한 회중의 고백이 아름다운 하모니를 이루고 있습니다. 살아 역사하시는 말씀의 역동성이 성도들 속에서 삶의 변화로 나타났습니다.

현대를 포스트모던 사회라 합니다. 포스트모던이란 사람들이 딛고 있는 토대가 불분명함을 의미합니다. 현대인들은 한결같이 흔들리는 터전 위에 발을 딛고 살아갑니다. 누구도 쉽게 현대인들에게 "안심하라!"고 말할 수 없습니다. 그러나 역사와 인생의 삶을 이끄시는 주님께서는 분명하게 "안심하라!"고 말씀하실 수 있습니다. 주님의 말씀을 받은 지도자들 역시 시대를 선도하며, 주님의 교회에 분명한 목표를 제시해 줍니다. 그리고 시대의 흐름과 조류에 매몰되지 않고, 억압과 강제가 아닌, 합의와 조화를 통해 공동체를 이끌어 갑니다. 양총재 목사는 흔들리는 터전을 살아가는 성도들에게 예수 그리스도 안에서 분명한 삶의 목표를 제시하고 있습니다. 주님의 은혜 속에서 한서교회의 성도들은 말씀을 들으며 삶의 변화와 감격으로 그의 메시지에 화답했습니다.

오늘날 한국교회는 영적 · 도덕적 회개와 갱신의 전환기에 처해 있습니다. 우리는 그 어느 때보다 교회의 사회적 책임에 대해 진지하게 고민하고 있습니다. 교회의 영적 부흥은 사회적 지도력의 회복과 무관하지 않습니다. 시대를 선도하는 지도력은 무에서 나타나는 것이 아니라, 풍부한 경험과 전통의 계승을 통해 창조되는 것입니다. 교제는 양총재 목사의 설교와 한서교회 성도들의 간증 속에서 감리교회의 위대한 경험과 소중한 자산을 발견했습니다.

감리교회는 딱딱한 교리의 무덤이 아닙니다. 살아 역사하는 말씀의 위대한 능력이 성도들의 경험 속에 나타나는 생생한 삶의 현장입니다. 존 웨슬리의 표준설교 44편이 영국과 세계를 변화시키는 감리교운동의 근원적 힘이 되었던 것처럼, 양총재 목사의 설교집 「안심하라! 네 믿음대로 되리라!」가 한서교회의 거룩한 합창이 되고, 감리교회와 이 사회를 변화시키는 믿음의 원동력이 되길 기대합니다.

표용은 감독(전 감독회장)

"해 아래 새 것이 없다"

예수 그리스도께서 처음 선포하신 말씀은 "때가 찼고 하나님 나라가 가까웠으니 회개하고 복음을 믿으라(막 1:15)"입니다. 성경은 하나님 나라에 대한 비전을 분명하게 제시합니다. 하나님 나라는 예수 그리스도를 믿는 사람들의 심령에서 싹트고, 가정 사회 국가 그리고 땅 끝까지 퍼져 나갑니다. 이는 기독교인들의 이상이며, 감리교인들은 하나님의 뜻이 실현된 인류 사회가 천국임을 믿습니다.

교회는 예수 그리스도께서 선포하신 하나님 나라를 이루는 원동력을 제공합니다. 그 구체적인 실천이 하나님 사랑과 이웃 사랑입니다. 하나님 사랑은 믿음의 순종을 통해 성취되고, 이웃 사랑은 섬김의 도를 실천할 때 비로소 이루어집니다. 하나님을 사랑하지 않으면 이웃을 사랑할 수 없습니다. 기독교인의 영적 각성은 하나님 나라의 말씀 사건을 통해 이루어집니다. 말씀을 통해 변화된 기독교인들이 삶의 자리에서 구원에 감사하며 살아갈 때 하나님 나라가 이루어진다고 믿습니다.

저는 말씀선포를 준비하면서 "해 아래 새 것이 없다"는 전도서의 가르침과 다른 목회자들의 설교에 대한 고민에 공감했습니다. 그 결과 다양한 자료와 깊은 명상, 다른 설교와 주님을 만난 이들의 간증, 매스컴을 통해 전해진 세상 사람들의 삶에 대한 관찰과 연구를 게을리하면 안 된다는 다짐 속에서 힘쓰는 중 성령의 감동이 더하여 비로소 말씀이 준비되고 선포되는 것을 늘 체험해 왔습니다.

이 책에는 말씀으로 변화된 기독교인들의 삶이 소개되어 있습니다. 바쁜 목회 일정이었지만, 제가 담임하는 교회의 성도들과 더불어 하나님 사랑과 이웃 사랑을 실천하려고 노력했고, 그 믿음의 실상이 소개되어 있습니다. 그것을 책으로 엮는 과정에서 망설였지만, 무엇보다 이를 통해 의에 주리고 목마른 심령들에게 소망이 되기를 바라는 마음에서 출판을 결정했습니다.

이 책에 소개된 요약 설교들은 매 주일 성도들의 간증문과 함께 교회 주보에 게재된 것입니다. 이를 통해 교회의 초신자들에게 믿음의 길로 나아가는 이정표를 제시했고, 불신자와 지역 주민들에게 복음을 전했습니다. 특히 간증문은 말씀으로 능력 받고 성령을 따라 산 삶의 증거요, 말씀을 생명으로 여긴 성도들의 고백과 찬양입니다.

이 책을 출판하면서 한서교회 기획위원들과 성도들에게 감사드리며, 교정과정에 참여하신 부목사님들에게 고마움을 전합니다. 출판에 심혈을 기울여 주신 홍보출판국 김광덕 총무님과 직원들께 감사드립니다. 추천사로 책을 빛내주신 김지길 감독님과 표용은 감독님께 감사드립니다. 바쁘신 중에 격려사를 써 주신 신경하 감독회장님께 감사드립니다. 끝으로 평생 기도의 후원자인 아내 마현숙과 자녀들에게 사랑의 마음을 전합니다. 감사합니다.

2007년 7월
망원동에서 양총재 목사

차례

해결 받은 사람 ' 바람직한 그리스도인 ' 다투는 세상에 평화를 ' 심각한 문제라도 쉽게 풀 수 있다 ' 고치시며 도우시는 하나님 ' 옥합을 깬 감사 ' 범사에 감사하라 ' 하나님의 도우심 ' 순종하는 이가 받을 은혜 ' 주님의 뜻대로 이루어지이다 ' 그 큰 사랑 ' 승리는 믿는 자의 것

하나 · 주님의 말씀대로

한서교회 예배 설교(2004~2005년)

■■■ 풍랑으로 두려워 떠는 제자들에게 주님은 "안심하라 내니 두려워 말라"고 말씀하셨습니다. 그 배에 주님이 함께 오르시니 바람이 그치는 역사가 일어났습니다. 우리가 타고 가는 배에 주님이 함께하시면 모든 문제가 해결됩니다.

그리스도인의 삶의 자세

야고보서 1:2~8

값이 비싼 구두는 가장 많이 두들겨 맞은 가죽으로 만든 제품이라고 합니다. 대장장이에게 많이 두들겨 맞은 쇠로 만든 농기구가 튼튼하고 오래 사용할 수 있습니다. 이처럼 하나님께로부터 오는 시험은 우리의 신앙을 성숙하게 합니다.

　　야고보 사도는 흩어져 있는 열두 지파에게 문안하며 신앙생활에 있어 매우 중요한 "믿음과 행함"의 진리를 말하고 있습니다. 여기에서 "흩어져 있는 열두 지파"는 오늘을 사는 그리스도인들을 향한 권면으로 바꾸어 볼 수 있습니다.

　　2절과 12절 말씀을 보면, '시험'에 대한 권면의 말씀이 있습니다. 2절에서는 "시험을 만나거든 온전히 기쁘게 여기라" 권면하고 있고, 12절 말씀에서는 "시험을 참는 자가 복이 있다"고 말씀하고 있습니다. 시험은 크게 두 가지로 구분됩니다. 하나는 하나님께로부터 오는 시험이고, 다른 하나는 마귀가 주는 시험입니다. 하나님께로부터 오는 시험은 신앙의 연단과 훈련으로 참고 견딤으로 하나님의 큰 뜻을 이룰 수 있습니다. 그러나 마귀가 주는 시험은 유혹과 같은 것으로 우리가 예수 그리스도의 이름으로 물리쳐야 하는 것입니다. 2절과 12절에서 야고보 사도가 권면하고 있는 "시험"은 바로 앞에서 설명한 하나님께로부터 오는 시험, 곧 연단과 훈련을 의미합니다.

올림픽에 임하는 선수들이 훈련이나 연단을 포기하면, 올림픽에서 승리의 면류관을 받을 수 없습니다. 나비가 번데기 껍질을 뚫고 나오는 과정은 매우 고통스럽고 많은 시간이 걸린다고 합니다. 만일 번데기 껍질을 뚫고 나오는 것을 인위적으로 사람이 도와주면, 그 나비는 얼마 날지 않고 죽습니다. 값이 비싼 구두는 가장 많이 두들겨 맞은 가죽으로 만든 제품이라고 합니다. 대장장이에게 많이 두들겨 맞은 쇠로 만든 농기구가 튼튼하고 오래 사용할 수 있습니다. 이처럼 하나님께로부터 오는 시험은 우리의 자아를 건강하게 하며, 우리의 신앙을 성숙하게 합니다. 연단은 때때로 실패, 질병, 슬픔, 그리고 정신적 고통과 같은 방법으로 우리를 찾아옵니다. 훈련이 힘들다고 포기하면 안 됩니다. 시험을 견뎌 금과 같이 빛나는 믿음의 사람들이 되어야겠습니다.

두 번째로 5절 말씀에는 "지혜를 구하라"고 기록되어 있고, 6절 말씀에는 "믿음으로 구하라"고 기록되어 있습니다. 여기서 "지혜를 구하라"는 것은 기도의 내용을 의미하고, "믿음으로 구하라"는 것은 기도의 방법을 뜻합니다. 열왕기상 3장 말씀을 보면, 솔로몬이 일천 번제를 하나님께 드리고 꿈에 나타나신 하나님께 지혜를 구하는 장면이 나옵니다. 솔로몬은 하나님께 "지혜로운 마음을 종에게 주사 주의 백성을 재판하여 선악을 분별하게 하옵소서"라고 기도합니다(왕상 3:9). 여호와께서는 이와 같은 솔로몬의 기도를 기뻐 받으십니다. 열왕기서 기자는 "그 말씀이 주의 마음에 맞은지라"로 기록하고 있습니다(왕상 3:10). 솔로몬과 같이 지혜를 하나님께 구해야겠습니다.

지혜란 하나님의 선물입니다. 우리 모두 하나님을 알고 하나님을 제대로 섬기는 지혜를 선물로 받아야 합니다. 지혜는 우리가 어려움에 처했을 때에 그 어려움을 극복할 수 있는 유용한 수단이 됩니다. 유대인들은 자녀들에게 생선을 먹이기보다 생선을 잡는 방법을 가르쳐 주었습니다.

옛날 어떤 마을에 한 부자가 있었습니다. 그에게는 세 명의 아들들이 있었고, 그 중 자신의 재산을 잘 관리하고 운영할 수 있는 아들을 선택하고 싶었습니다. 하루는 부자가 아들들을 불러 놓고 만원 한 장씩을 나누어 주었습니다. 그리고 큰 방을 아들들에게 보여 주고 만원 한 장으로 이 방을 가득 채울 수 있는 것을 사 오라고 했습니다. 큰 아들은 건초를 한 다발 사왔습니다. 그러나 그 건초로는 큰 방을 다 채울 수 없었습니다. 둘째 아들은 솜을 사왔는데, 그 솜으로도 방을 채울 수가 없었습니다. 끝으로 셋째 아들이 부자에게 왔습니다. 셋째 아들은 빈손으로 아버지 앞에 나왔습니다. 부자가 물었습니다. "너는 어찌하여 빈손으로 왔느냐?" 아들이 대답하기를, "길거리에서 불쌍한 거지 한 명을 만났는데, 배고픈 거지를 식당으로 데려가 밥을 먹이고 남은 돈으로 이 초를 사 왔습니다."라며, 주머니에서 조그마한 양초를 꺼내 들었습니다. 셋째 아들은 꺼내 든 양초에 불을 붙인 후, 그 초를 큰 방에 놓았습니다. 큰 방은 촛불로 환하게 채워졌습니다. 그 부자는 지혜로운 셋째 아들에게 자신의 재산을 운영하고 관리할 수 있게 하였습니다.

오늘날과 같이 어지러운 세상을 살아가기 위해서는 지혜가 반드시 필요합니다. 잠언 16장 16절을 보면, "지혜를 얻는 것이 금을 얻는 것보다 낫고, 명철을 얻는 것이 은을 얻는 것보다 낫다"고 기록되어 있습니다. 세상에 있는 학교는 지식을 가르치지만, 교회에 있는 학교는 지혜를 가르칩니다. 생명을 얻을 수 있는 이 소중한 지혜를 선물로 받기를 소망해야겠습니다.

다음으로 야고보 사도는 "사람마다 듣기는 속히 하고 말하기는 더디 하며 성내기도 더디 하라"(약 1:19)고 권면하고 있습니다. 야고보서 2장 6절에 보면, "혀는 곧 불이요 불의의 세계라 혀는 우리 지체 중에서 온몸을 더럽히고 생의 바퀴를 불사르나니 그 사르는 것이 지옥 불에서 나느니라"고 기록되어 있습니다. 우리의 혀는 하나님의 은혜를 찬송하고 복음을 전하는 일에 소중하게 사용되어야 합니다. 복음을 전함이란 야고보서 1장 21~22절에 기록된 것처럼 예수님의 도(道)를 받는 것과 예수님의 도(道)를 행하는 것을 의미합니다. 들은 말씀을 생활에 실천해야겠습니다.

마지막으로 27절 말씀처럼 "자기를 지켜 세속에 물들지 않는" 성도들이 되어야 합니다. 세속에 물들지 않는다는 것은 경건의 생활을 연습하는 것을 의미합니다. 하나님께 속한 경건은 성도에게 매우 큰 힘이 됩니다. 경건의 실천을 통해 주님의 의를 이루고, 오늘을 사는 그리스도인의 삶의 자세를 확립해야겠습니다.

2004.3.21

안심하라! 네 믿음대로 되리라!

마태복음 9:18

풍랑으로 두려워 떠는 제자들에게 주님은 "안심하라 내니 두려워 말라"고 말씀하셨습니다. 그 배에 주님이 함께 오르시니 바람이 그치는 역사가 일어났습니다. 우리가 타고 가는 배에 주님이 함께하시면 모든 문제가 해결됩니다.

주님은 질병으로 고통 받는 이들에게 안심하라 말씀하십니다.(마 9:2)

화학무기 탄저균의 주성분인 보톨리니우스는 주름살을 없애는 보톡스 주사의 원료가 되기도 합니다. 이처럼 양약과 독약의 차이는 그 양에 달려 있습니다. 우리 인생에 불안, 근심, 걱정, 실패, 그리고 절망이 찾아올 때가 있습니다. 중요한 것은 우리에게 찾아오는 근심을 우리가 어떻게 관리하는가 하는 것입니다. 때때로 그러한 근심이 우리의 생활을 변화시키고 주님만을 의지하게 하는 양약이 될 수 있기 때문입니다. 침상에 누운 중풍병자에게 주님은 말씀하십니다. "소자야 안심하라 네 죄 사함을 받았느니라"(마 9:2). 병의 근원은 죄에 있습니다(창 3:16). 예수님께서는 우리의 죄를 사하여 주십니다. 질병과 고통과 수고와 불안의 원인을 제거하는 권세가 바로 우리 주 예수님께 있습니다.

하버드 의대의 연구 결과에 따르면, 마음과 육체의 고통 사이에는 긴밀한 상관관계가 있다고 합니다. 마음이 아프면 몸도 아프게 됩니다. 나를 치료하실 수 있는 주님께 모든 것을 의지해야 합니다. 그래서 인생의 모든 어려움을 이겨야겠습니다.

고통이 길더라도 안심하십시오.(마 9:21)

열두 해 동안 혈루증을 앓던 여인은 믿음으로 예수님의 겉옷을 만졌을 때에 치료의 역사를 경험합니다(마 9:20~21). 주님께서는 여인에게 "안심하라 네 믿음이 너를 구원하였다"라고 말씀하셨습니다 (마 9:22). 예수님께서 말씀하신 "그 시로" 여인은 질병에서 구원함을 얻었습니다. 병에서 치료함을 받는 것은 1단계에 속한 것입니다. 죄의 뿌리를 뽑으시는 주님께서는 더 깊은 단계의 온전한 구원을 이루십니다. 최근 미국 의과대학의 커리큘럼에는 영적 문제를 다룬 과목이 포함되어 있습니다. 그것은 질병이란 인간의 마음속 불안에서 온다는 연구결과를 토대로 한 것입니다. 주님의 옷자락을 만짐으로 구원을 얻었던 여인처럼, 오직 주님만을 의지해야 합니다.

주님이 함께하시면 모든 문제가 해결됩니다.(마 14:22~33)

풍랑으로 두려워 떠는 제자들에게 주님은 "안심하라 내니 두려워 말라"(마 14:27) 말씀하셨습니다. 그 배에 주님이 함께 오르시니 바람이 그치는 역사가 일어났습니다(마 14:32). 우리가 타고 가는 배에 주님이 함께하시면 모든 문제가 해결됩니다. 풍랑이 중요한 것이 아닙니다. 우리 주님을 우리 마음에 모셨는가 모시지 않았는가 하는 것이 중요합니다. 때때로 소리쳐 "나를 도와달라" 부르짖지 않기 때문에 응답의 역사를 체험하지 못하는 것입니다. 부르짖기 바랍니다. 간절히 기도하기 바랍니다. "안심하라 내니 두려워 말라" 말씀하시며 우리의 영혼을 울리시는 주님의 음성으로 늘 새 힘을 얻기 바랍니다.

2005.4.17

시험을 참고 견디라!

야고보서 1:2~15

시험은 누구에게나 찾아옵니다. 우리는 시험이 올 때에 이를 온전히 기쁘게 여길 수 있어야 합니다. 끝까지 인내하심으로 생명의 면류관을 주님께 받읍시다.

믿음과 행함(약 2:14)

우리는 믿음으로 구원을 받습니다. 믿음은 삶을 통해 드러나고, 행위를 통해 확증됩니다. 행함은 우리의 믿음을 평가하는 중요한 기준이 됩니다. 아름다운 행위는 아름다운 믿음을 보여 주는 것입니다. 결국 우리는 선한 행위를 위해 구원을 받는 것입니다. 따라서 선한 행위는 구원의 결과요 열매인 것입니다.

하나님께서 아시는 믿음(시 139)

믿음은 형이상학적인 것임에도 불구하고, 믿음을 측정할 수 있는 세 가지의 기준이 있습니다. 첫째, 나 자신이 나의 믿음을 알 수 있습니다. 둘째, 나와 가장 가까이 있는 사람도 나의 믿음을 알 수 있습니다. 그리고 셋째, 우리의 믿음을 하나님께서 분명히 아십니다.

하나님께서는 우리에게 지금 무엇이 필요한지를 잘 아십니다(마 6:32). 심지어 하나님께서는 우리의 머리털까지도 세십니다(마 10:30). 주께서는 나를 감찰하시고 아십니다(시 139:1). 주님께서는 내가 말하지 않은 것까지 미리 아십니다(시 139:4). 어머니의 태에서 우리가 조성되기 이전에 주님께서는 우리를 알고 계셨습니다(시 139:13). 그 하나님께서 지금 이 순간 우리를 주목하고 계십니다.(시 32:8)

주님의 인내를 생각하라(약 1:2~4)

여러 가지 시험이 올 때에 참을 수 있어야 합니다. 시험은 누구에게나 찾아옵니다. 우리에게 다가오는 시험 역시 매우 다양합니다. 중요한 것은 시험을 대하는 우리의 자세입니다. 우리는 시험이 올 때에 이를 온전히 기쁘게 여길 수 있어야 합니다(약 1:2). 믿음의 시련이 인내를 만들기 때문입니다(약 1:3~4). 하나님의 시험과 마귀의 시험은 동기와 결과가 다릅니다. 하나님의 시험은 우리의 믿음에 유익이 됩니다. 그러나 마귀의 시험은 우리를 멸망의 도가니로 몰고 갑니다. 하나님의 시험은 믿음의 좁은 길로 갈 때에 찾아오지만, 마귀의 시험은 세상의 넓은 길로 갈 때에 우리를 유혹합니다. 하나님의 시험을 참는 자에게는 복이 찾아옵니다(약 1:12). '참는다' 는 뜻의 헬라어 '휘포메노' 는 '위에서 눌러도 참고 견디다' 라는 뜻이 있습니다. 나중까지 견딜 수 있어야 합니다.

주님은 말씀하십니다. "또 너희가 내 이름을 인하여 모든 사람에게 미움을 받을 것이나 나중까지 견디는 자는 구원을 얻으리라"(마 10:22). 참을 수 있어야 합니다. 우리의 신앙은 인내의 열매를 통해 성숙합니다. 나중까지 견뎌야 구원을 얻을 수 있습니다. 힘들고 어려울 때, 시험을 이기지 못하여 도망하고 싶을 때, 주님의 인내를 생각하십시오. 갈보리의 십자가를 지신 예수님, 아무런 죄도 없이 채찍에 맞으신 예수님, 인내로 주님은 부활의 생명을 이루셨습니다. 끝까지 참으심으로, 끝까지 인내함으로, 생명의 면류관(계 2:10)을 주님께 받읍시다.

2005.4.24

건전한 가정, 행복한 가정

출애굽기 12:21~28

가족을 사랑하는 최고의 표현은 가족의 영혼을 구원하는 일입니다. 가족 전체의 구원으로 개인의 부흥뿐 아니라, 교회 전체의 부흥을 이루어야겠습니다.

건강한 가정은 서로를 신뢰하고 사랑합니다.(출 12:24)

건강한 가정은 하나님의 말씀을 지키며 그 말씀대로 순종하는 가정입니다(출 12:24). 하나님의 말씀이 거하는 가정에는 가족 구성원 안에 신뢰감이 깊게 됩니다. 밀레의 명화 '만종'을 보면, 들녘에서 기도하는 부부의 모습이 묘사되어 있습니다. 멀리 교회의 모습은 마치 저녁 기도시간을 알리는 교회의 종소리가 은은하게 울리는 것만 같습니다. 밀레의 '만종'이 주는 교훈은 부부의 깊은 신앙과 화목한 부부의 모습입니다. 사랑과 신뢰는 가족관계와 부부관계에서 가장 근본적인 원리입니다. 주님 안에서 피차 뜨겁게 사랑하기 바랍니다. 그리고 더욱 깊이 신뢰하십시오.

건강한 가정은 주님 안에서 하나 됨을 이룹니다.(출 12:24)

한 가정이 신앙의 건강을 이루기 위한 가장 이상적인 방법은 가족 전체가 한 교회를 섬기는 것입니다. 나누어짐은 가족 구성원이 하나 되는 것에 장애가 될 수 있습니다. 특히 누구 한 사람만을 사랑하는 편애는 가족 관계를 깨뜨리는 불행의 원인이 될 수 있습니다. 성경에는 이삭은 에서를 사랑하고, 그의 아내 리브가는 야곱을 사랑하였다고 기록되어 있습니다(창 25:28). 이러한 편애가 가족을 분열시키는 근원이 되었습니다. 시기, 질투, 그리고 분쟁에서 헤어날 때, 우리는 건강한 신앙생활을 할 수 있습니다. 분열은 하나님께서 기뻐하지 않으십니다. 부모와 자녀가 주님 안에서 하나 됨으로 아름다운 가정을 이루고, 하나님께 영광 돌립시다.(출 12:24)

행복한 가정은 건전하고 긍정적인 사고에서 시작됩니다.(잠 14:30)

건전하고 긍정적인 사고는 직장과 가정생활에 행복을 줍니다. 건전하고 긍정적인 사고는 마음의 평화에서 비롯되는데, 우리 마음에 평화를 주시는 분은 하나님이십니다(잠 14:30). 이스라엘의 2대 임금 다윗 왕은 하나님 앞에 진실하였습니다. 그래서 다윗은 40년 동안 백성들의 존경과 사랑을 받으며 이스라엘 왕국을 통치하고, 그 후손을 통해 왕권이 계승되었으며 다윗의 혈통을 통해 인류의 구세주이신 예수 그리스도께서 출생하시는 영광을 얻게 되었습니다. 그러나 다윗을 시기하고 질투한 사울 임금은 그의 당대에서 끝나고 말았습니다. 행복한 가정 그리고 행복한 교회를 이루기 위해 매사를 긍정적인 신앙의 자세로 임하기 바랍니다.

건강하고 행복한 가정은 영혼 구원을 위해 열심히 전도합니다.(출 12:21)

"너희 가족대로 어린 양을 택하여 유월절 양을 잡고"(출 12:21)라는 말씀처럼, 가정 전체가 하나님께 신령과 진정으로 예배하기를 바랍니다. 누가복음 16장의 부자와 거지 나사로의 이야기는 가족의 구원이 전도자에게 달려 있음을 보여 줍니다. 가족을 사랑하는 최고의 표현은 가족의 영혼을 구원하는 일입니다. 우리 모두 가족 전체의 구원으로 개인의 부흥뿐 아니라, 교회 전체의 부흥을 이루어야겠습니다.

2005.5.8

강권하여 데려옵시다!

누가복음 14:16~24

하나님의 성전은 주님의 백성으로 가득차야 합니다. 우리의 심령 역시 예수님으로 충만해야 됩니다. 주님의 거룩한 성품으로 자아를 채우며, 전도함으로 주님의 몸 된 성전을 거룩한 백성으로 채우는 전도자들이 되어야겠습니다.

한 책의 사람, 존 웨슬리

한 책의 사람, 곧 성경의 사람인 존 웨슬리 목사님은 1703년 영국 국교회의 목사인 사무엘 웨슬리와 수산나의 열다섯 번째 아들로 태어났습니다. 1709년 1월 9일(6세), 엡워드 사제관의 화재에서 기적적으로 소생한 존 웨슬리는 자신을 "불속에서 건져낸 부지깽이"라 부르며, 위기가 올 때마다 위기를 이기게 하여 주신 하나님의 은혜를 생각하였습니다. 1729년 영국 옥스퍼드대학교에서 신성 클럽(Holy Club)의 지도자가 되어 경건과 전도, 그리고 사회봉사를 통해 하나님께 헌신을 다짐하고, 1735년에는 동생 찰스와 신성클럽 회원들과 대서양을 횡단하여 미국 조지아 주의 선교사로 떠나게 되었습니다. 그 해 12월 항해 중 큰 폭풍을 만난 존 웨슬리는 폭풍우 가운데도 죽음을 두려워하지 않고 하나님을 찬양하는 26명의 모라비안 교도의 믿음을 통해 깊은 감명을 받았습니다.

1738년 5월 24일, 존 웨슬리는 올더스게이트 모라비안 교도의 집회소에서 한 사람이 낭독한 마틴 루터의 로마서 서문을 통해 마음이 뜨거워지는 회심의 체험을 하였습니다. 그 후 존 웨슬리는 1791년 88세의 나이로 런던에서 임종할 때까지, 54,400여 회의 설교를 하였으며, 135,000여 명을 전도하여 예수님을 믿도록 결심시켰습니다. 267년 전, 한 책 곧 성경의 사람, 존 웨슬리의 회심으로 시작된 감리교 운동은 성경, 전통, 이성, 경험(체험)을 신앙의 기초로 삼아 하나님의 나라 확장에 크게 기여하고 있습니다.

강권하여 데려오라(눅 14:21)

어떤 임금이 큰 잔치를 베풀어 사람들을 잔치에 초청하였습니다(마 22:2). 잔치는 즐겁고, 음식이 많으며, 모인 사람들로 인한 기쁨이 있습니다. 예수님께서는 가나의 혼인잔치에서 물로 포도주를 만드시는 기적을 베푸셨습니다(요 2:9). 주님은 혼인집 손님들이 신랑과 함께 있을 때에는 금식할 수 없다며, 예수님과 함께 있는 그 자체가 잔치라고 말씀하셨습니다(마 9:15). 이 땅의 거룩한 성도들이 주님을 만날 최후의 자리는 "어린양의 혼인 잔치"라 기록되어 있습니다(계 19:9). 이를 통해 우리는 기독교의 성격과 출발이 축제에 있음을 알 수 있습니다. 기독교는 축제의 종교입니다. 그런데 잔치에 청함 받은 사람들이 다 일치하여 임금의 초청을 사양합니다(눅 14:18). 밭을 사고, 소를 사고, 장가를 가서 왕의 잔치에 참석 못한다는 것이었습니다(18~20절). 왕이 노하여 종들에게 "가난한 자들과 병신들과 소경들과 저는 자들을 데려오라 하시며 길과 산울 가로 나가서 사람을 강권하여 데려다가 내 집을 채우라" 말씀하셨습니다(21~23절). 그리고 "전에 청하였던 그 사람은 하나도 내 잔치를 맛보지 못하리라"(24절) 엄하게 말씀하셨습니다.

강권하여 데려오라는 것은 억지로 데려오라는 것입니다. 강권하여 데려오지 않으면, 그것은 우리 성도의 책임이 됩니다. 하나님께서는 빈 집을 기뻐하지 않으십니다. 하나님의 성전은 주님의 백성으로 가득차야 합니다. 우리의 심령 역시 예수님으로 충만해야 됩니다. 주님의 거룩한 성품으로 자아를 채우며, 전도함으로 주님의 몸 된 성전을 거룩한 백성으로 채우는 전도자들이 되어야겠습니다.

2005.5.22

말씀하신 그대로 되리라

사도행전 27:20~25

> 연약한 인생이 담대할 수 있는 것은 하나님의 말씀이 우리와 함
> 께하기 때문입니다. 하나님의 말씀은 살아 있고 운동력이 있어
> 좌우에 날선 어떤 검보다도 예리하여 혼과 영과 관절과 골수를
> 찔러 쪼개기도 하며 또 마음의 생각과 뜻을 감찰하십니다.

절망과 실패를 극복하자(행 27:14~20)

인생에 시련의 바람이 불 때가 있습니다. 알렉산드리아 호를 타
고 죄수의 신분으로 로마에 송환되는 바울은 유라굴로라는 광풍을
만나게 됩니다(14절). 바람에 밀려 이리저리 쫓겨 다니는 배의 모습
은 환난과 곤경 속에서 흔들리는 인생을 보여 줍니다(15절). 선원들
은 폭풍에 밀려 이리저리 흔들리는 배의 무게를 가볍게 하기 위해
배 안의 짐들을 바다에 풀어 버렸습니다(18절). 사흘째 되는 날에는
배의 중요한 기구를 자신들의 손으로 바다에 버렸습니다(19절). 여
러 날을 심히 애쓰고 노력했으나, 구원의 여망이 다 없어진 것 같은
커다란 공포가 그들을 찾아왔습니다.(20절)

나락과 같은 깊은 심연의 공포가 우리 인생을 엄습할 때, 구원하

시는 여호와의 손길은 우리를 그러한 심연에서 끌어올려 줍니다. 감사와 사랑은 우리로 하나님의 은총의 손길을 잡게 합니다. 구원은 오직 여호와께로 말미암는 것입니다(요 2:10). 실패한 것 같으나 성공한 삶이 성도의 인생입니다. 하나님을 끝까지 의지하기 바랍니다. 설령 폭풍과 같은 어려움이 우리를 찾아온다 할지라도 끝까지 희망을 잃지 맙시다. 하나님께서는 여호와를 의지하는 성도에게 최종의 승리를 안겨 주십니다.

말씀으로 승리하자(행 27:21~44)

어둠과 풍랑 속에 처한 인생에 환한 빛이 비추고 있습니다. 그 빛은 하나님의 말씀입니다. 구원의 여망이 없는 절망의 상황 속에서 전도자 바울은 담대히 하나님의 말씀을 전합니다. 하나님의 말씀은 생명입니다. 연약한 인생이 담대할 수 있는 것은 하나님의 말씀이 우리와 함께하기 때문입니다. 하나님의 말씀은 살아 있고 운동력이 있어 좌우에 날선 어떤 검보다도 예리하여 혼과 영과 관절과 골수를 찔러 쪼개기도 하며 또 마음의 생각과 뜻을 감찰하십니다(히 4:12). 하나님의 말씀이 선포되자 구원의 여망이 비추기 시작했습니다. 하나님의 말씀을 선포하는 전도자를 하나님께서는 책임져 주십니다. 바울은 배 안의 모든 사람들을 하나님께서 주셨다고 말하였습니다.(행 27:24)

말씀 중심의 신앙은 곧 하나님 중심의 신앙입니다. 도울 힘이 없는 인생들을 의지하지 말고, 풍랑을 잠잠케 하시며 인생을 평안의 길로 인도하시는 주님을 의지합시다. 하나님의 말씀은 우리의 인생에 성공, 행복, 그리고 평안을 안겨 줍니다. 말씀을 의지하여 그대로 실행하니, 알렉산드리아 호의 276명 모두 섬에 상륙하여 구원을 얻게 되었습니다(행 27:44). 하나님을 믿고 의지하기 바랍니다. 성공의 비결이 하나님께 있습니다. 그리고 성공하면 할수록, 하나님의 말씀으로 더욱 철저하게 자신을 관리할 수 있어야 합니다. 하나님의 말씀은 우리 인생을 바르게 인도하는 지표입니다. 말씀을 따라 사는 삶이 바로 성공하는 삶입니다.

2005.5.29

믿어야 들어가는 나라

히브리서 3:7~19

> "오 하나님, 이른 아침 주님께 부르짖나이다. 저에게는 어두움이
> 있지만 주님께는 빛이 있고, 저는 고독하지만 주님은 결코 고독
> 한 저를 떠나지 않으십니다. 저는 주님의 방법을 이해 못하지만
> 주님은 저를 위한 최상의 길을 알고 계십니다. 주 예수 그리스도
> 시여. 주님은 인간의 모든 고통을 잘 알고 계십니다. 제가 주님을
> 알고 주님께 돌아가는 것이 주님의 뜻입니다. 주여, 제가 주님의
> 부르심을 듣고 따르겠사오니 저를 도와주옵소서."
> - 본회퍼(D. Bonhoeffer, 1906~1945)의 기도 중에서

우리는 예수 그리스도를 영접하고 믿음으로 구원을 얻는 영생의
큰 선물을 얻었습니다. 이 구원은 대속의 구원입니다. 우리의 능력
으로는 아무런 값을 지불할 수 없는, 하나님의 아들이신 예수 그리
스도께서, 그 분의 거룩한 피로 값을 대신 지불하신 온전한 은혜의
구원인 것입니다(히 9:14~15). 그래서 우리가 믿음으로 받은 구원은,
비록 우리가 그 값을 지불하지 않았을지라도, 고귀하고 값진 예수
그리스도의 보혈로 얻게 된, 이 세상 그 무엇과도 바꿀 수 없는 큰 값
을 지불하고 받은 값진 구원입니다. 독일 신학자 본회퍼의 말처럼,
우리 모두는 하나님의 큰 은혜를 싸구려로 만들지 말아야 합니다.

예수 그리스도를 믿는 구원받은 백성들인, 성도의 참된 이상은
"하나님의 나라"에 들어가는 것입니다. 그런데, 하나님의 나라에 들

어가는 것은 성도들이 구원받는 것과는 별개의 측면이 있습니다. 우리는 홍해를 건넌 이스라엘 백성 모두가 약속에 땅, 가나안에 들어간 것이 아니라는 것을 익히 알고 있습니다. "들어갈 약속이 남아 있을지라도 너희 중에 혹 미치지 못할 자가 있을까 함이라"는 히브리서 기자의 말씀처럼, 구원받은 백성이라 할지라도, 하나님의 나라에 들어갈 수도 있고, 들어가지 못할 수도 있습니다.(히 4:1)

주님의 나라에 들어가기 위해 겸손한 마음으로, 우리의 마음 밭을 기경하고 부드럽게 하여야 합니다. 하나님 나라의 백성은 마음 밭이 강퍅하게 되는 것을 피해야 합니다(히 3:8). 그러기 위해 우선 불신의 마음을 버려야 합니다. 믿지 못하는 악한 마음은 우리의 마음 밭을 강퍅케 합니다(히 3:11). 다음으로 죄의 유혹을 피해야 합니다. 죄의 유혹 역시 하나님의 백성으로 죄를 범케 하여, 그 마음을 강퍅케 하는 주된 요소입니다(히 3:13). 세 번째로 하나님의 마음을 격노케 해서는 안 됩니다(히 3:15). 하나님을 격노케 하는 사람은 그 마음에 불평과 원망이 가득한 사람입니다. 이는 그 마음 밭이 강퍅하여 말씀의 씨가 뿌리를 내릴 수 없습니다. 우리는 마음속의 불평과 원망을 제해 버려야 합니다. 끝으로 불순종의 마음을 버려야 합니다. 이 불순종은 성도에게 하나님의 안식의 자리에 참예하지 못하게 합니다.(히 3:18)

믿어야 가는 나라가 바로 하나님의 나라입니다(히 3:19). 믿음은 예수님과 함께하는 마음의 자세에서 시작됩니다. 우리가 무엇을 하고 어디에 가든, 우리를 지키시는 예수님과 동행할 때, 우리는 하나님의 그 영광에 나라에 들어가게 되어, 참된 하나님의 안식을 얻게 됩니다.

2005.6.5

사마리아 여인 때문에

요한복음 4:39~42

"그 여자에게 말하되 이제 우리가 믿는 것은 네 말을 인함이 아니니 이는 우리가 친히 듣고 그가 참으로 세상의 구주신 줄 앎이니라 하였더라" (요 4:42)

예수님 당시 이스라엘의 북부는 갈릴리 지경으로 가난한 서민들이 어업에 종사하는 지역이었습니다. 중부는 사마리아 지경으로 이방 족속과 결혼한 혼혈 민족이 살고 있던 지역이었으며, 남부는 유대 지역으로 이스라엘의 종교, 정치, 경제의 중심으로 정통성을 자랑하는 유대인들이 살고 있던 지역입니다. 남부의 유대인들은 유대 정통성을 상실하였다는 이유로 사마리아 인들을 경시하는 풍조가 있었습니다(눅 10:25~37). 그러나 예수님께서는 유대의 통념을 뒤엎고 북쪽에 위치한 갈릴리로 가시기 위해(3절), 사마리아를 통행하시고(4절), 사마리아의 중심이 있는 수가 성에서(5절), 사마리아 여인을 만나셔서 구원의 복음을 전하셨습니다. 이 여인은 남편이 여섯이나 되는, 세상에서 비윤리적인 여인으로 조롱받던 사람이었습니다(18절). 그러나 예수님께서는 그 여인에게 생명의 복음을 전하셨습니다. 여인의 과거와 현재는 불행으로 점철된 시간이었습니다. 그러나 예수님과의 만남으로 그녀의 미래는 놀라운 변화를 맞게 됩니다.

그 여인은 사람의 눈을 피하여 제 육시(우리 시간으로 정오 12시)에 물을 길으러 왔던 사람이었습니다. 그러한 여인이 예수님을 만나고 생명의 복음을 들은 후에, 물동이를 버리고 동네에 들어가서 피해 다녔던 사람들에게 담대히 주님의 복음을 전하였습니다(28절). 어둠에 숨어 있던 그녀의 자아를 예수님께서 치료하여 주신 것입니다. 주님께서는 우리에게 세상이 알 수 없는 평안의 복을 주십니다. 사마리아 여인은 예수님을 만남으로 예수님을 전하는 전도자가 되었습니다. 숨어 살던 여인이 드러나게 되었고, 세상의 가치를 추구하던 삶이 영원의 가치를 추구하는 삶으로 변화되었습니다. 예수님을 만난 사람은 당당해집니다. 예수님을 부끄러워하지 않고, 주님을 자랑하게 됩니다. 삶의 승리는 예수님을 만나는 것이고, 예수님을 우리 삶의 주인으로 영접하는 이의 것입니다.

사마리아 여인의 증거로 많은 사마리아인들이 예수님을 믿게 되었습니다. 나사로 덕분에 많은 유대인들이 예수님을 믿게 되었던 것과 동일한 일이 일어난 것입니다(요 11장). 우리 까닭에 많은 이들이 예수님을 영접하게 되기를 바랍니다. 사마리아 여인의 증거로 많은 사람들이 예수님께로 왔습니다. 그러나 결국 그들이 예수님을 믿게 된 것은 바로 예수님의 말씀의 힘이었습니다(요 11:41). 한 심령이 천하보다 귀하다는 주님의 말씀을 가슴에 새기고, 담대히 주님의 복음을 전합시다. 전도 대상자를 위해 기도하고, 권능을 받아 그들을 주님 앞으로 인도하면, 그들을 변화시키시며 감동시키시는 분은 우리 주님이십니다. 사마리아 여인과 같은 영적 우울증으로 고통 받는 이 시대에 담대히 주님의 복음을 선포하고, 강권하여 주님의 성전을 채웁시다.

2005.6.12

바람직한 선택

잠언 22:1~5

"겸손과 여호와를 경외함의 보응은 재물과 영광과 생명이니라"
(잠 22:4)

바람직한 선택은 우리의 인생을 생명으로 이끌어 줍니다. 예수님을 선택한 우리에게는 영생의 은총이 있습니다(요 3:16). 인생의 기준이 예수님께 있을 때에 우리는 바람직한 선택을 할 수 있습니다. 가치는 선택을 위한 전제가 됩니다. 사람들은 보다 가치 있는 것을 선택합니다. 잠언에는 '재물' 보다 '명예' 에 보다 큰 가치가 있으며, '은이나 금' 보다 '은총' 에 더 큰 가치가 있다고 기록되어 있습니다(잠 22:1). 재물 그리고 은과 금은 눈에 보이는 것입니다. 그러나 명예와 은총은 눈에 보이지 않는 것입니다. 눈에 보이는 것보다 눈에 보이지 않는 것에 보다 큰 가치를 두어야 합니다.

믿음은 우리 눈에는 보이지 않습니다. 그러나 이 믿음을 통해 우리는 세계가 하나님의 말씀으로 창조된 것을 알게 됩니다(히 11:1). 우리는 때로 눈에 보이는 것을 전부로 생각하기가 쉽습니다. 그러나 우리가 사는 이 세계는 우리의 눈에 들리지 않고, 우리의 눈에 보이지 않는 세계가 더욱 넓고 크다는 것을 알 필요가 있습니다.

공기는 눈에 보이지 않습니다. 그러나 공기가 없이 우리는 호흡할 수 없고, 음파가 전달될 수도 없습니다. 전기의 흐름은 눈에 보이지 않습니다. 그러나 전기의 흐름이 없이는 전선을 통해 어떠한 에

너지도 전달될 수 없습니다. 원자 혹은 전자 등과 같은 미시 세계의 현상을 우리의 육안과 청각으로는 보지도 듣지도 못합니다. 그리고 우주 공간과 같은 거시 세계에서 일어나는 혹성과 혜성의 움직임도 우리의 육안으로 파악하는 것은 매우 힘듭니다. 그러나 거시세계(巨視世界)와 미시세계(微視世界)의 움직임은 끊임없이 우리의 현상계(現象界) 안에서 일어나는 것입니다. 보이는 것은 보이지 않는 것에서 형성된다는 성경의 말씀에 믿음을 집중하기 바랍니다.(히 11:3)

아브람의 가축의 목자와 조카 롯의 가축의 목자 사이에 다툼이 일어났습니다(창 13:7). 이유는 그들이 함께 거주하는 지역이 협소하고, 그들의 소유가 많았기 때문입니다. 아브람은 조카 롯에게 "나를 떠나라 네가 좌하면 나는 우하고 네가 우하면 나는 좌하리라"(창 13:9)는 선택의 기회를 주었습니다. 조카 롯은 눈에 보기에 좋은 소돔과 고모라 땅을 택하였고(창 13:10), 아브람은 하나님의 약속이 있는 가나안 땅을 선택하였습니다(창 13:12). 조카 롯은 눈에 보이는 세상의 아름다움을 선택하였던 것이고, 아브람은 하나님을 선택하였던 것입니다. 그 결과 롯은 멸망의 도성을(창 19:23~28), 아브람은 영원한 분복을 얻게 되었습니다(창 13:14~18).

잠깐 있다 사라지는 세상의 부귀보다, 영생의 약속을 보장하는 주 예수 그리스도의 믿음의 세계를 사모해야겠습니다. 신앙의 삶을 선택하고, 겸손히 여호와를 경외하며, 주님과 동행하는 삶을 살게 되면, 하나님께서 재물과 영광과 생명까지 보상으로 주십니다. 보다 신앙적이고, 보다 영적인 선택으로 우리의 삶에 발전과 전진을 이루며, 은이나 금보다 여호와의 은총을 선택하는 신앙인이 되어야겠습니다.

2005.6.29

감사하는 자가 되라

골로새서 3:5~17

> "그리스도의 평강이 너희 마음을 주장하게 하라 평강을 위하여 너희가 한 몸으로 부르심을 받았나니 또한 너희는 감사하는 자가 되라"(골 3:15)

감사는 성도의 본분이요 의무입니다.(골 3:15)

감사할 수 있는 성도는 매우 제한되어 있습니다. 예수님께 고침 받은 열 명의 문둥병자 중 사마리아인 한 명만이 하나님께 영광을 돌리며 주님께 감사하였습니다(눅 17:11~19). 감사하는 문둥병자의 믿음을 주님께서는 칭찬하셨습니다(눅 17:19). 믿음이 있어야 하나님께 감사를 드릴 수 있습니다. 감사는 은혜에 보답하는 마음에서 생깁니다. 감사하는 성도는 하나님과 우리의 화목을 위해 십자가에 달리신 예수님의 거룩한 희생을 기억합니다(엡 2:15). 예수 그리스도께서 우리를 용서하신 그 큰 사랑에 감사하는 이는 받은 은혜를 잊지 않는 성도입니다(골 3:13).

감사는 하나님께 영광을 돌리는 기독교의 본질적 가치입니다.(고전 13:13)

성경에는 감사라는 말이 여러 차례 나옵니다. 성경은 하나님을 경외하는 감사하는 성도들이 기록한 것이기 때문입니다. 하나님을 모르면 감사도 할 수 없습니다. 편할 때뿐 아니라, 어려울 때도 감사할 수 있어야 합니다. 바울과 실라는 감옥에서도 하나님께 찬미를 올렸습니다(행 16:25). 그들이 감사할 때에 옥문이 열리는 기적이 일어났습니다(행 16:26). 우리의 신앙생활은 감사와 감격이 있는 신앙생활이 되어야 합니다.

사도 바울은 살아도 주를 위해 살고, 죽어도 주를 위해 죽는다는 고백을 하였습니다(빌 1:20). 사도 바울이 범사에 감사할 수 있었던 것은 그의 안에 역사하시는 주님의 은혜를 깊이 깨달았기 때문입니다. "나의 나 된 것은 하나님의 은혜로 된 것이니 내게 주신 그의 은혜가 헛되지 아니하여 내가 모든 사도보다 더 많이 수고하였으나 내가 아니요 오직 나와 함께하신 하나님의 은혜로다."(고전 15:10)

항상 감사할 수 있어야 합니다. 모든 일에 감사할 수 있어야 합니다. 주님의 이름으로 감사하며, 하나님께 영광 돌리는 삶을 살아야 합니다. 이런 성도에게 주님께서는 임마누엘의 언약을 이루어 주십니다. "그 이름은 임마누엘이라 하리라 하셨으니 이를 번역한즉 하나님이 우리와 함께 계시다 함이라."(마 1:23)

2005.7.3

믿음이 있는 성도의 삶

로마서 14:19~23

"이러므로 우리가 화평의 일과 서로 덕을 세우는 일을 힘쓰나니"
(롬 14:19)

예수님께서는 화평케 하는 자를 하나님의 아들이라 말씀하셨고 (마 5:9), 형제 혹은 자매와 평화를 맺는 일을 강조하셨습니다(마 5:23~24). 바울 사도는 로마의 성도들에게 "할 수 있거든 너희로서는 모든 사람으로 더불어 평화하라" (롬 12:18) 권면하였습니다. 좋은 믿음과 바람직한 신앙생활은 하나님과 이웃을 향한 사랑으로 표현됩니다. 여기서 사랑이란 하나님을 향한 순종과 이웃을 향한 섬김을 뜻합니다. 신학자 마틴 부버(Martin Buber)는 인간은 관계를 맺고 사는 존재이며, 이 관계가 깨지면 신앙도 깨지게 된다는 점을 강조하였습니다.

인간관계를 잘 맺는 것은 이웃과 화평 하는 것이며, "덕을 세우는 일" 입니다. "덕을 세우는 일"의 원어, 오이코도메스(οἰκοδμς)는 "집"이란 의미의 오이코스(οἶκος)와 "세운다"는 뜻의 도마이오스 (δομαίος)의 합성어입니다. 그래서 "덕을 세우는 일"은 곧 "하나님의 집을 세우는 일"과 유사한 것입니다. 세우는 일에는 많은 수고와 노력 그리고 시간이 필요합니다.

그러나 허무는 일은 세우는 일에 비해 매우 쉽습니다. 때때로 우리의 말과 혀가 하나님의 몸 된 교회를 허무는 일에 사용될 수가 있습니다(약 3:6). 주님의 몸 된 교회는 하나님 자신의 피를 주고 산 공동체이며, 생명을 주고 산 공동체입니다(행 20:28). 따라서 교회의 일을 방해하는 것은 하나님의 일을 막는 것이며, 성령의 일을 훼방하는 것입니다. 성령을 거역하는 일은 사함을 얻지 못하는 큰 죄입니다(마 12:32). "수고하고 무거운 짐 진 자들아 다 내게로 오라 내가 너희를 쉬게 하리라"(마 11:28)는 말씀처럼, 주님의 몸 된 교회는 영혼의 안식처입니다.

사도 바울은 "네게 있는 믿음을 스스로 가지고 있으라"(롬 14:22) 권면합니다. 우리의 믿음은 금보다 귀한 믿음이 되어야 합니다(벧전 1:7). 금보다 귀한 믿음은 많은 시련의 과정을 통과한 믿음이며, 귀한 주님의 몸 된 교회를 지켜 내는 믿음입니다. 믿음을 지키고 정련할 수 있는 가장 고귀한 방법은 "하나님의 은혜에 대한 감사"와 하나님께서 주신 달란트를 계속하여 사용하는 것입니다(마 25:29). 감사하는 신앙으로 주님께서 주신 은사들을 더욱 풍성하게 이어가며 교회를 세우는 건강한 믿음의 소유자들이 됩시다.

2005.7.10

천국과 지옥

누가복음 16:24~31

"가로되 모세와 선지자들에게 듣지 아니하면 비록 죽은 자 가운데서 살아나는 자가 있을지라도 권함을 받지 아니하리라 하였다 하시니라"(눅 16:31)

본문은 비유가 아닌 실재입니다. 여기에 등장하는 한 부자, 나사로, 그리고 아브라함도 실재 인물입니다. 이 말씀에 나타난 천국과 지옥 역시 실재합니다. 부자는 좋은 옷을 입고 날마다 삶의 연락을 즐겼습니다(눅 16:19). 그러나 거지 나사로는 부자의 집 앞에서 헌데를 앓으며, 부자의 상에서 떨어지는 먹을 것으로 하루하루를 연명하였습니다(눅 16:20~21). 그런데 이 두 사람에게 죽음이 찾아왔습니다. 죽음은 전혀 다른 세계로 이 두 사람을 인도하였습니다. 거지로 살며 인생을 고통 속에 살아가던 나사로는 죽어서 천사들에게 받들려 아브라함의 품에서 위로를 받고(눅 16:22), 부자는 땅에서는 연락을 즐기며 부러운 것 없이 살았으나 죽어서는 음부에 떨어지게 되었습니다(눅 16:23).

이처럼 인생사에는 반드시 끝이 있습니다. "한 번 죽는 것은 사람에게 정하신 것이요 그 후에는 심판이 있으리니"(히 9:27). 요한계시록에서는 인간의 죽음을 둘로 나누어서 보여 줍니다. 한 번은 생물학적으로 뇌와 심장이 멈추게 되는 죽음이고, 둘째 사망은 영혼의 죽음입니다. "사망과 음부도 불 못에 던지우니 이것은 둘째 사망 곧 불 못이라"(계 20:14). 그렇다면 무엇이 둘째 사망에서의 천국과 지옥의 삶을 결정짓는 것일까요? 그것은 이 땅에서의 예수 그리스도를 향한 믿음과 선한 행실입니다. 우리가 세상에서 예수님을 잘 믿게 되면, 이 땅에서의 복은 물론 영원한 천국의 삶이 보장됩니다.

지옥은 고민과 고통 그리고 큰 구렁으로 철저히 단절된 세계입니다(눅 16:25~26). 중세시대에는 공로를 통해 지옥의 영혼이 연옥을 거쳐 천국에 이를 수 있다는 교리가 있었습니다. 이것은 성서적으로 잘못된 교리입니다. "모세와 선지자들에게 듣지 아니하면 비록 죽은 자 가운데서 살아나는 자가 있을지라도 권함을 받지 아니하리라"(눅 16:31)는 말씀처럼, 이 땅에서의 정상적인 전도의 방법을 통해서만 지옥을 향해 가는 영혼을 건질 수 있습니다. 지옥을 향해 멸망당하는 영혼들을 방치한다면, 그 책임이 믿은 우리에게도 있다는 사실을 잊지 말아야 합니다. "이 때에 네가 만일 잠잠하여 말이 없으면 유다인은 다른 데로 말미암아 놓임과 구원을 얻으려니와 너와 네 아비 집은 멸망하리라"(에 4:14).

전도에는 세 가지 원리가 있습니다. 첫째, 전도대상자가 죽기 전에 전도해야 합니다. 둘째, 전도하는 내가 죽기 전에 전도해야 합니다. 셋째, 주님께서 심판주로 오시기 전에 전도해야 합니다. 오늘 그리고 지금 시작하면 전도의 열매가 열립니다. 하나님께서 가장 기뻐하시는 전도하는 일에 동참하는 은혜의 성도들이 됩시다.

2005.7.24

믿음의 기도는 절망적 위기의 해답이다

마가복음 9:20~29

> "이르시되 기도 외에 다른 것으로는 이런 유가 나갈 수 없느니라
> 하시니라"(막 9:29)

무리 중 한 사람이 벙어리 귀신 들린 아이를 예수님께로 데려 옵니다(막 9:17). 그 아비의 말에 따르면 귀신은 어릴 때부터 아이를 괴롭혔습니다(막 9:21). 귀신은 아이를 죽이기 위해 불과 물에 자주 던졌습니다(막 9:22). 여기에서 귀신들린 아이의 문제점을 발견할 수 있습니다. 아이의 자아가 정립되기 이전부터 귀신이 아이의 영혼을 지배하고, 그 영혼에 고통을 주었던 것입니다.

우리의 자녀들은 어떻습니까? 자아는 주변 환경과의 상호작용을 통해 성숙합니다. 현대 사회 속에서 인터넷의 급속한 발전은 음란사이트 혹은 컴퓨터 게임 등과 같은 유해한 환경을 자녀들에게 제공하고 있습니다. 신앙적이며 건전한 환경을 조성하기 위해, 우리의 자녀와 그 후손들을 교회로 인도해야 합니다. 유대인들은 자녀들을 어린 시절부터 하나님의 말씀으로 교육합니다. 우리의 자녀들이 하나님의 도구로 세워지는 인물이 되도록 더욱 열심히 기도하기 바랍니다.

제자들에게도 문제가 있었습니다. 제자들의 문제는 "믿음 없음"이 문제였습니다. 영적 전쟁에서 "믿음"은 악한 자의 모든 화전(火

箭)을 소멸하는 강력한 무기입니다(엡 6:16). 예수님께서는 제자들의 믿음 없음을 책망하셨습니다. "믿음이 없는 세대여 내가 얼마나 너희와 함께 있으며 얼마나 너희를 참으리요"(막 9:19). 예수님께서는 그 아이를 데려오라 말씀하셨습니다(막 9:19). 예수님을 본 귀신이 겁을 먹고 아이로 발작을 일으키게 합니다(막 9:20). 예수님께서는 귀신에게 "벙어리 되고 귀먹은 귀신아 내가 네게 명하노니 그 아이에게서 나오고 다시 들어가지 말라"(막 9:25) 명령하십니다. 그러자 귀신이 소리를 지르며 아이에게서 나갔습니다(막 9:26).

이 시대 예수 그리스도를 믿는 성도에게 마귀가 주는 큰 시험이 있습니다. 그것은 복음을 전해야 하는 자리에서 우리를 벙어리 되게 하는 침묵의 영입니다. 주님의 성도가 복음을 전하지 못하는 것은 벙어리 되고 귀먹은 귀신에 사로잡혀 있기 때문입니다. 주 예수 그리스도를 믿는 믿음으로 벙어리 되고 귀먹은 귀신에서 벗어나야 합니다. 귀신과 싸우는 예수님의 권능을 힘입어 주님의 복음을 이 세상에 선포하는 그리스도의 군병들이 되어야 합니다.

환난과 곤고함이 우리의 영혼을 위협할 때, 예수님께 도움을 구하는 모든 영혼들이 되어야 합니다. 귀신 들린 아이의 아비는 예수님께 "우리를 불쌍히 여기사 도와주옵소서"(막 9:22)라고 간청합니다. 예수님께서는 그 아비에게 "믿는 자에게는 능치 못할 일이 없느니라"(막 9:23) 말씀하십니다. 믿어야 문제가 해결됩니다. 믿어야 구원 받고, 믿어야 영생 얻고, 믿어야 천국 갑니다. 아비는 예수님께 간절히 "내가 믿나이다 나의 믿음 없는 것을 도와주소서"(막 9:24)라고 외치며, 예수님의 도움을 구합니다.

기도는 우리의 무능력을 인정하고, 겸손히 주님의 권능을 의지하는 영혼의 외침입니다. 예수님께서는 제자들에게 영적 전쟁에서의 승리의 비결을 가르쳐 주십니다. 예수님께서는 "기도 외에 다른 것으로는 이런 유가 나갈 수 없느니라"(막 9:29) 말씀하십니다. 믿음의 기도는 나를 살리고, 가정과 교회, 그리고 나라를 구합니다. 믿음의 기도를 통해 세계의 평화는 이룩될 수 있습니다. 믿고 기도함으로, 주 예수 그리스도의 권능을 드러내며, 신앙생활에서 승리하는 모든 성도들이 되어야겠습니다.

2005.8.7

주님을 위해, 교회를 위해

골로새서 1:24~29

"내가 교회 일군 된 것은 하나님이 너희를 위하여 내게 주신 경륜을 따라 하나님의 말씀을 이루려 함이니라"(골 1:25)

인간의 참된 존재 가치는 하나님께 영광을 돌림에 있습니다. 사도 바울이 기쁘게 주님의 몸 된 교회를 위하여 고난 받을 수 있었던 것은 하나님께 영광 돌림의 가치를 주님 안에서 깊이 깨달았기 때문입니다(골 1:24). 그렇다면 우리는 어떻게 주님의 거룩한 교회를 섬겨야 하겠습니까?

첫째, 주님의 교회를 섬기는 구체적인 방법은 "하나님의 경륜"과 "하나님의 말씀"(골 1:25)에 따르는 것입니다. 교회는 주님의 몸이며, 주님의 뜻이 계신 곳입니다. 우리는 매사에 하나님의 뜻이 어디에 있는가를 살펴야 합니다. 내 뜻에 맞추는 것이 아니라, 하나님의 뜻에 순복하고, 하나님의 뜻을 따르는 것이 교회의 모든 일에 기본임을 기억해야 합니다. 겟세마네 동산에서 주님의 기도는 하나님의 뜻을 따르시는 주님의 모범을 우리에게 보여 줍니다(마 26:42).

둘째는 주님의 교회는 하나님께서 주시는 "지혜"로 섬길 수 있어야 합니다(골 1:28). 전도하고 가르치는 일, 모두를 하나님께서 주시는 지혜로 할 때에 은혜가 됩니다. 하나님의 지혜는 세상의 지혜와는 다릅니다. 세상의 지혜는 내가 머리를 써서 얻는 것이지만, 하나님의 지혜는 겸손히 기도하고 하나님께 받는 것입니다. 믿음에는 덕이 있어야 합니다. 덕에는 지식을 가져야 하고, 지식에는 절제를, 절제에는 인내를, 인내에는 경건을, 경건에는 형제 우애를 더해야 하고, 형제 우애는 곧 사랑을 뜻합니다. 결국 믿음의 기초 위에 덕, 지식, 절제, 인내, 경건, 형제 우애의 기둥을 세우고, 제일 위에 '사랑'의 지붕을 덮는 것이지요. 이것이 바로 "은혜의 집"의 모습입니다. 여기에서 지식은 하나님께서 우리에게 주시는 말씀을 의미합니다. 이 모든 일에 조화를 이루어, 무슨 일을 하든지, 어떤 일을 하든지, 지혜롭게 하시는 모든 성도가 되어야 합니다.

셋째는 주님의 교회 일은 "힘을 다해 수고"(골 1:29)해야 합니다. 신앙의 가장 기본적인 원리는 내가 다니는 교회에 우선 최선을 다해야 한다는 것입니다. 우리 교회를 세우신 분은 주님이시며, 우리 교회의 주인이 바로 주님이시라는 사실을 믿어야 합니다. 주님께서 세우신 교회를 위해 최선을 다하는 성도는 주님께 최선을 다하는 것입니다. 우리 후손들이 우리의 교회를 통하여 은혜 받고, 받은 은혜대로 충성하도록 가르쳐야 합니다. 주님을 위해 그리고 교회를 위해 충성하시는 모든 성도들이 됩시다.

2005.8.21

마음의 상처를 치료하시는 예수

디모데후서 4:14~18

> "주께서 나를 모든 악한 일에서 건져 내시고 또 그의 천국에 들어
> 가도록 구원하시리니 그에게 영광이 세세 무궁토록 있을지어다
> 아멘"(딤후 4:18)

'상처'의 히브리어와 희랍어 어원에는 '산산 조각내다', '낙담
시키다', '방해하다', 그리고 '해롭게 하다'의 의미가 담겨 있습니
다. '상처'는 단순한 사건이 큰 사건으로 발전하며, 가까이 있는 사
람을 통해 얻게 되고, 건드리면 건드릴수록 눈덩이처럼 커지며, 누
구에게나 있다는 특징이 있습니다. '상처'는 치료가 대단히 중요합
니다. 그런데 '상처' 중에서도 가장 큰 상처가 있으니, 그것은 바로
'마음의 상처'입니다. '마음의 상처'는 지워지지 않고 오래도록 남
는 특징을 가지고 있습니다.

바울에게도 지워지지 않는 큰 상처가 있었습니다. 바울은 "유대
인들에게 사십에 하나 감한 매를 다섯 번 맞았으며 세 번 태장으로
맞고 한 번 돌로 맞고 세 번 파선하는데 일주야를 깊음에서 지냈으
며"(고후 11:24~25)라고 자신의 육신이 받은 상처를 고백합니다. 심
지어 바울은 "누구든지 나를 괴롭게 말라"고 외치며, "내 몸에 예수
그리스도의 흔적을 가졌노라"(갈 6:17)고 선포합니다.

큰 육체의 상처 가운데 있었던 바울이었지만, 그를 가장 괴롭혔
던 것은 육체의 상처가 아니라, 바로 마음의 상처였습니다. 디모데

에게 보내는 편지에서 바울은 "구리 장색 알렉산더"(딤후 4:14)라는 사람의 이름을 거명합니다. 그가 얼마나 바울을 괴롭혔으면, 성경에 이름까지 거명하며, 디모데에게 저를 주의하라고 권면하였겠습니까(딤후 4:14). 그는 교회에 큰 말썽을 피웠으며, 교회에서 제명을 당했던 사람이었습니다.

우리는 십자가에 달리시기 전 예수님께서 가룟 유다에게 하신 말씀을 기억합니다. "그 사람은 차라리 나지 아니하였더면 제게 좋을 뻔하였느니라"(막 14:21). 마음의 상처를 치유받기 위해서는 좋은 사람을 만나야 합니다. 비록 말이 없을지라도, 어려울 때 곁에 있어주고 함께 울어 줄 수 있는 사람이야말로 진실한 친구이며, 그를 통해 마음의 위로를 얻을 수 있습니다.

바울은 구리 장색 알렉산더를 향해, "주께서 그 행한 대로 저에게 갚으시리라"(딤후 4:14) 말하며, 모든 처리를 주님께 위탁합니다. 마음의 상처를 주님께 맡깁시다. 주님을 바라보며, 주님을 앙망합시다. "오직 여호와를 앙망하는 자는 새 힘을 얻으리니 독수리의 날개치며 올라감 같을 것이요 달음박질하여도 곤비치 아니하겠고 걸어가도 피곤치 아니하리로다"(사 40:31).

주님께서는 우리의 곁에 서서 우리를 강건케 하시며, 우리를 모든 악한 일에서 건저내시는 참된 위로자이십니다(딤후 4:17~18). 마음을 위로하시는 하나님께서는 성도를 치료하시며(출 15:26), 주께서 발하시는 치료의 광선으로(말 4:2) 모든 약한 것을 고치시는 의사가 되십니다(마 4:23). 영혼의 의사 되시는 예수 그리스도를 믿고, 모든 것을 맡깁시다. 남에게 상처를 주지 말고, 죄 많은 여인 마리아를 덮어 주신 주님처럼 상대방의 상처를 덮어 주는 성도가 됩시다.

2005.9.4

예수를 어떻게 전파할까?

사도행전 9:19~25

"사울은 힘을 더 얻어 예수를 그리스도라 증명하여 다메섹에 사는 유대인들을 굴복시키니라"(행 9:22)

예수 믿는 자에게 박해를 가하던 사울은 강렬한 빛으로 인해 앞을 보지 못하고 사람의 손에 이끌려 다메섹 도성에 들어가게 됩니다(행 9:3~9). 다메섹에서 사울은 아나니아의 안수를 통해 성령 충만의 체험을 하게 되고, 다시금 시력을 되찾게 되는 기적을 체험합니다(행 9:17~18). 앞을 못 보게 되었을 때, 사울은 식음을 전폐하고 금식을 하였습니다(행 9:9). 금식하려고 해서 금식한 것이 아니라, 성령께서 바울로 금식하도록 이끄셨던 것입니다. 회복된 건강으로 무엇을 하느냐가 중요합니다. 회복되고 다시금 강건하여진 바울은 담대하게 예수님께서 하나님의 아들 되심을 전하였습니다(행 9:19~20). 성도가 운동을 통해 체력을 단련하는 이유가 무엇입니까? 그것은 단련된 체력으로 주의 일을 하기 위함인 줄 믿습니다. 목소리를 낼 수 있을 때에 주님을 찬양하고 통성으로 기도할 수 있어야 합니다.

사울은 강건하여진 후, "즉시로" 예수님을 전파하였습니다(행 9:20). 전도하고 싶은 마음이 생길 때 그리고 전도하고자 하는 감동이 생길 때, "즉시로" 전도하는 모든 성도들이 되어야 합니다. 바울은 고린도 교회의 성도들에게 "보라 지금은 은혜 받을 만한 때요 보라 지금은 구원의 날이로다"(고후 6:2) 하며 진심어린 권면을 합니다. 지금이 내게 주신 시간이며, 여기가 내게 주신 공간입니다. 충성이란 오늘 여기서 맡은 일에 최선을 다하는 삶인 것입니다. 전하는 자와 듣는 자가 피차 주어진 상황에 최선을 다해야 합니다. 성공도 때를 잡아야 하고, 신앙생활도 기회를 놓치면 안 됩니다. 내년으로 혹은 다음 기회로 미루지 마세요. 즉시로 전도하고, 즉시로 주의 복음을 전하는 전도자들이 되기를 바랍니다.

사울은 힘을 "더 얻어"(행 9:22) 예수님을 그리스도라 전파하며, 유대인들을 굴복시켰습니다. 유대인의 입장에서 사울은 변절자라는 비난을 받았습니다. 그러한 박해의 상황 속에서 사울은 힘에 힘을 더 얻어 전도하였습니다. 전도는 "힘을 더" 얻어야 합니다. 주님께서는 하늘로 승천하시며, 주의 제자들에게 "너희가 권능"을 받고 "내 증인이 되리라"(행 1:8) 말씀하셨습니다. 전도는 마귀에 사로잡힌 영혼들을 빼앗아 오는 영적인 전투입니다. 바울은 에베소에 있는 성도들에게 "우리의 씨름은 혈과 육에 대한 것이 아니요 정사와 권세와 이 어두움의 세상 주관자들과 하늘에 있는 악의 영들"(엡 6:12)로 영적 전투의 주적이 누구인지를 분명히 정의합니다. 사단은 정권, 권력, 사상을 동원하여 예수님이 전파되는 것을 가로막을 수 있습니다. 사단은 하나님 나라의 확장을 가로막는 것입니다. 이와 같은 사단의 궤계를 이기기 위해 성령의 충만함으로 권능을 받아 전도해야 합니다.

1848년 2월 런던에서 마르크스(K. H. Marx 1818~1883)와 엥겔스(F. Engels 1820~1895)가 독일어로 저술한 「공산당 선언」은 발간 즉시 200여 언어로 번역되었습니다. 이처럼 20세기 초, 전 세계에 그

위세를 떨치던 공산주의는 불과 1세기가 지나지 않아 공산주의 자체가 몰락하는 것을 그들 스스로의 눈으로 목격하게 됩니다. 그러나 하나님의 나라는 무너지지 않고 영원합니다. 그것은 진정한 힘이 하나님 나라에 있기 때문입니다.

2005.9.11

기도에 응답하시는 주님

역대하 7:11~18

> "내 이름으로 일컫는 내 백성이 그 악한 길에서 떠나 스스로 겸비
> 하고 기도하여 내 얼굴을 구하면 내가 하늘에서 듣고 그 죄를 사
> 하고 그 땅을 고칠지라"(대하 7:14)

역대하 6장과 7장은 솔로몬이 여호와 하나님께 드리는 기도의
내용으로 구성되어 있습니다. 특히 역대하 7장은 성전을 봉헌하는
솔로몬이 하나님께 드리는 기도가 기록되어 있습니다. 기도는 우리
의 자아가 주님과 만나는 영적 체험의 자리입니다. 기도를 통해 우
리의 자아는 질적인 변화를 경험하고, 하나님을 만남으로 영적 치료
를 체험하는 모든 심령들이 되어야 합니다.

첫째, 하나님께서는 우리의 기도를 항상 들으십니다(대하 7:12).
12절에 기록된 '듣고' 는 동사로서 하나님의 살아 역사하시는 말씀
을 의미합니다. 하나님 여호와께서는 "너를 위하여 새긴 우상을 만
들지 말고 또 위로 하늘에 있는 것이나 아래로 땅에 있는 것이나 땅
아래 물속에 있는 것의 아무 형상이든지 만들지 말라"(출 20:4) 명
하셨습니다. "아무 형상도 만들지 말라" 명하신 이유는 하나님께서

살아 역사하시는 분이시기 때문입니다. 하나님께서는 눈을 드시고, 귀를 기울이시며 우리의 기도를 들으시는 분이십니다(대하 7:15). 중심에 하나님을 모시고 기쁨으로 기도하는 모든 성도가 되어야겠습니다.

둘째로, 하나님께서는 주의 성도에게 "그 악한 길에서 떠나라"(대하 7:14) 명하십니다. 하나님께서는 주의 백성을 주님의 "이름"(대하 7:14)으로 부르셨습니다. '이름'이란 그 사람의 인격, 실체, 그리고 존재를 의미합니다. 하나님께서는 주님의 모든 명예를 걸고 우리를 부르신 것입니다. "악한 길에서 떠나라"(대하 7:14)는 주님의 말씀 속에는 죄와 불법과 불의의 현장에서 떠나, 하나님께로 돌아오라는 주님의 간절한 외침이 담겨 있습니다. '겸비하고'라는 말씀에는 자신을 스스로 낮추라는 주님의 부탁의 메시지가 담겨 있습니다. 나를 높이게 되면 하나님께서 낮아지십니다. 하나님을 높이면, 나는 낮아지게 됩니다. 교만하면 기도가 막히고, 하늘의 복이 가로막힙니다. 겸손히 하나님의 은혜를 사모하는 모든 성도가 되어야 합니다.

셋째로, 하나님께서는 주님의 "얼굴을 구하라"(대하 7:14) 말씀하십니다. 얼굴은 신체의 모든 부분에서 가장 잘 보이는 부분입니다. 몸은 옷으로 가려서 잘 보이질 않지만, 얼굴은 모두가 볼 수 있습니다. 얼굴에는 그 사람의 인격이 나타납니다. 사람의 얼굴은 나이, 기후, 감정과 분위기에 따라 다르지만, 하나님의 얼굴은 변함이 없으십니다. 얼굴을 구한다는 것은 사모하고 바라는 마음으로 "앙망하는 것"과 같습니다. 하나님의 얼굴을 구하면 영적인 질병과 육적인 질병에서 고침을 얻습니다. "나는 너희를 치료하는 여호와임이니라"(출 15:26). 하나님을 사모하고 주님을 앙망함으로 주님 한 분만으로 만족함을 얻고(합 3:18), 기쁠 때에나 괴로울 때에나 주님의 얼굴을 구하는 모든 성도들이 되어야겠습니다.

하나님께서는 "내 눈과 내 마음"(대하 7:16)을 주님의 거룩한 성전에 두시리라 약속하셨습니다. 주님께서는 "두려워 말라 내가 너와 함께함이니라 놀라지 말라 나는 네 하나님이 됨이니라 내가 너를 굳세게 하리라 참으로 너를 도와주리라 참으로 나의 의로운 오른손으로 너를 붙들리라"(사 41:10) 약속하셨습니다. 주님은 세상 끝 날까지 주님을 사모하는 모든 성도와 함께하십니다(마 28:20).

2005. 9.18

주님을 바라보며 삽시다!

히브리서 12:14~17

> "너희는 돌아보아 하나님 은혜에 이르지 못하는 자가 있는가 두
> 려워하고 또 쓴 뿌리가 나서 괴롭게 하고 많은 사람이 이로 말미
> 암아 더러움을 입을까 두려워하고"(히 12:15)

인간은 크게 세 가지의 눈을 가지고 있습니다. 그 첫째는 사물을 바라볼 수 있는 육안(肉眼)이고, 둘째는 옳고 그름을 판단하고 결단할 수 있는 지안(智眼)이며, 셋째는 주님을 바라볼 수 있는 영안(靈眼)입니다. 예수님께서 부활하신 후 엠마오 도상에서의 두 제자는 주님과 동행함에도 주님을 몰랐습니다. 그러나 하나님의 말씀을 듣고 주님과 함께 식탁에 앉자 그들의 눈이 밝아져 예수님을 알아보게 되었습니다.(눅 24:31)

미국의 유명한 찬송가 작시자로 찬송가 446장을 지은 화니 제인 크로스비(F. J. Crosby) 여사와 저술가이며 사회복지가인 미국의 헬렌 켈러(H. A. Keller) 여사 모두 육신의 눈으로는 앞을 못 보는 시각장애인이었습니다. 그러나 그들은 영안으로 주님을 볼 수 있었습니

다. 그들이 지닌 열린 영안은 꿈을 심어 주었고, 주님을 향한 비전을 안겨 주었으며, 세계를 변화시키는 위대한 인물로 만들어지는 원천이 되었습니다. 예수님의 사람은 주님만 바라봅니다. 주님을 바라보는 사람이 곧 주의 백성인 것입니다.

주님을 바라보기 위해서는 모든 사람과 더불어 화평할 수 있어야 합니다(히 12:14). 신앙생활의 두 가지 중요한 원리가 있습니다. 첫째는 거룩이고, 둘째는 화평입니다. '거룩' 은 하나님과 인간 사이의 관계를 규정하는 개념입니다. '화평' 은 인간과 인간 사이의 관계를 설명하여 줍니다. '거룩' 과 '화평' 이 둘 중 하나라도 깨어지게 되면, 우리의 영안은 주님을 볼 수 없게 됩니다. 화평해야 예배를 드려도 은혜가 됩니다. 주님께서는 "예물을 제단에 드리다가 거기서 네 형제에게 원망들을 만한 일이 있는 줄 생각나거든 예물을 제단 앞에 두고 먼저 가서 형제와 화목하고 그 후에 와서 예물을 드리라" 말씀하셨습니다(마 5:23~24). 하나님께서는 거룩하신 분이십니다. 하나님께 예배드리는 백성 역시 거룩해야 합니다. 따라서 우리의 신앙이 좋아지게 되면, 인간관계도 좋아질 수밖에 없습니다. 시내산에서 하나님을 만난 모세의 얼굴에서는 광채가 났습니다(출 34:29~35). 주님을 앙망하며 살아야 합니다. 주님을 바라보면 우리의 관계와 태도가 주님을 닮은 모습으로 변화될 것입니다.

하나님의 은혜에 도달하기 위하여 마음의 쓴 뿌리를 제거할 수 있어야 합니다(히 12:15). 첫째로 쓴 뿌리는 다른 나무의 성장을 가로막는 잡초입니다. 마음의 쓴 뿌리는 은혜를 방해합니다. 내 속의 쓴 뿌리를 뽑아내야 합니다. 둘째로 쓴 뿌리가 나면 괴롭습니다. 말로도 괴롭히고, 행동으로도 괴롭힙니다. 인체에서 암세포는 정상 세포가 어떤 원인으로 변이하여 무제한 증식하여 마침내는 생명을 끊게 하는 악성의 세포를 말합니다. 따라서 암세포의 이상 증식을 막기 위해서는 조기에 발견하여 제거하는 것이 최선의 치료입니다. 암세포의 치료 방법과 같이 쓴 뿌리도 잘라내야 합니다. 셋째로 쓴 뿌리는 주위를 더럽게 하며 전염성이 있습니다. 쓴 뿌리는 쉽게 뻗어나갑니다. 이러한 쓴 뿌리들을 우리의 마음 밭에서 제거하여 더 없이 큰 하나님의 은혜를 사모하시기를 바랍니다.

영생의 길을 보장받기 위해서는 올바른 선택을 할 수 있어야 합니다(히 12:16~17). 한 가문의 장자는 모든 재산과 기업을 상속 받습니다. 에서는 한 그릇 식물을 위하여 장자의 명분을 팔았습니다(히 12:16). 그 결과 에서는 유다 족속에서 제외되고, 장자의 명분을 산 야곱의 자손은 하나님의 택하심을 입은 선민이 되었습니다. 명분은 그만큼 중요합니다. 명분을 소홀히 보아서는 안 됩니다. 명분이 상승되면 그것이 명예입니다. 자연계의 미생물은 극소수의 유익한 균과 해로운 균, 그리고 다수의 기회주의적인 성향의 좋지도 나쁘지도 않는 균으로 구성되어 있다고 합니다. 다수를 구성하는 기회주의적인 성향의 균은 환경에 따라 유익한 균 혹은 해로운 균으로 변형되는 특징이 있다고 합니다. 이 세상에도 '의'가 있고, '불의'가 있습니다. 주님을 바라보지 않으면, 우리의 인격 전체가 불의한 길을 가는 것이고, 주님을 바라보게 되면, 의로운 길을 가는 것입니다. 중요한 것은 '지금 그리고 여기서'라는 선택입니다. 이 선택은 우리의 문제이며, 나의 결정입니다. 주님을 바라보시며 결단해야겠습니다.

2005.9.25

주님과 함께라면

출애굽기 17:8~16

> "모세가 여호수아에게 이르되 우리를 위하여 사람들을 택하여
> 나가서 아말렉과 싸우라 내일 내가 하나님의 지팡이를 손에 잡고
> 산꼭대기에 서리라" (출 17:9)

구약성경에는 여러 차례에 걸쳐 전쟁의 모티브(motive)가 등장합니다. 아브람이 장정 318명과 함께 조카 롯을 구하기 위하여 한 싸움은 고대의 전쟁 모습을 보여 줍니다(창 14장). 신약성경에는 직접적인 전쟁의 기사가 기록되어 있지는 않지만, 마귀와의 영적 전쟁에 대한 기록들이 있습니다. 영적 전쟁에서 영적 싸움의 대상은 마귀입니다. 우리는 영적 전쟁에서 승리해야만 합니다. 그렇다면 영적 전쟁에서 승리하는 비결은 무엇입니까? 아말렉과의 전쟁에서 하늘을 향해 기도하는 모세의 모습은 우리가 영적 전쟁에서 승리할 수 있는 근거를 가르쳐 줍니다.

아말렉과의 전쟁에 앞서 모세는 여호수아를 출전시킨 후에 산꼭대기에 섭니다(출 17:9). 산꼭대기는 하늘과 맞닿은 기도의 자리입니다. 여호수아는 전쟁터에서, 모세는 기도의 자리에서 힘을 합쳐 육적이며 영적인 전쟁을 수행하게 됩니다(출 17:9). 전쟁에서 승리하기

위해서는 국론의 통일이 선행되어야 합니다. 마귀를 군대라 함은 우리가 일상의 삶에서 치르는 마귀와의 싸움이 영적인 전쟁이라는 것을 가르쳐 줍니다. 우리도 영적 전쟁에 승리하기 위해 힘을 합해야 합니다. 찬송의 권능을, 봉사의 은혜를, 전도의 열정을, 그리고 사명의 결단을 주 예수 그리스도 안에서 합쳐야 합니다. 비록 서로의 생각이 다를지라도, 하나님께서 기뻐하시는 일이라면 힘을 합칠 수 있는 성도들이 되어야 합니다. 교회의 사역은 전 성도의 힘들이 통일되었을 때에 능력을 발휘하고 은혜가 됩니다.

모세가 기도하는 동안 그의 손이 내려오지 않도록 그 손을 붙들었던 두 명의 동역자가 있습니다(출 17:12). 한 사람은 후일 대제사장이 되는 모세의 형 아론이고, 다른 한 사람은 모세의 누이인 미리암의 남편으로 알려진 훌입니다(출 17:12). 아론은 모세의 형이기에 동생인 모세를 돕는 일 자체가 자존심이 상할 수 있습니다. 그리고 훌은 아내 미리암의 부정적인 영향을 받을 수 있었으나, 아론과 훌모두가 모세를 조력하는 일에 최선을 다하였습니다. 하나님의 사람 모세를 도왔던 아론과 훌처럼, 우리도 교회를 위해서 목회를 돕고, 하나님께 영광 돌리는 일을 위해 최선을 다하는 협력자가 되어야겠습니다. 모세의 피곤한 손을 끌어내려서는 안 됩니다. 야곱의 열두 아들 중 모두가 책임을 지려는 형제가 없을 때, 오직 유다만이 생명을 담보로 하여 아버지 야곱에게 동생 베냐민을 무사히 데려오겠다는 약속을 합니다(창 43:9). 그 후 야곱은 아들 유다에게 "홀이 유다를 떠나지 아니하며 치리자의 지팡이가 그 발 사이에서 떠나지 아니하시기를 실로가 오시기까지 미치리니 그에게 모든 백성이 복종하리로다"(창 49:10)라는 축복의 기도를 합니다. 주님의 일과 주님의 사명을 위해 돕는 형제, 협력하는 성도, 그리고 목회자를 위해 기도하는 성도들이 되어야 합니다.

모세가 아말렉과의 전쟁에서 잡은 지팡이는 양을 몰던 지팡이였습니다(출 17:9). 그 지팡이는 맹수의 공격을 방어하는 무기였습니다. 모세는 이것을 들고 애굽에 들어갔고, 애굽에서 놀라운 기적의 역사를 이룰 때에 이 지팡이를 사용하였습니다. 이스라엘 백성들을 가나안 땅으로 이끌 때에도 모세는 이 지팡이를 사용하였습니다. 모세의 지팡이는 단순한 물건에 불과합니다. 그러나 모세가 하나님의 일을 할 때에 그 지팡이는 하나님의 지팡이가 됩니다. 이 세상 무엇이라도 하나님을 위해 사용되면 강력한 힘을 발휘하게 됩니다. 하나님께 우리의 인생을 맡깁시다. 하나님께서 우리의 인생을 책임지십니다. 하나님께서 도와주셔야 승리하는 인생을 살 수 있습니다. 여호와께서 아말렉과 싸워주셨던 것처럼, 우리의 대적과 더불어 영원히 싸워주실 줄 믿습니다. 주님께서 약속하여 주신 대로, 다윗 대에 이르러 아말렉 족속은 전멸하게 됩니다(삼상 30:16~17). 하나님의 권능과 아론과 훌의 협력, 그리고 여호수아의 말없는 충성으로 아말렉과의 전쟁에서 이스라엘은 큰 승리를 합니다(출 17:13~16). 1967년 아랍과의 6일 전쟁에서 이스라엘을 승리로 이끈 최신의 무기가 있었습니다. 그 무기는 다름 아닌, "믿음과 기도"였습니다. "믿음과 기도"로 마귀와의 영적 전쟁에서 승리하는 성도들이 되어야겠습니다.

2005.10.2

긴 행복의 주인공이 되라

창세기 24:61~67

> "이삭이 저물 때에 들에 나가 묵상하다가 눈을 들어 보매 약대들이 오더라"(창 24:63)

이 땅의 모든 생명체는 만남의 여하에 따라 번성하기도 하고 그렇지 못할 수도 있습니다. 식물이 옥토를 만나게 되면 잘 자라지만, 박토를 만나게 되면 그 식물은 시들고 맙니다. 사람도 잘 만나야 행복할 수 있습니다. 누구든지 잘 만나게 되면 오랫동안 행복합니다. 그러나 잘못 만나게 되면 오래 불행하게 됩니다. 주님께서 허락하신 만남에 감사하시는 성도들이 되어야 합니다.

아브라함은 그 자부를 간택함에 있어서 매우 신중하였습니다. 아브라함은 늙은 종을 불러 "내가 너로 하늘의 하나님, 땅의 하나님이신 여호와를 가리켜 맹세하게 하노니 너는 나의 거하는 이 지방 가나안 족속의 딸 중에서 내 아들을 위하여 아내를 택하지 말고 내 고향 내 족속에게로 가서 내 아들 이삭을 위하여 아내를 택하라"(창 24:3~4)고 명합니다. 즉 친족에게 가서 며느리 될 사람을 간택하라는 것입니다. 결혼은 감정이 아닙니다. 철저한 이성적 검증을 거쳐야 합니다. 가장 중요한 것은 결혼이란 신앙적 만남이 전제되어야 한다는 것입니다.

이삭과 리브가의 만남 역시 여호와 하나님을 경외하는 신앙 안에서의 만남이었습니다. 첫째로 아브라함의 명을 받게 된 늙은 종이 하나님께 기도하면서, 주인의 모든 말씀을 받듭니다. "그가 가로되 우리 주인 아브라함의 하나님 여호와여 원컨대 오늘날 나로 순적히 만나게 하사 나의 주인 아브라함에게 은혜를 베푸시옵소서"(창 24:12). 둘째로 이삭은 늙은 종의 기도대로 "주의 종"(창 24:14)이었 습니다. 셋째로 이삭은 기도함으로 이 모든 일을 준비하고 기다렸습 니다. "이삭이 저물 때에 들에 나가 묵상하다가 눈을 들어 보매 약대 들이 오더라"(창 24:63). 부부는 서로를 주님 안에서 이해할 수 있어 야 합니다. 부부는 그 자체가 신앙공동체가 될 수 있어야 합니다. 함 께 어우러져 예배하는 것을 주님은 기뻐하십니다.

이삭과 리브가의 만남은 순전한 만남이었습니다. 리브가 역시 이삭 외의 다른 "남자를 가까이하지 아니한"(창 24:16) 순결한 처녀 였습니다. 진정한 미는 마음과 말씨와 행동, 그리고 하나님을 경외 하는 믿음에서 우러나온다는 것을 믿으십시오. 리브가와의 만남을 통해 이삭은 모친의 상사(喪事) 후에 큰 위로를 얻게 됩니다(창 24:67). 이삭과 리브가는 좋은 만남으로 인하여 예수 그리스도의 조 상이 되는 영광을 얻게 되었습니다. 그리고 아버지 아브라함과 같이 이삭도 믿음의 조상이 되는 은택을 입게 되었습니다. 그래서 우물 때문에 쫓겨 다녀도, 재산이 불어나게 되는 하나님의 큰 복을 받습 니다(창 26:17~29). 서로 다른 성품의 소유자들일지라도, 우리 주님 의 뜻과 역사에 준행하심으로, 성령의 도우심을 얻어 복의 은총을 얻는 성도들이 되어야겠습니다. 주님께 고백해 봅시다. "나는 행복 합니다. 주님이 함께하시기 때문입니다." 주님과의 고귀한 만남을 끝까지 유지함으로 긴 행복의 주인공이 됩시다.

2005.10.9

두려워 말고 주께 맡겨라

출애굽기 14:13~14

"모세가 백성에게 이르되 너희는 두려워 말고 가만히 서서 여호와께서 오늘날 너희를 위하여 행하시는 구원을 보라 너희가 오늘 본 애굽 사람을 또 다시는 영원히 보지 못하리라 여호와께서 너희를 위하여 싸우시리니 너희는 가만히 있을지니라" (출 14:13~14)

우리가 살아가는 인생에는 영원한 실패도 없고, 영원한 성공도 없습니다. 처절한 실패도 위대한 성공으로 발돋움할 수 있습니다. 우리는 큰 것에 대한 콤플렉스가 있습니다. 그래서 큰 것을 멸시하는 경향이 우리에게 있을 수 있습니다. 그러나 타인의 성공을 비난하면, 그는 결코 성공할 수 없습니다. 인생에서 승리하고 신앙생활에서 성공하기 위해 첫째로 주님을 사랑하십시오. 전심을 다해 주님을 사랑하면, 성공적인 신앙생활을 할 수 있습니다. 지금도 예수님께서는 우리와 함께하십니다. 우리 신앙의 대상은 오직 예수님 한 분이십니다.

두 번째로 성공적인 신앙생활을 위해 교회를 사랑합시다. 교회는 예수님의 몸입니다. 교회를 사랑하게 되면, 모든 것을 아름답게 볼 수 있는 영안이 열리게 됩니다. 교회라는 모판에서 신앙을 아름답게 키우시는 성도들이 되기를 바랍니다.

세 번째로 교역자와의 관계가 좋아야 합니다. 아버님과 어머님이 없이 내가 어떻게 자랄 수 있겠습니까? 부모님을 존경하고 공대하는 사람은 이 땅에서 잘못될 수 없습니다. 마찬가지로 아무리 부족하다 할지라도, 하나님께서 보내주셨으니 따르고 협력하게 되면 우리의 신앙이 자라게 됩니다.

살고 싶은데 살 수 있는 방법이 없을 때 문제가 됩니다. 애굽을 탈출한 이스라엘 백성을 가로막는 홍해 바다는 현대인을 좌절케 하는 절망의 심연(深淵)이라 할 수 있습니다. 문제 앞에 절망한 이스라엘 백성들은 하나님을 원망하고 지도자인 모세와 아론을 원망합니다(출 14:11). 기적을 보고도 믿지 못하고, 사랑을 체험했음에도 원망하는 이스라엘 백성의 태도는 문제 앞에서 하나님의 기적적인 생명의 역사를 믿지 못하는 신자의 모습을 보여 줍니다. "두려워 말고 가만히 있으라"(출 14:13)는 말씀은 겁내지 말고 당황하지 말고, 하던 일을 평안히 시행하라는 신앙적 결단의 외침입니다. "두려워 말라 내가 너와 함께하리라"(사 43:5)는 주님의 말씀을 믿으시기 바랍니다. "너희는 마음에 근심하지 말라 하나님을 믿으니 또 나를 믿으라"(요 14:1)는 예수님의 음성에 귀를 기울이십시오. "너희 염려를 다 주께 맡겨 버리라"(벧전 5:7)는 말씀대로 주 예수 그리스도의 크신 권능을 의지하며, 우리 마음속 모든 염려를 쓸어버리기 바랍니다.

하나님의 구원은 영혼, 육체, 환경을 포함하는 전인 구원입니다. "구원을 보라"(출 14:13)는 말씀을 믿고 의지하여, 죽음의 위기와 같은 어려운 문제를 해결해 나갑시다. 하나님께서 도우시면, 사람이 생각할 때 안 되는 것도 주께서는 되게 하십니다. 나의 구원이시며 반석 되신 하나님께서 우리의 모든 문제와 싸워 주십니다. "세상에서는 너희가 환난을 당하나 담대하라 내가 세상을 이기었노라"(요 16:33). 주님께 붙어 있기만 하면 승리의 삶을 살 수 있습니다. 하나님께서 동행하심으로 인생 여정에서 승리하는 성도들이 됩시다.

2005.10.16

어떻게 그리스도를 모실 수 있는가?

갈라디아서 2:18~21

"내가 그리스도와 함께 십자가에 못 박혔나니 그런즉 이제는 내
가 산 것이 아니요 오직 내 안에 그리스도께서 사신 것이라 이제
내가 육체 가운데 사는 것은 나를 사랑하사 나를 위하여 자기 몸
을 버리신 하나님의 아들을 믿는 믿음 안에서 사는 것이라"(갈
2:20)

주님께서는 사람의 몸으로 들어가는 것이 사람을 더럽게 하는
것이 아니라, 사람의 몸에서 밖으로 나오는 것이 사람을 더럽게 한
다고 말씀하셨습니다. "속에서 곧 사람의 마음에서 나오는 것은 악
한 생각 곧 음란과 도적질과 살인과 간음과 탐욕과 악독과 속임과
음탕과 흘기는 눈과 훼방과 교만과 광패니 이 모든 악한 것이 다 속
에서 나와서 사람을 더럽게 하느니라" (막 7:20~23). 눈에 보이는 것
이 아닌, 눈에 보이지 않는 것이 사람을 더럽게 합니다. 이것은 우리
의 내면의 실존을 보여 줍니다. 그러나 내 안에 그리스도께서 살아
계시면, 추한 우리의 자아는 감추어지며, 내 안에 가장 큰 보화를 품
게 되는 하나님의 은혜를 경험하게 됩니다.

내 안에 주님께서 살아계심은 내 안에 만물을 창조하시고, 우주

를 다스리시고, 역사를 주관하시며 나의 삶을 역사해 가시는 주님이 주인 되시는 전능하신 하나님의 주체적 활동이심을 믿으시기 바랍니다. 내 안에 주님을 모시고 사는 일은 주님을 믿는 것이며, 주님을 영접하는 것이며, 주님이 우리 안에 임하시는 거룩한 역사의 초월적 순간임을 믿읍시다.

첫째로 그리스도를 내 안에 모시려면, 나의 자아가 십자가에 못 박혀야 합니다. 성경이 말하는 진리는 역설적인 진리가 많습니다. 가장 역설적인 진리가 바로 십자가의 진리입니다. "십자가의 도가 멸망하는 자들에게는 미련한 것이요 구원을 얻는 우리에게는 하나님의 능력이라"(고전 1:18). 내가 십자가에 못 박혀야 주님이 내 안에 존재하실 수 있습니다. 나를 십자가에 못 박는다는 것은 나를 낮추고, 나를 포기하며, 자아의 중심에서 내가 물러나고, 내가 희생하는 것을 말합니다. 피에는 생명의 근원이 있습니다. 예수님께서 우리의 모든 죄를 대속하시기 위해 거룩한 피를 흘리셨습니다. "염소와 송아지의 피로 아니하고 오직 자기 피로 영원한 속죄를 이루사 단번에 성소에 들어가셨느니라"(히 9:12). "율법을 좇아 거의 모든 물건이 피로써 정결케 되나니 피 흘림이 없은즉 사함이 없느니라"(히 9:22). 예수 그리스도의 피 흘리심 속에는 나를 살리는 능력이 있습니다. 따라서 예수 그리스도와 함께 못 박히면, 예수 그리스도와 함께 살아납니다. 주님과 함께 못 박힘은 주님이 가신 그 길을 가는 것이며, 주님을 위해 사는 것입니다. "내가 진실로 진실로 너희에게 이르노니 한 알의 밀이 땅에 떨어져 죽지 아니하면 한 알 그대로 있고 죽으면 많은 열매를 맺느니라"(요 12:24). 예수님을 위하여 드리고, 예수님을 위하여 바침으로, 예수님 안에 역사하시는 하나님의 거룩한 생명의 힘을 체험하는 성도들이 되어야 합니다.

둘째로 예수님을 영접하려면 믿음으로 예수님을 받아들여야 합니다. 예수님을 믿음은 예수님의 거룩하신 뜻과 말씀에 순종함을 의미합니다. 예수님께서는 이 땅에 계시는 동안 온전한 순종의 모습을 우리에게 보여 주셨습니다. 예수님께서 이 땅에 오심 그 자체가 하나님의 뜻에 대한 순종이며, 이를 우리는 능동적 순종이라 합니다. 예수님께서 이 땅에 오셔서 하나님의 거룩한 뜻을 따르시기 위해 십자가의 길을 걸으셨습니다. 자신의 의지를 접으시고 온전히 하나님의 뜻에 순종하는 모습을 보여 주신, 십자가의 주님께서는 수동적 순종의 모습을 보여 주셨습니다. 예수님은 하나님께서 행하시는 그 뜻에 온전히 자신을 맡기시며 순종하시는, 그 모습을 통해 주님의 존재를 밝히셨던 것입니다. 순종은 역사의 주관자 되시는 하나님의 거룩한 섭리에 대한 굳은 신뢰에서 비롯됩니다. "아버지의 원대로 되기를 원하나이다"라는 주님의 기도는 이 땅에서의 예수 그리스도의 삶 전체를 보여 줍니다(눅 22:42). 우리가 믿는 예수님은 시간의 영원성과 함께 존재하시는, 지금도 살아 역사하시는 분이십니다. 주님의 순종을 본받아 하나님의 구원 역사를 삶 속에서 이루어가는 성도들이 됩시다.

2005.10.23

주님의 말씀을 따라 사는 삶

시편 119:25~32

"내 영혼이 진토에 붙었사오니 주의 말씀대로 나를 소성케 하소서" (시 119:25)
"나의 영혼이 눌림을 인하여 녹사오니 주의 말씀대로 나를 세우소서" (시 119:28)

주님의 말씀대로 살기 위해서는 한 구절 말씀이라도 붙잡고 매달리는 삶의 경험이 필요합니다. 주님의 말씀대로 사는 삶이란 말씀의 개인화와 말씀의 생활화, 이 두 가지 요건을 충족할 때에 이루어지는 삶을 의미합니다. 말씀의 개인화란 개인 삶의 현장에서 해석되는 하나님의 말씀 그 자체입니다. 이러한 현상은 내 영혼에 울리는 주님의 음성을 들을 때에 나타납니다. 말씀의 생활화란 주님의 말씀 하나 하나를 생활로 실천하는 것을 뜻합니다. 실천이 없는 말씀은 실탄 없는 총과 같이 영적 전쟁에서 아무런 효력도 발휘할 수 없습니다. 하나님의 말씀을 개인화하고 생활화하는 것이란 말씀대로 살기 위해 최선을 다하는 삶을 말합니다. 하나님의 말씀을 개인화하고 생활화하면 하나님의 복을 받게 됩니다.

아브라함은 그가 평생 하나님의 말씀에 순종하는 삶의 모습을 보여 주었습니다(창 12:1~9). 하나님의 약속하신 대로 아브라함은 후손과 땅의 복을 받고 메시야의 조상이 되는 영광을 얻게 되었습니다. 베드로 역시 깊은 곳에 가서 그물을 던지라는 말씀대로 실천하자 그물이 찢어질 정도로 많은 물고기를 잡게 되었습니다(눅 5:4~7). 행복과 불행, 성공과 실패의 비결이 말씀의 순종 여하에 달려 있습니다. 하나님의 말씀에 우리의 자아를 맞추고 순종하면, 우리는 아름다운 신앙을 소유할 수 있습니다. 하나님의 역사에 순종하는 성도들이 되어야 합니다.

주의 말씀대로 살게 되면, 우리의 영혼이 소성케 되는 역사가 일어납니다(시 119:25). "소성"이란 영혼의 되살아남을 의미합니다. 하나님의 말씀에는 개인의 삶과, 민족의 역사, 그리고 세계의 흐름을 되살려서 아름답게 변화시키는 능력이 있습니다. 8세기 말부터 11세기 후반 사이 해상에서 유럽 각지를 침입하며 약탈을 자행하였던 북게르만 민족인 바이킹은 기독교의 유입과 함께 하나님의 말씀을 접하면서 덴마크, 노르웨이, 스웨덴과 같은 신사의 나라가 되었습니다. 영국을 복음주의 무혈 혁명으로 변화시킨 감리교의 창시자 존 웨슬리(John Wesley 1703~1791)는 "나는 한 책의 사람이 되겠나이다"라는 말을 외친 바 있습니다. 여기서 한 책이란 성경책을 의미합니다. 하나님의 말씀인 성경을 버릴 수 없습니다. 성경은 우리의 전부라는 사실을 믿기 바랍니다.

주의 말씀대로 살게 되면, 우리의 영혼이 세워지는 역사가 일어납니다(시 119:28). "주의 말씀대로 나를 세우소서"에서 "세운다"는 말은 뿌리를 깊게 하고 든든하게 하는 것을 뜻합니다. 영적으로 세워진 사람은 하나님의 일을 할 수 있게 됩니다. 흔들리지 않는 신앙인이 되기를 원하십니까? 하나님의 말씀에 깊은 뿌리를 내리기를 바랍니다. 깊은 옥토에 뿌려진 씨앗은 그 햇빛이 양분이 되어 씨앗의 발육을 촉진시킵니다. 반면에 흙이 얇은 돌밭에 뿌려진 씨앗은 작열하는 태양빛이 씨앗의 발육에 치명적인 환경이 되어, 씨앗을 태워 죽이게 되는 결과를 얻게 됩니다. 옥토에 뿌려진 씨앗은 주님의 말씀에 믿음의 뿌리를 잘 내리는 사람입니다.

주님의 말씀은 달콤한 것만 있는 것이 아니라, 나의 마음을 아프게도 합니다. 그러나 이러한 단련의 과정을 통해, 어떠한 환난과 어려움에서도 나를 굳게 세울 수 있는 믿음의 사람이 됩니다. "모든 은혜의 하나님 곧 그리스도 안에서 너희를 부르사 자기의 영원한 영광에 들어가게 하신 이가 잠간 고난을 받은 너희를 친히 온전케 하시며 터를 견고케 하시리라"(벧전 5:10). 주님의 말씀을 생활에 적용하는 실천을 통해, 더욱 더 강건한 믿음을 소유하시며, 하나님의 은혜를 받는 성도들이 됩시다.

2005.10.30

주님을 사랑한다면

로마서 8:26~28

> "우리가 알거니와 하나님을 사랑하는 자 곧 그 뜻대로 부르심을
> 입은 자들에게는 모든 것이 합력하여 선을 이루느니라"(롬 8:28)

사람의 힘으로 불가능한 일들도 하나님께서 행하시면 모든 일들이 그 목적대로 이루어집니다. 내가 생존한다는 사실과 내가 하나님의 자녀가 되었다는 사실 그 자체만으로도 우리는 하나님께 감사할 수 있어야 합니다. 우리의 삶 속에는 긍정과 부정, 밝음과 어둠, 높음과 깊음, 길고 짧음과 같이 대비되는 요소가 공존해 있습니다. 하나님 안에서 이 모든 삶의 요소들이 종국에는 선을 이루게 됩니다. 성공과 실패, 건강과 질병, 기쁨과 슬픔, 평안과 고통 이 모두를 골고루 적당하게 배분하여 작품을 만드시는 하나님의 섭리를 믿읍시다. 합력해서 선을 이루시는 하나님의 섭리 속에는 우리의 아픔, 번민, 고통 속에 존재하는 하나님의 창조적인 뜻을 깨닫게 합니다. 아픔과 번민과 고통은 우리 삶의 중심이 될 수 없습니다. 중요한 것은 하나님의 뜻과 섭리 속에 존재하는 우리인 것입니다. 그렇다면 어떤 사람이 하나님 창조의 소재가 될 수 있겠습니까? 사도 바울은 하나님을 사랑하는 자가 하나님의 창조사역에 중심이 될 수 있다는 점을 말합니다. "우리가 알거니와 하나님을 사랑하는 자 곧 그 뜻대로 부

르심을 입은 자들에게는 모든 것이 합력하여 선을 이루느니라"(롬 8:28).

하나님을 사랑하는 사람에게는 세 가지의 특징이 있습니다.

첫째로 하나님을 사랑하는 자는 하나님께 순종합니다. 하나님과 인간의 관계 속에서 "사랑"과 "순종"은 동일한 의미를 지닙니다. 하나님을 사랑하면 순종하게 되어 있고, 하나님께 순종하는 것이 하나님을 사랑하는 가장 구체적인 표현입니다. 따라서 "사랑"과 "순종"은 함께 가는 수레의 두 바퀴와 같습니다. 아브라함은 하나님을 사랑하였기에 하나님의 말씀에 순종하였습니다. 선지자 사무엘은 순종이 제사보다 낫다고 말씀하였습니다(삼상 15:22). 순종은 자식이 부모에게 할 수 있는 가장 좋은 선물입니다. 순종하는 성도란 내 뜻과 내 맘에 맞지 않더라도 하나님께서 말씀하시면 "아멘" 할 수 있는 성도를 말합니다.

둘째로 하나님을 사랑하는 자는 하나님과 동행합니다. 에녹은 삼백 년을 하나님과 동행하였습니다(창 5:22). 동행하면서 야단도 맞고 귀찮은 일도, 이치에 맞지 않는 것도 요청받을 수 있습니다. 그러나 에녹은 한결 같이 하나님과 동행하였고, 인류 최초의 승천의 복을 받았습니다(창 5:24). 에녹의 승천 사건은 하나님과 영원히 살 수 있는 그림자가 됩니다.

셋째로 하나님을 사랑하는 자는 하나님께 드리는 사람입니다. "감사하다"는 말은 하나님께 드리는 인간의 행위를 뜻합니다. 은혜를 아는 사람은 받은 사랑을 줄 수 있는 사람입니다. 지극히 작은 사랑의 표현이라도 드릴 줄 아는 성도가 은혜로운 성도입니다. 하나님을 사랑하는 성도는 먼저 하나님을 생각하고 하나님의 교회를 생각할 줄 아는 성도입니다.

하나님을 사랑하는 자는 하나님의 뜻대로 부르심을 입은 사람입니다(롬 8:28). 이 사람은 하나님께서 마음대로 부르시는 사람입니다. 하나님께서는 그 사랑하는 사람을 일방적으로 미리 아시고, 미리 정하시고, 미리 부르십니다(롬 8:29~30). 우리가 필요하기 때문에 부르신 줄 믿습니다. 하나님께 부르심을 입게 되면 그 자체가 큰 복입니다. 물건도 항상 필요하고 소중한 것은 몸에 지니고 다닙니다. 부르셔서 가까이 두시려는 하나님의 섭리 속에 택하심을 얻으시는 성도들이 됩시다. 하나님의 부르심을 입게 된 성도는 모든 것이 합력하여 선을 이룹니다. 초대교부 어거스틴(St. Augustin)은 "하나님께서는 성도의 죄까지도 저희 구원에 유익하게 하신다"고 말씀하였습니다. 19세기의 위대한 신약학자 고데는 "하나님께서는 세상의 불완전과 고통 그 일체를 유익하게 하신다"고 로마서 8장 28절을 주석합니다. 염려와 근심이 문제가 아니라 내가 하나님을 사랑하는 것이 중요함을 믿으십시오. 하나님께서 세워주시고, 붙들어 주시고, 승리케 하심을 믿고, 세상을 향하여 힘차게 전진합시다.

2005.11.6

위대한 전도자가 됩시다

마태복음 11:1

"예수께서 열두 제자에게 명하시기를 마치시고 이에 저희 여러 동네에서 가르치시며 전도하시려고 거기를 떠나가시니라"(마 11:1)

주님께서 이 땅에 오신 제일의 목적은 영혼 구원입니다. 독생자를 보내신 제일의 목적 속에는 믿는 이에게 영생을 주시려는 하나님의 사랑이 내포되어 있습니다(요 3:16). 기독교인이란 하나님의 사랑 안에서 사망과 생명의 영적 변화를 경험한 존재입니다(요 1장). 사망에서 생명으로의 영적 변화는 새로운 형태의 사명을 우리에게 부여합니다. "잃어버린 양에게로 가라"는 주님의 명령은 기독교인의 삶의 목적에 의미를 부여하는 말씀입니다.

전도는 선택이 아닌, 당위의 차원에서 언급되어야 합니다. 전도는 곧 명령입니다. 칼뱅은 "명하시기를"(마 11:1)이란 말씀을, 주님께서 하신 것은 제자들이 자기 마음대로 하지 않고 주님의 뜻을 따르도록 하게 하기 위한 것이라고 주석합니다. 명령을 따르기 위해서는 타인의 의도와 목적을 이루기 위한 자아의 의지적 노력을 수반합니다. 특정한 개인의 필요와 만족이 아닌, 선교적인 사명을 위해 여기에 교회를 세우신 하나님의 뜻을 깨달아야 합니다. 전도하라는 주님의 명령을 따르기 위해서는 자아가 죽고, 내 안에서 예수 그리스도께서 사시는 십자가와 부활의 역사가 일어나야 합니다.

하나님의 역사가 우리의 자아 속에 풍성하게 넘치기 위해 기도하여야 합니다. 전도에 앞서 기도하는 것은 전도의 원동력이 됩니다. 내 안에 영혼을 사랑하는 불타는 마음이 일어날 때, 전도의 역사는 요원의 불길처럼 타오르게 됩니다. 전도를 위해 기도를 시작합시다. 기도는 현재의 씨앗이며, 미래의 실체입니다. 따라서 전도는 기도의 결실입니다. 기도한 영혼은 행동의 날개를 펴야 합니다. 행함이 없는 기도와 기도가 없는 행위는 무의미합니다. 기도와 행동은 동전의 양면과 같습니다. 전도와 기도, 이 둘은 은사가 아닙니다. 우리가 노력해서 성취해야 하는 사명입니다. 우리는 우리를 필요로 하는 곳에 가야합니다. "추수할 것은 많되 일군이 적다"(마 9:37)는 주님의 탄식이 우리의 영혼을 울려야 합니다. 주님께서는 우리의 생명을 속하신 구속주이시므로, 우리는 주님의 명령에 순종해야 합니다.

전도는 사람을 영원히 살리는 일임을 기억합시다(요 3:16). 전도자는 많은 영혼들을 주님께로 돌아오게 하는 거룩한 사명자들입니다. 하늘의 별처럼 빛나는 복의 상이 위대한 전도자들을 기다리고 있습니다(단 12:3). 성령의 감동이 왔을 때, 그 즉시 행동에 옮기는 실천하는 기독교인이 됩시다. 위대한 사람은 자신의 사명에 점령당하는 사람입니다. 구원의 확증을 소유하고, 그 감격을 전하는 위대한 전도자들이 됩시다. 먼저, 기도합시다. 다음으로, 나가서 전합시다. 그리고 주님께서 주신 영혼들을 교회로 인도합시다. 전도의 불타는 사명이 우리의 영혼을 휘감아 수많은 영혼들을 주님께 돌이키는 전도의 사명자들이 됩시다.

2005.11.13

다 감사드리세

시편 50:16~23

> "감사로 제사를 드리는 자가 나를 영화롭게 하나니 그 행위를 옳
> 게 하는 자에게 내가 하나님의 구원을 보이리라"(시 50:23)

감사는 천륜이며 인륜입니다. 특별히 크리스천은 감사할 조건이
많습니다. 시편 50편 17~21절의 말씀에는 크리스천의 감사를 가로
막는 세 가지 악에 대한 책망의 말씀이 담겨 있습니다.

첫 번째로 "교훈을 미워하고 내 말을 내 뒤로 던진다"(시 50:17)
는 말씀은 하나님의 교훈을 미워하고 하나님의 말씀에 불순종하는
것을 뜻합니다. 하나님의 교훈을 미워함이 곧 하나님을 미워하는 것
입니다. 그러므로 우리는 하나님의 말씀 앞에 복종하고 순종해야 합
니다.

두 번째로 "도적과 연합하고 간음하는 자와 동류"(시 50:18)가 된
다는 윤리적인 차원의 죄악을 지적하는 말씀입니다. 하나님을 경외
하는 좋은 사람과의 만남과 사귐을 통해 우리의 신앙은 더욱 성숙될
수 있습니다. 그리고 본문의 19~20절은 입과 혀로 범한 죄악의 심각
성, 곧 말로 인해 당하는 상처의 깊이를 지적하여 줍니다. 말이 많고
빠르게 되면, 말로 인한 실수의 가능성도 높게 됩니다. 예수 그리스
도를 믿는 성도는 다른 사람과의 관계 속에서 같은 말이라도 부드럽
고 사랑스럽게 할 수 있어야 합니다. 말이 거칠고 독하면 하나님의

영광을 가릴 수 있다는 것을 깊이 생각하여야 합니다.

세 번째로 시인 아삽은 하나님을 잊어버린 것이 얼마나 큰 죄악인지를 경고하고 있습니다(시 50:22). 하나님을 잃어버린다는 것은 모든 것을 잃는 것입니다. 이 세 가지 큰 죄악을 멀리하고 버릴 때에 우리는 하나님께 감사로 제사드릴 수 있습니다.

하나님께 드리는 감사의 제사와 하나님을 영화롭게 하는 행위는 우리에게 온전한 구원을 선물로 줍니다(시 50:23). 온전한 구원, 곧 전인 구원이란 환경의 구원, 육체의 구원, 영혼의 구원을 의미합니다. 감사는 피동적 행위가 아닌, 능동적 행위입니다. 억지로 하는 것이 아니라, 기쁨으로 하는 것이 바로 감사입니다. 감사는 우리가 하나님께 드릴 수 있는 최상의 예물입니다.

감사의 제사는 크게 네 가지 방식으로 구분됩니다. 첫째는 우리의 말로 하나님께 감사할 수 있어야 합니다. 둘째는 우리의 몸으로 감사할 수 있어야 합니다. 돌에 맞아 죽어가는 스데반의 얼굴에는 성령의 충만함이 가득하였습니다(행 7:55). 스데반은 몸으로 감사하는 모습을 초대 교회의 성도들에게 보여 주었던 것입니다. 셋째는 물질로 하나님께 감사드릴 수 있어야 합니다. 물질을 하나님께 드림은 우리의 관심의 초점이 하나님께 있음을 의미하는 것입니다. 넷째로 우리는 마음으로 하나님께 감사할 수 있어야 합니다. 경제적인 불황, 실직, 실업과 같은 위기와 환난의 상황 속에서도 우리는 감사할 수 있어야 합니다. 감사를 드리는 주의 성도에게 더욱 큰 감사를 하나님께서는 선물로 주실 것입니다.

2005.11.27

어떻게 그리스도인답게 살까?

시편 119:9~16

"내가 전심으로 주를 찾았사오니 주의 계명에서 떠나지 말게 하소서"(시 119:10)

기독교는 죽은 자를 믿는 종교가 아닙니다. 기독교는 살아계신 하나님을 믿는 생명의 종교입니다. 예수님을 따른다는 것은 예수님의 말씀대로 사는 것을 의미합니다.

신학자 칼 바르트(Karl Barth 1886~1968)는 말씀의 의미를 크게 세 가지로 정의하였습니다. 첫째, 육신이 되신 예수 그리스도이십니다. 둘째, 신구약의 성경 말씀입니다. 셋째, 선포되는 설교 말씀입니다. 우리는 주님의 말씀을 따라 사는 신령한 백성들이 되어야 합니다(시 119:9). 주님의 말씀을 떠나서는 안 됩니다(시 119:10). '떠난다'는 것은 관심이 없어질 때의 행동입니다. '떠난다'는 말은 거리가 멀어지는 것이며, 그 형상이 희미해지는 것입니다. 주님에게서 떠나면 우리 삶의 가치가 떨어집니다. 하나님을 떠남 그 자체는, 크나큰 비극임을 잊지 마십시오.

주님의 말씀을 마음에 두어야 합니다(시 119:11). 주님의 말씀이 가치 판단의 척도가 되어야 합니다. 청년이 주님의 말씀을 가까이하고 지킬 때에 그 행실이 깨끗할 수 있습니다(시 119:9). 청년은 미래 지향의 세대입니다. 청년은 꿈과 내일과 미래를 소유한 이들입니다.

나이가 젊다고 청년이 아닙니다. 나이가 많더라도 꿈과 미래가 있으면 청년입니다. 신앙과 인격으로 자신을 도야하는 청년들이 되어야 합니다. 주님의 말씀을 가까이 하면, 주의 도를 즐거이 전할 수 있습니다(시 119:14). 모든 것을 즐겁게 할 수 있어야 합니다. 즐겁게 하는 이에게 늘 즐거운 일이 더욱 넘치게 됩니다.

주님의 말씀을 묵상합시다(시 119:15). 주님의 말씀에 우리의 관심을 집중합시다(시 119:15). 주님의 말씀을 잊지 맙시다(시 119:16). 말씀을 잊어버림은 주님을 잃어버리는 것입니다. 전심으로 주님을 찾는 성도들이 됩시다(시 119:10). 한 쌍의 신혼부부가 행복한 결혼을 위해 전인격적인 만남을 가져야 하는 것처럼, 주님을 향한 믿음과 의지도 전인격적이어야 합니다. 나 자신을 전폭적으로 맡기는 신앙생활이 참된 그리스도인다운 삶의 모습입니다. 예수님을 믿는다는 것은 우리의 전 존재를 주님께 위탁하는 것입니다. 온전한 믿음으로 주님께 칭찬받고, 주님의 은총을 받는 성도들이 되어야 합니다.(2005.12.4)

선한 목자 예수

요한복음 10:7~18

> "내가 온 것은 양으로 생명을 얻게 하고 더 풍성히 얻게 하려는 것이라. 나는 선한 목자라 선한 목자는 양들을 위하여 목숨을 버리거니와"(요 10:10b~11)

영국의 물리학자 로버트 훅(Robert Hook 1635~1703)은 1665년에 처음으로 세포를 발견하였습니다. 세포란 살아있는 생물체의 몸을 구성하는 최소의 단위입니다. 인체를 구성하는 세포의 평균 크기는 17마이크로미터입니다. 1마이크로미터는 0.01밀리미터에 해당하는 매우 작은 크기입니다. 매우 작은 크기의 세포라 할지라도, 살아 있는 생명체의 세포 하나하나는 존재의 의미를 지니며 생명의 가치를 지닙니다. 이러한 관점에서 예수님의 탄생과 오심은 그 의미가 얼마나 크고, 그 가치가 얼마나 높은지를 깨닫게 됩니다.

예수 그리스도께서는 2000년 전에만 계신 분이 아닙니다. 지금 이 시간에도 살아 역사하시는 분이십니다. 예수 그리스도께서 우리와 함께하심을, 우리는 기도하는 가운데 경험할 수 있습니다. 예수 그리스도께서는 우리의 기도에 지금도 응답하십니다. 언제 그리고 어디서 불러도 대답하시는 분이 예수 그리스도이심을 믿어야 합니다. "너희가 내 이름으로 무엇을 구하든지 내가 시행하리니"(요 14:13)라는 말씀대로 하나님께서는 살아 계시며, 우리의 기도에 응답하십니다.

정치, 경제, 사회, 문화 전반으로 세계에 주도적인 영향을 미치는 미국의 대통령 중에는 기도하는 이들이 상당수 있었습니다. 초대 대통령인 워싱턴은 새벽 4~5시에 일어나서 기도하는 시간을 가졌습니다. 2대 대통령인 애덤스는 저녁 취침 전에 정기적인 기도의 시간을 가졌으며, 16대 대통령인 링컨은 백악관을 기도의 처소로 삼은 유명한 대통령입니다. 23대 대통령인 해리슨 역시 '기도의 사람'이라는 별명이 있었습니다. 39대 대통령인 지미 카터는 대통령 재임 당시에도 주일학교 교사를 자청한 일화로 매우 유명합니다.

믿음으로 기도하고, 말씀에 순종하며, 깨달은 은혜를 실천하는 성도는 실패하지 않습니다. 오늘 응답하시는 하나님, 영원토록 동일하신 하나님을 믿고 의지하며 신앙생활에 성공하는 성도들이 되어야 합니다.

예수 그리스도께서 이 땅에 오신 궁극적인 목적은, 믿는 모든 성도에게 생명을 주시기 위함입니다(요 10:10). 생명 되시는 주님의 말씀에 우리의 몸과 마음을 맡깁시다. 예수님을 믿으면, 부족함이 풍요로 변화되는 역사가 일어납니다. 그리고 주님의 은혜를 받게 되면, 우리 삶의 모든 환경과 처지가 감사의 조건으로 바뀌게 됩니다. "내게 능력 주시는 자 안에서 내가 모든 것을 할 수 있느니라"(빌 4:13)는 바울의 고백처럼, 양들을 위해 생명을 바치신 주님께서는 모든 성도에게 무한한 능력의 원천이 되십니다(요 10:11).

2005.12.11

한 아기, 평강의 왕

이사야 9:6~7

"이는 한 아기가 우리에게 났고 한 아들을 우리에게 주신 바 되었는데 그 어깨에는 정사를 매었고 그 이름은 기묘자라, 모사라, 전능하신 하나님이라, 영존하시는 아버지라, 평강의 왕이라 할 것임이라"(사 9:6)

성탄절은 하나님의 아들인 예수 그리스도께서 이 땅에 오신 복된 날입니다. 예수님께서는 화려한 왕궁에 태어나신 것이 아니라, 평범한 목수의 아들로 태어나셨습니다. "이새의 줄기에서 한 싹"(사 11:1)이 날 것이라는 예언의 말씀이 있습니다. 싹은 연하고 상하기 쉽습니다. 이사야 9장 6절의 "아기"라는 표현은 매우 연약하고 의존적인 모습을 표현하고 있습니다. 그러나 예수님의 두 어깨 위에는 정사가 있으며, 예수님께서는 기묘자요, 모사이며, 전능하신 하나님이고, 영존하시는 아버지이며, 평강의 왕이십니다(사 9:6).

정사(政事)란 "왕의 통치와 왕의 권위"를 의미합니다. 일찍이 역사 속의 여러 왕들 중에는 왕 노릇을 제대로 못한 왕들이 많습니다. 정사(政事)를 바르게 펼 수 있는 것은 누구나 할 수 있는 일이 아닙니다. 동방박사는 유대인의 왕으로 나신 예수님을 찾아 멀리 동방에서 유대 땅 베들레헴으로 왔습니다(마 2:20). 다윗은 성령의 감동하심으로 앞으로 태어나실 그리스도를 "왕이신 나의 하나님"으로 부르며 기도하였습니다(시 5:2). 예수님께서는 어깨에 정사(政事)를 매신 나의 왕이시며, 우리의 하나님이십니다.

"기묘자와 모사"란 탁월한 지혜를 소유한 사람을 말합니다. 예수님께서는 12세에 성전에서 유대의 랍비들과 학문적인 토론을 하고, 그들을 놀라게 할 정도로 신령한 지혜를 소유하신 분이셨습니다(눅 2:46~47). 예수님을 따르는 사람은 예수님을 닮게 됩니다. 예수님을 닮은 사람은 예수님께서 가신 길을 함께 걸어가는 사람입니다. 예수님의 길을 따르는 주님의 제자들에게 예수님께서는 동일한 지혜를 주십니다.

예수님께서는 목수의 아들로 태어나셨지만, 예수님의 본질은 "전능하신 하나님이시며, 영존하시는 아버지"이십니다(행 9:6). 사도 바울은 성령의 크신 은혜로 예수님의 본질을 통찰하였습니다. "그는 근본 하나님의 본체시나 하나님과 동등 됨을 취할 것으로 여기지 아니하시고 오히려 자기를 비어 종의 형체를 가져 사람들과 같이 되었고 사람의 모양으로 나타나셨으매 자기를 낮추시고 죽기까지 복종하셨으니 곧 십자가에서 죽으심이라"(빌 2:6~8). 주님의 부활을 목격한 도마는 "나의 주시며 나의 하나님"(요 20:28)이라는 믿음의 고백을 하게 됩니다. 예수님께서는 주님께서 하나님이심을 깨닫는 이들에게 복이 있을 것이라는 말씀을 주셨습니다(요 20:29).

이사야서 기자는 그리스도께서 "평강의 왕"임을 고백합니다(사 9:6). 예수님께서 이루신 평화는 예수님께서 죽으심으로 말미암아 얻게 된 구원의 은총입니다. 예수님께서 십자가에 달려 돌아가심으로 주님을 믿는 모든 인류는 죄 사함과 천국에 들어가는 영광스러운 평화를 소유합니다. 이와 달리 이슬람(Islam)의 평화는 알라에게 절대적인 복종을 신앙의 근본 가치로 삼습니다. 또한 이슬람의 평화는 이슬람적 가치로 강조되는 "정의"와 관련됩니다. 이 "정의"의 개념 속에서 성전(聖戰, 지하드-거룩한 전쟁)은 정당화됩니다. 성전에서 순교한 이들은 천국과 아름다운 여인을 선물로 받게 됩니다. 예수님의 평화는 이슬람의 평화의 개념과는 근본적으로 차이가 있습니다. 예수님의 평화는 전쟁을 극복한 인류 공영과 공존의 평화입니다. 그리고 우리 마음에 넘치는 심령의 평화입니다. "지극히 높은 곳에서는 하나님께 영광이요 땅에서는 기뻐하심을 입은 사람들 중에 평화로다"(눅 2:14).

2005.12.18

이 땅에 오신 예수 그리스도

요한복음 1:1~18

"그 안에 생명이 있었으니 이 생명은 사람들의 빛이라 빛이 어두
움에 비취되 어두움이 깨닫지 못하더라"(요 1:4~5)

예수님께서는 사람을 살리는 생명과 빛이십니다(요 1:4). 예수님
께서는 본래 하나님의 말씀이셨으며, 하나님과 함께 계시며, 천지를
창조하셨습니다(요 1:1~3). 태초에 하나님께서 "빛이 있으라" 명령
하셨습니다(창 1:3). 하나님께서 명령하실 때마다 "그대로 되는" 역
사가 일어났습니다(창 1:3,7,9,11,30). 이 땅의 모든 만물과 우주의 모
든 질서가 하나님의 말씀 앞에 순종하는 모습을 발견할 수 있습니
다. 하나님의 말씀에는 권위가 있습니다.

예수님께서 말씀하셨습니다. "내가 곧 길이요 진리요 생명이니
나로 말미암지 않고는 아버지께로 올 자가 없느니라"(요 14:6). 생명
되신 예수님, 빛 되신 예수님께서 세상에 오셨습니다. 그런데 "빛이
어두움에 비취되 어두움이 깨닫지 못하더라"(요 1:4)는 말씀처럼, 생
명과 빛 되신 예수님을 대하는 사람들의 태도에 문제가 있습니다.

예수님께서 탄생하신 유대 땅 베들레헴과는 먼 곳에 살았던 동
방박사 세 사람도 그리스도의 탄생하심을 알고 찾아와 경배하였습

니다(마 2:1~12). 그러나 헤롯왕과 온 예루살렘은 예수님을 지척에 모시고도 그리스도의 탄생을 깨닫지 못했습니다(마 2:3). "자기 땅에 오매 자기 백성이 영접지 아니하였으나"(요 1:11)라는 말씀처럼, 요한복음을 기록한 사도 요한은 이를 분명하게 통찰한 것입니다. 그러나 어둠은 빛을 몰아내지 못합니다. 어둠을 물리치고 몰아내는 빛 되신 주님의 능력을 믿으시기 바랍니다. 생명의 빛이신 예수님을 바라보고, 따를 때에 우리는 활력 있는 생을 누리며 살 수 있습니다.

예수님께서는 세상, 곧 주님께서 창조하신 이 땅에 오셨습니다 (요 1:9). 우리가 살고 있는 이 땅은 우리의 소유가 아닙니다. 하나님께서 이 땅을 창조하셨고, 주님께서 이 땅의 소유주가 되십니다. 예수님께서 이 땅에 오심은 주님의 땅에 사는 주님의 백성에게 "권세"를 주시기 위함입니다(요 1:12). 그런데 악을 행하는 사람은 빛 되신 예수님을 멀리하고 미워합니다(요 3:20). 빛으로 오신 예수님을 멀리하면 심판을 받습니다(요 3:18). 빛 되신 예수님께 순종으로 나아가며 사랑을 구하는 우리가 되어야 합니다. 주님을 의지하고, 주님 중심으로 살겠다고 결단해야 합니다.

2005.12.25

둘 · 주께서 도우시니

한서교회 예배 설교(2006년)

■■■ 풍랑 이는 바다에서 두려움에 떨고 있는 제자들을 주님께서는 만나 주셨습니다. 문제를 해결해 주시는 능력의 주님께서 우리를 만나 주십니다. 주님이 나와 함께하시니, 내게 능력 주시는 자 안에서 내가 모든 것을 할 수 있습니다.

끝까지 충성합시다!

마태복음 24:40~51

"충성되고 지혜 있는 종이 되어 주인에게 그 집 사람들을 맡아 때를 따라 양식을 나눠 줄 자가 누구뇨"(마 24:45)

주님께서는 우리가 하는 충성의 대상이 되십니다. 믿음 있는 성도는 흠 없이 충성하는 자입니다. 하나님의 일, 곧 교회의 일에 충성하는 모든 성도들이 되어야 합니다. 나아가 직장의 일도 하나님께서 우리에게 주신 일로 여겨야 합니다. 내가 하는 모든 일이 하나님께서 나에게 맡겨 주신 일이라는 사명의식을 가져야 합니다. 중요한 것은 일의 크기에 있지 않습니다. 맡겨진 일에 최선을 다하는 우리의 자세에 있습니다.

종들에게 맡겨진 일이 큰일은 아니었습니다(마 24:45). 그 일은 지극히 평범하고 일상의 보통 일이었습니다. 그러나 지혜 있는 종들은 그 일에 최선을 다하였습니다(마 24:45). 작은 일에 충성하는 종들이 되어야 합니다. 본래부터 큰일은 없습니다. 작은 일이 모여 큰 일이 됩니다. 다윗은 형들이 맡긴 양들을 돌보는 일을 하였습니다. 그 일에 다윗은 최선을 다하였습니다(삼상 16:11). 작은 일에 최선을 다하는 다윗에게 하나님께서는 무한한 영광을 주셨습니다. 작은 일을 소홀히 하면 큰일을 할 수 없습니다. 나 하나가 주님의 영광을 위한 충성자가 되어야 합니다.

우리의 충성을 끝까지 이어갈 수 있어야 합니다. 악한 종은 그 마음에 주인이 더디 올 것으로 생각합니다(마 24:48~51). 이러한 종에게는 주님의 심판이 기다립니다(마 24:51). 그러나 맡은 일에 끝까지 충성하는 사람은 주님의 다시 오심을 믿는 사람입니다. 예수님을 바로 믿읍시다. 교회 생활을 철저히 하고, 맡은바 모든 일에 최선을 다합시다. 그러면 주님께선 우리 삶의 어두운 부분을 깨끗이 치료하여 주실 것입니다.

옛 것을 잊고, 새로운 마음으로 전진하는 성도들이 됩시다. 입과 몸이 함께 일하는 충성스러운 종들이 됩시다. 하나님을 위한 영적 노동은 우리의 육체, 정신, 물질, 시간, 그리고 모든 노하우가 총동원되어야 하는 특성을 지닙니다. "너는 마음을 다하고 성품을 다하고 힘을 다하여 네 하나님 여호와를 사랑하라"(신 6:5)는 말씀처럼, 주님의 일에 나의 모든 능력을 총동원하여 하나님께서 주시는 풍성한 복을 받읍시다.

2006.1.1

놋뱀을 쳐다본 자는 살더라!

민수기 21:4~9

"여호와께서 모세에게 이르시되 불뱀을 만들어 장대 위에 달라 물린 자마다 그것을 보면 살리라 모세가 놋뱀을 만들어 장대 위에 다니 뱀에게 물린 자마다 놋뱀을 쳐다본즉 살더라"(민 21:8~9)

애굽을 떠난 이스라엘 백성은 하나님께서 세우신 모세의 지도 하에 가나안 땅을 향하여 전진하였습니다. 에돔 족속이 길을 내 주지 않아서, 이스라엘 백성은 에돔 땅을 둘러서 길을 가야 했습니다. 이 일은 이스라엘 백성의 마음을 매우 상하게 하였습니다. 민수기에는 "길로 인하여 백성의 마음이 상하였다"(민 21:4)고 기록되어 있습니다. 길이 문제가 아니라 마음에 문제가 있던 것입니다.

이스라엘 백성들에게서 원망은 그 뿌리가 깊습니다. 그들은 물이 없으므로 하나님께서 세운 거룩한 지도자 모세와 아론을 원망하였습니다(민 20:2). 그들은 고기를 달라고 울며 지도자를 원망하였습니다(민 11:4). 성경의 말씀은 사람에게 그리고 지도자에게 향한 원망을, 하나님께 향한 원망으로 인정하고 있습니다(민 21:5). 광야 생활 중에 먹을 것이 없어 굶어 죽은 사례는 찾아 볼 수 없습니다. 그러나 하나님께서 주신 것에 불평하고 원망하다가 징벌을 받은 예는 성경의 여러 곳에서 발견됩니다. 병든 영혼은 원망합니다. 그러나 건강한 영혼은 감사하는 삶을 삽니다. 결국 이스라엘의 문제는 하나님을 향한 감사와 원망, 이 두 가지 사이에서 비롯되었음을 알 수 있습니다. 모든 신에 뛰어나신 하나님께 감사합시다(시 136:2). 그리고 신실하신 하나님만을 섬깁시다.

주님을 믿는 주의 백성은 주님께 모든 것을 맡깁니다. 주께서 어떻게 하시든 주님의 뜻에 모든 것을 위탁하는 주의 백성이 됩시다. 이스라엘 백성은 모세를 원망하였지만, 모세는 이스라엘 백성의 구원을 위해 기도하였습니다(민 21:7). 모세는 여호와 하나님의 말씀대로 놋뱀을 만들어 장대 위에 달았고, 그것을 보는 자마다 살아나는 구원의 역사가 일어났습니다(민 21:8~9). 놋뱀은 십자가에 달리신 나사렛 예수 그리스도를 상징합니다(행 4:10). 주님을 바라보아야 살 수 있습니다. 십자가에 달리신 구주의 능력을 믿고, 예수님을 믿는 주의 백성들이 됩시다. 주님을 바라보면 살 길이 열립니다.

2006.1.15

주께서 도우시니

로마서 8:31~39

"자기 아들을 아끼지 아니하시고 우리 모든 사람을 위하여 내어
주신 이가 어찌 그 아들과 함께 모든 것을 우리에게 은사로 주지
아니하시겠느뇨"(롬 8:32)

사도 바울은 로마서 8장에서 그리스도인이 그리스도 안에서 누리는 승리와 영광에 대해 말씀하고 있습니다. 독일의 종교개혁가 마틴 루터는 "만일 하나님이 우리를 대적하시면 우리를 위할 자가 아무도 없다"고 말하였습니다(롬 8:31). 온 우주 삼라만상에 하나님께 맞설 수 있는 것은 없습니다. 모세는 백성의 두령 12인을 각 지파에서 뽑아 가나안 땅을 정탐케 하였습니다(민 13~14장). 그 중 열 명의 정탐꾼들은 그들이 본 가나안 땅을 부정적으로 보고하였고, 이로 인해 이스라엘의 온 회중은 모세를 원망하였습니다(민 14:1~4). 그러나 여호수아와 갈렙은 하나님께서 우리와 함께하신다는 위대한 신앙의 고백을 하며, 이스라엘 백성을 안심시키기 위해 최선을 다했습니다. 하나님께서 나와 함께하는 한, 그 누구도 나를 해치지 못합니다. 여호와께서 나의 편이 되심을 믿읍시다. 문제를 해결해 주시는 능력의 주님께서 우리를 만나 주십니다. 풍랑 이는 바다에서 두려움에 떨고 있는 제자들을 주님께서는 만나 주셨습니다(막 6:45~52).

하나님께서는 모든 것을 은사로 주십니다(롬 8:32). 예수님께서는 하나님의 독생자 아들이십니다. 그런데 우리를 위하여 하나님께서 이 땅에 보내 주신 것을 믿으시기 바랍니다(요 3:16). 본래 인간은 자기만족과 자기 보호에 일차적인 관심을 가지고 있습니다. 그러나 하나님께서는 독생자 예수 그리스도를 인간들에게 내어 주셨습니다. 아들을 내어 주신 하나님께서 다른 모든 것을 은사로 내어 주시지 않으시겠습니까? 그러나 이 모든 은사를 우리가 받기 위해서는 믿음과 간구가 있어야 합니다. 우리는 믿을 책임이 있습니다. 그리고 믿음은 우리의 의무입니다. 하나님의 도와주심을 믿고 간구하는 주의 백성들이 되어야 합니다.

하나님의 택하신 백성을 송사하는 자는 사단입니다(슥 3:1, 욥 2장). 사단의 별명은 참소자, 대적자, 고소자입니다. 우리의 모든 죄를 사하여 주신 분은 예수 그리스도이십니다. 예수 그리스도께서 우리를 의롭다고 인정하셨습니다(롬 8:34). 중세 때 타락한 기독교는 교황이 발행한 면죄부에 죄를 사하는 공로가 있다고 주장하였습니다. 프랑스 로용에 위치한 칼뱅(John Calvin)의 생가에는 이태리 말로 된 면죄부가 전시되어 있습니다. 하나님께서 우리를 의롭다 인정하셨는데, 그 누가 우리를 송사할 수 있겠습니까?

"나를 의롭다 하시는 이가 가까이 계시니 나와 다툴 자가 누구뇨 나와 함께 설지어다 나의 대적이 누구뇨 내게 가까이 나아올찌어다"(사 50:8). 당당하십시오! 주님이 나와 함께하시니, 내게 능력 주시는 자 안에서 내가 모든 것을 할 수 있습니다.

2006.1.22

건강한 신앙, 건강한 신앙인

디모데전서 6:3~10

"그러나 지족하는 마음이 있으면 경건이 큰 이익이 되느니라"(딤 전 6:6)

건강한 신앙, 건강한 신앙인은 "성경의 인정"(Bible Standard)을 받는 "성경의 사람"(BS의 사람)입니다. 나의 삶에서 다툼이 일어나는 것은 내가 "성경의 인정"을 받는 "성경의 사람"이 되지 않은 연고입니다(딤전 6:3~5).

비행기가 항로를 벗어나면, 비행기끼리 충돌할 수 있습니다. 배가 해로를 벗어나면, 배와 배가 부딪치는 사고가 발생할 수 있습니다. 차가 차선을 위반하게 되면, 큰 교통사고를 일으킬 수 있습니다. 마찬가지로 하나님의 사람으로 인정받는 주의 백성이 하나님의 말씀과 교훈을 벗어나게 되면, 신앙생활에 큰 어려움이 일어나게 될 것입니다.

건전한 그리스도인이 되기 위해 중요한 세 기둥이 있습니다. 하나는 하나님 중심, 곧 예수 그리스도 중심의 기둥이고, 둘째는 성경 중심의 기둥이며, 셋째는 교회 중심의 기둥입니다.

이에 하나의 기둥을 더하면, 그것은 목자 중심의 기둥입니다. 하나님의 중심, 성경 중심, 교회 중심, 목자 중심의 이 네 기둥이 우리의 신앙의 집을 확실히 받치고 있어야 흔들림이 없습니다. 다음으로

혼들림이 없는 확실한 신앙생활을 위해 자족하는 마음이 있어야 합니다. 족한 마음이 있으면, 우리의 삶이 넉넉해집니다.

40여 개 이상의 기업을 거느린 크리스천 기업가 폴 마이어(Paul Meyer)는 평생 낙심하지 않고 기도함으로 위대한 사업가로 성공하였습니다. 그는 청소년을 위한 장학재단을 설립하고, 미국 텍사스 주 웨이코 커뮤니티 훈련센터에서 불우아동을 양육하며 하나님의 선한 일을 실천하고 있습니다. 하루살이도 그 나름대로의 존재가치를 지니고 있습니다. 하물며 하나님의 형상을 닮은 인간의 가치는 말할 수 없이 큽니다. 폴 마이어는 "당신이 마음속에 그린 것을 생생하게 상상하고 간절히 바라며 믿음으로 기도하고 열심을 다해 행동하면 반드시 현실로 이루어진다"는 믿음을 실천에 옮겼습니다. 우리도 이미 받은 모든 것으로 자족하는 삶을 살아야 합니다.

과욕(過慾)은 여러 가지 해를 유발시킵니다(딤전 6:9~10). 욕심은 자신, 가정, 나라를 망칩니다. 일만 악의 뿌리가 되는 헛된 욕심을 버려야 합니다. 하나님께서 주신 모든 것에 감사하며, 자족함으로 경건의 진리를 깨달아, 건강한 신앙을 이루는 신앙인들이 됩시다.

2006. 2.12

정한 때 그리고 거룩한 곳에서

민수기 28:1~8

> "두 이스라엘 자손에게 명하여 그들에게 이르라 나의 예물, 나의 식물 되는 화제, 나의 향기로운 것은 너희가 그 정한 시기에 삼가 내게 드릴지니라"(민 28:2)

하나님께 바쳐지는 제물은 첫째 살아있는 것이어야 하며, 둘째 상처가 없어야 합니다. 예수 그리스도께서는 나의 모든 죄를 위하여 제물이 되사 영원한 제사를 드리셨습니다(히 10:12~14). 사도 바울은 "너희 몸을 하나님이 기뻐하시는 거룩한 산제사로 드리라(롬 12:1)"는 권면을 하였습니다. 예배는 나의 영혼이 새롭게 회복되는 역사의 순간입니다. 번제는 하나님께 드리는 향기로운 제사입니다(민 28:2). 제사는 하나님께 속한 것을 하나님께 돌리는 행위입니다. "이는 삼림의 짐승들과 천산의 생축이 다 내 것이며 산의 새들도 나의 아는 것이며 들의 짐승도 내 것임이로다"(시 50:10~11). 모든 것이 하나님의 것입니다. 온 천지만물이 하나님께 속합니다.

그뿐 아니라, 바로 나도 주님의 소유입니다. "야곱아 너를 창조하신 여호와께서 이제 말씀하시느니라 이스라엘아 너를 조성하신

자가 이제 말씀하시느니라 너는 두려워 말라 내가 너를 구속하였고 내가 너를 지명하여 불렀나니 너는 내 것이라"(사 43:1). 권능도 영광도 이기는 것도 다 주의 것입니다. 사나 죽으나 다 주의 것입니다. 이사야, 다윗, 바울 모두가 다 주의 것임을 고백하고 있습니다. 나는 온 천지 만물을 창조하신 하나님의 소유입니다(창 1장). 왜 내가 주의 것인가요? 주님께서 나를 죄에서 구속하셨기 때문입니다. "주신 자도 여호와시요 취하신 자도 여호와시오니 여호와의 이름이 찬송을 받으실찌니이다"(욥 1:21). 나의 주인 되시는 하나님을 찬양하며, 하나님께서 기뻐하시는 예배를 드리는 모든 성도들이 되어야 합니다.

다음으로 정한 때에 그리고 정한 장소에서 예배를 드려야 합니다(민 28:2). 구약에서 드린 모든 제사는 하나님께서 시기, 방법, 태도를 정하셨습니다. 예배의 의미는 "절한다", "몸을 굽힌다", "엎드린다", "입 맞춘다"로 예배자에 대한 철저한 복종이 내포되어 있습니다. 주인이 종의 일을 정하고 감독하는 것입니다. 하나님께서는 예배를 받으시는 주체이십니다. 향기로운 화제란 제물을 태울 때에 나는 냄새로, 집중해서 하나님을 영화롭게 하는 마음을 뜻합니다. 제사장이 사용하는 향유인 관유는 하나님께서 말씀하여 주신 법대로 만들어져야 합니다. 예배를 멀리하면 주님과의 관계가 끊어집니다. 하나님의 손에서 떠나게 되면 복된 예배를 드릴 수 없습니다. 우리는 성전 예배를 드리는 주의 성도들이 되어야 합니다.

예루살렘 성전은 하나입니다. 거룩한 곳에서 제사를 드려야 합니다. 동방박사 세 사람은 황금, 유향, 몰약의 예물을 가지고 먼 거리를 여행하여 유대 땅 베들레헴에 와서 주님께 경배하고 예배드렸습니다. 예배는 하나님께서 정한 곳에서 드려야 합니다. 예배란 영어로 "워십"(worship) 혹은 "서비스"(service)라 합니다. "하나님을 섬김"이 바로 예배입니다. 예배를 잘 드려야 복을 받습니다. 예배를 소홀히 여겨서는 안 됩니다. 섬기는 일을 많이 할수록 건강해집니다. 예배를 드릴 때에 최선을 다하시기를 바랍니다. 그래서 하나님께서 우리에게 부어 주시는 은혜의 복이 가정에 넘치기를 바랍니다.

2006.2.26

어떻게 기도해야 할까?

누가복음 18:1~8

"하물며 하나님께서 그 밤낮 부르짖는 택하신 자들의 원한을 풀어 주지 아니하시겠느냐 저희에게 오래 참으시겠느냐"(눅 18:7)

사람마다 어렵고 힘든 일을 대처하는 방법은 각기 다릅니다. 첫 번째 유형의 사람은 어려움 앞에 절망과 포기를 하는 사람입니다. 절망으로 자신의 미래를 결정해 버립니다. 이런 사람은 자기 스스로를 바꿀 생각을 먼저 해야 합니다(톨스토이). 절망을 위해 시간을 허비하지 말고, 희망을 위해 하나님께서 나에게 주신 시간을 창조적으로 사용하시기 바랍니다. 두 번째 유형의 사람은 희망으로 어려움을 극복하는 사람입니다. 존 맥스웰 목사(INJOY 그룹 설립자, 미국 스카이라인 웨슬리언교회 담임목사)는 「생각의 법칙」에서 다음과 같이 성공적인 삶을 위한 사고방식을 소개합니다. "생각이 달라지면 믿음이 달라진다. 믿음이 달라지면 기대가 달라진다. 기대가 달라지면, 태도가 달라진다. 태도가 달라지면 행동이 달라진다. 행동이 달라지면 실력이 달라진다. 실력이 달라지면 인생이 달라진다."

과부는 나름대로 문제 해결법을 가지고 있었습니다. 불의한 재판관에게 원한을 풀어달라고 탄원하며 번거롭게 하였다고 기록되어 있습니다(눅 18:5). 주님께서는 입으로 소리쳐 도움을 요청하는 사람에게 귀를 기울이십니다. 하나님께서는 부르짖는 간구의 소리를 들으시는 분입니다(시 28:1,2,6). 부르짖는 이에게 문제 해결과 치료의 응답이 있음을 믿으시기 바랍니다(시 30:2). 다윗은 이스라엘의 임금이었습니다. 그를 시중드는 이들이 많았습니다. 전쟁터에도 그를 대신하여 나가는 충성스러운 부하 장수들이 있었습니다. 그러나 하나님께 드리는 기도는 본인이 직접 하였습니다.

기도는 간절히 해야 합니다. 그리고 적극적으로 해야 합니다. "밤낮 부르짖는 택하신 자들의 원한"이란 간절한 기도와 기도의 적극성을 의미합니다(눅 18:7). 열심히 기도하여 모든 문제를 해결 받으십시오. 사도 바울은 "쉬지 말고 기도하라"(살전 5:17)고 권면합니다. 기도하면 전도하게 됩니다. 교회의 부흥은 열심 있는 전도운동과 기도운동을 통해 이루어집니다. 기도로 낙심을 물리칩시다. 우리의 생각을 바꿉시다. 생각이 바뀌면 믿음이 달라집니다. 믿음이 바뀌면 기대가 달라집니다. 겨자씨 한 알만 한 믿음이 우리에게 있어도 "이 산더러 들려 바다에 던지우라 하여도 될 것이요"(마 21:21)라고 주님께서는 말씀하셨습니다. 유대인들도 우리나라 사람들처럼 근심과 걱정을 산에 비유하였다 합니다. 믿음으로 기도하면 나의 근심과 걱정이 깨끗이 물러갈 줄 믿습니다. 기대가 바뀌면 태도가 달라집니다. 태도가 바뀌면 실력이 달라집니다. 실력이 바뀌면 인생이 달라집니다. 주님 안에서 열심히 기도함으로 우리 인생을 성공적인 인생으로 변화시킵시다.

2006.3.5

절대 절망을 극복하려면

출애굽기 14:26~31

> "그 날에 여호와께서 이같이 이스라엘을 애굽 사람의 손에서 구
> 원하시매 이스라엘이 바닷가의 애굽 사람의 시체를 보았더라"(출
> 14:31)

이스라엘 백성이 홍해를 건넌 역사는 불가능을 넘어선 믿음의 사건입니다. 홍해의 기적은 위대한 신앙적 교훈을 우리에게 가르쳐 주며, 신앙생활에 있어 성도들에게는 삶의 교훈이 됩니다. 모든 일은 하나님께서 하시는 일입니다. 이스라엘 백성을 애굽에서 인도해 내신 분도 여호와 하나님이십니다(출 12:51). 하나님께서는 이들을 권능의 손으로 인도해 내셨습니다(출 13:3). 모든 악한 일에서 구원해 내시고 복된 길로 나를 인도하시는 분도 하나님이십니다(딤후 4:18). 주님께서는 시작부터 끝까지 인도하십니다. 주님께서는 확실하고 안전하게 인도하십니다. 앞을 가로막은 홍해와 몰아쳐 오는 애굽 군대의 위협 속에 이스라엘 백성은 절대 절망의 나락 속에 빠져들었습니다. 이들은 심히 두려워하며 여호와께 부르짖어 기도하였습니다(출 14:10). "환난 날에 나를 부르라 내가 너를 건지리니 네가 나를 영화롭게 하리라"(시 50:15). 부르짖음은 하나님을 향한 기도입니다. "내가 주의 성소를 향하여 나의 손을 들고 주께 부르짖을 때에 나의 간구하는 소리를 들으소서"(시 28:2). 나의 기도가 주님 앞에 상

달됨을 믿어야 합니다. "이 곤고한 자가 부르짖으매 여호와께서 들으시고 그 모든 환난에서 구원하셨도다"(시 34:6). 주님께서는 나의 부르짖는 기도를 들으시고, 분명히 응답하십니다.

절박한 상황 속에서 모세는 하나님께서 모든 것을 행하시는 하나님의 구원을 바라보라고 이스라엘 백성들에게 외칩니다(출 14:13~14). 모세의 말처럼, 하나님께서는 그날에 이스라엘 백성을 애굽 사람의 손에서 구원하여 내셨습니다(출 14:30). 하나님을 믿고 기다립시다. 하나님께 맡기고, 하나님께서 역사하시는 때를 기도하며 기다립시다.

여호와 하나님께서는 모세에게 손을 바다 위로 내밀어 그것으로 갈라지게 하라 명하셨습니다(출 14:16). 여호와께서 말씀하신 대로 모세가 손을 내어민대 물이 갈라져 바다가 마른 땅이 되는 기적이 일어났습니다(출 14:20). 그리고 다시 여호와의 말씀하신 대로 모세가 손을 내어 미니, 바다의 세력이 회복되어 애굽의 군대가 바다에 수장되었습니다(출 14:26~27). 홍해의 절망과 위기 앞에 선 이스라엘 백성들은 우리에게 두 종류의 모습을 보여줍니다. 한 부류는 홍해와 애굽 군대의 위협 앞에 절망한 사람들입니다. 다른 한 부류는 믿고 순종한 사람들입니다. 분명한 것은 믿고 순종한 이들 때문에 절망한 사람들까지도 홍해를 건너는 구원의 역사가 일어났습니다. 홍해와 같은 절망, 아픔, 좌절을 극복하려면 소리 내어 부르짖어 기도해야 합니다. 그리고 믿고 순종하며 기도할 수 있어야 합니다. 이를 통해 하나님께서 구원하시는 기적의 역사를 체험합시다.

2006.3.26

기도의 열매

야고보서 5:13~18

"믿음의 기도는 병든 자를 구원하리니 주께서 저를 일으키시리라 혹시 죄를 범하였을지라도 사하심을 얻으리라 이러므로 너희 죄를 서로 고하며 병 낫기를 위하여 서로 기도하라 의인의 간구는 역사하는 힘이 많으니라"(약 5:15~16)

"어떻게 기도하느냐?" 그리고 "누구에게 기도하느냐?"는 기도 응답의 가장 중요한 조건입니다. 바른 기도를 통해 주님께 응답받고, 복 받는 신앙생활이 되어야 합니다. 그렇다면 누가 기도를 해야 할까요? 고난당하는 자가 기도해야 합니다(약 5:13). 견디기 힘든 시험, 경제적 어려움, 인간관계로 인해 고통을 당하는 자가 기도해야 하는 것입니다. 초대 교회 성도들은 개인적인 어려움과 함께 예수님을 믿는 일로 외부의 심각한 박해를 견뎌내야 했습니다. 목숨이 끊어지는 최악의 고통 속에서도 저들은 기도하였습니다. "환난 날에 나를 부르라 내가 너를 건지리니 네가 나를 영화롭게 하리로다"(시 50:15). 기도하면 고난이 다 물러갈 줄 믿습니다. "우리의 잠시 받는 환난의 경한 것이 지극히 크고 영원한 영광의 중한 것을 우리에게 이루게 함이니"(고후 4:17). 환난이나 고난은 잠깐입니다. "그들의 모든 환난에 동참하사 자기 앞의 사자로 그들을 구원하시며 그 사랑과 그 긍휼로 그들을 구속하시고 옛적 모든 날에 그들을 드시며 안으셨으나"(사 63:9). '동참하신다' 는 말씀은 하나님께서 나와 함께 하심을 의미합니다. "아무것도 염려하지 말고 오직 모든 일에 기도와 간구로, 너희 구할 것을 감사함으로 하나님께 아뢰라"(빌 4:6). 열심히 기도하고 하나님께 간구합시다. 나의 모든 짐을 여호와께 맡기는 믿음의 주인공들이 모두 되어야 합니다.

야고보 사도는 병든 자를 위하여 기도하라고 권면합니다. "너희 중에 병든 자가 있느냐 저는 교회의 장로들을 청할 것이요 그들은 주의 이름으로 기름을 바르며 위하여 기도할찌니라"(약 5:14). 병든 사람이란 육신의 질병, 정신의 질병, 영혼의 질병으로 고통당하는 사람을 의미합니다. 이들을 위해 기도해야 합니다. "기름을 바른다" 는 것은 약을 바르는 행위를 의미합니다. 질병으로 고통당하는 이들에게 약만 줄 것이 아니라, 함께 기도하는 복된 성도들이 되어야 합니다. 미국 듀크 대학교 의과대학 연구팀에 따르면, 매주 교회에 출석하는 신자들을 대상으로 임상 연구를 한 결과, 그렇지 않은 사람보다 입원기간이 현저히 짧았다고 합니다. 이사야는 주님의 말씀대로 병들어 죽게 된 히스기야의 종처에 무화과 반죽을 붙여주었습니다(왕하 20:7). 그러자 질병에서 고침 받는 기적의 역사가 나타났습니다(왕하 20:7). 기도하고 치료하면 치료의 효과와 속도는 그만큼 빨라지는 줄 믿습니다. 때로는 죄의 결과로 인한 질병도 있습니다(약 5:15). 죄를 하나님께 구하면 사함을 받을 수 있습니다. 그래서 모든 기도 속에는 반드시 "회개의 기도"가 있어야 합니다.

다음으로 믿음으로 기도해야 합니다(약 5:15). "내가 진실로 너희에게 이르노니 누구든지 이 산더러 들리어 바다에 던지우라 하며 그 말하는 것이 이룰 줄 믿고 마음에 의심치 아니하면 그대로 되리라"(막 11:23). 그대로 될 줄 믿고 기도합시다. 주님께서 말씀하셨습니다. "할 수 있거든이 무슨 말이냐 믿는 자에게는 능치 못할 일이 없느니라"(막 9:23). 간절히 기도해야 합니다(약 5:17). 애타는 마음으로 기도해야 합니다. 결코 기도를 중단해서는 안 됩니다(약 5:18). 기도의 열매는 분명합니다(약 5:15~16). 첫째 병든 자가 구원을 받습니다. 둘째 주께서 일으켜 주십니다. 셋째 죄의 사하심을 얻습니다. 넷째 역사가 일어납니다. 하나님의 철저한 도우심을 받으며 기도하는 모든 성도들이 됩시다.

2006.4.2

예수를 죽일 죄는 없었다

누가복음 23:13~25

"보라 저의 행한 것은 죽일 일이 없느니라" (눅 23:15)

하나님과 인간에게 큰 문제는 바로 죄입니다. 인류의 조상인 아담과 하와는 죄 때문에 에덴동산에서 쫓겨났고 노아 시대 사람들은 죄 때문에 홍수로 망했습니다. 구약과 신약시대의 선지자들과 사도들은 회개하고 죄에서 돌아오라고 외쳤으며, 예수께서는 이 죄를 속량해 주시기 위하여 세상에 오셨습니다. 결국 우리 인간의 죄 때문에 하나님의 아들이신 예수님이 십자가에 못 박혀 죽으셨습니다.

당시 십자가는 흉악범을 사형 집행하던 사형도구였습니다. 이 십자가에 죄와 악은 털끝만치도 없는 깨끗한 하나님의 아들이신 예수님이 매어 달려 죽으셨습니다. 당시 사형집행의 최종 권한을 갖고 있던 로마의 총독 빌라도는 예수를 여러 차례 심문하였으나 아무런 죄도 발견하지 못했습니다(눅 23:14,15,22). "내가 보니 이 사람은 죄가 없도다."(눅 23:4)라고 말합니다. 그러나 빌라도는 아내의 눈물어린 간청에도 불구하고 "예수를 십자가에 못 박으라"는 폭도들의 외침 앞에서 불의와 타협하고, 주님을 십자가의 죽음으로 몰고 갔습니다. 빌라도 역시 군중의 외침에 자신의 총독의 위치가 흔들릴까 두려워함으로 예수에게 사형선고를 내리고 말았던 것입니다.

왜 아무런 죄 없으신 예수님이 십자가에서 죽으셔야만 했을까요? 그것은 바로 십자가에서 죽기까지 우리 인간을 사랑하셨기 때문입니다. 하나님은 예수님이 십자가에서 죽기까지 허물과 죄로 가득 찬 우리 인간을 사랑하셨고 구원받기를 원하셨던 것입니다.

예수님은 죄도 없이 흠도 없이 온전히 자기 자신을 십자가에 죽기까지 순종함으로 하나님께 드리는 거룩한 희생의 산제물이 되셨습니다(히 4:15,7:26,9:14). "그가 찔림은 우리의 허물을 인함이요 그가 상함은 우리의 죄악을 인함이라 그가 징계를 받음으로 우리가 평화를 누리고 그가 채찍에 맞음으로 우리가 나음을 입었도다"(사 53:5).

예수님은 죄 없으신 분이시지만, 죄 있는 나를 살리시려고 대신 십자가를 지셨습니다. 그리고 원수까지라도 사랑하라고 말씀하셨습니다. 예수님의 은혜와 사랑을 감사하며 나의 죄를 회개하는 마음으로 나에게 주어진 고난의 십자가를 기쁨으로 감당하는 성도들이 됩시다.

2006.4.9, 고난주일

이기셨습니다!

요한복음 16:28~33

"이것을 너희에게 이름은 너희로 내 안에서 평안을 누리게 하려 함이라 세상에서는 너희가 환난을 당하나 담대하라 내가 세상을 이기었노라 하시니라"(요 16:33)

기독교는 부활하신 예수님을 믿습니다. 기독교는 빈 무덤을 자랑합니다. 부활의 분명한 증인들이 있습니다. 주님께서는 부활하셔서, 게바에게 보이시고 후에 열두 제자와 오백여 형제, 그리고 야고보와 사도 바울에게 보이셨습니다(고전 15:5~9). 구원 받은 사람은 예수님 부활의 한 부분만을 믿는 것이 아닙니다. 부활의 사건 전체, 즉 모두를 믿는 사람입니다. 전인적 신앙이라야 구원을 받습니다. 주님께서는 나 때문에 죽으셨습니다. 그리고 나를 위해서 부활하셨습니다. 지금도 나를 위해서 하나님 보좌 우편에서 기도해 주십니다. 성령님의 크신 은혜가 이 모든 사실을 지금 이 순간 가르쳐 주고 계십니다.

예수님께서는 항상 하나님 아버지와 동행하십니다(요 16:32). 부활하신 주님께서는 보혜사 성령님을 우리에게 보내 주시고, "영원토록 너희와 함께하시겠다"는 약속의 말씀을 주셨습니다(요 14:16). 존 웨슬리 목사님은 "세계는 나의 교구이다"라고 외치며, 성령의 크신 은혜 안에서 예수 그리스도의 복음을 전파하고, 하나님을 영화롭게 하는 거룩한 일에 전 생애를 바쳤습니다. 그는 죽음 앞에서 "나의 생애 가장 기쁜 것은 하나님께서 나와 함께하심이라"였습니다. 권력, 재산, 건강 이 모든 것이 나를 떠날 때가 있습니다. 그러나 하나님께서는 주님을 찬양하며 경외하는 주님의 백성과 영원토록 통행하십니다. 이는 마치 모유를 먹이는 어머니의 사랑과 같은 것입니다. 하나님과 동행하는 생활이야말로 우리 삶에서 가장 복된 순간입니다.

주님 안에는 참된 평안이 있습니다(요 16:33). 주님께서는 마귀와의 영적 전쟁에서 승리하셨습니다. "세상에서는 너희가 환난을 당하나 담대하라 내가 세상을 이기었노라"(요 16:33). 이겨야 기쁘고, 이겨야 평화를 누리게 됩니다. 영적 전쟁에서 지면, 땅도 없고 행복도 없습니다. 그러나 주님과 동행하면 우리는 영적 전쟁의 승리자가 될 수 있습니다. "우리 주 예수 그리스도로 말미암아 우리에게 이김을 주시는 하나님께 감사하노라"(고전 15:57).

2006.4.16, 부활주일

기도가 곧 응답이다!

마태복음 15:21~28

"여자야 네 믿음이 크도다 네 소원대로 되리라"(마 15:26)

　　성경 안에는 여러 가지 기도가 있습니다. 시대를 위한 다양한 기도가 기록되어 있습니다. 기도는 반드시 응답됩니다. 새벽 해가 뜨기 전인 아주 이른 시간에 예수님께서는 한적한 곳에 가셔서 기도하셨습니다(막 1:35). 요한복음 17장에는 제자들을 향한 예수님의 긴 중보의 기도가 기록되어 있습니다. 예수님께서는 기도의 모범을 우리에게 보여 주셨습니다. 가나의 혼인 잔치에서 예수님께서는 물로 포도주를 만드시는 기적을 베푸셨습니다(요 2:1~11). 기도는 물이 변하여 포도주가 되는 것과 같은 영적 변화를 우리의 삶 속에 일으킵니다.

　　가나안 여인이 예수님께로 와서 귀신에 들려 고통 받는 딸을 고쳐달라고 간구합니다(마 15:22). 전통적으로 유대인들은 가나안에 사는 사람들을 멸시하였습니다. 가나안 여인이 사는 두로와 시돈 지역은 이방인들이 모여 사는 지역으로 우상 숭배로 유명한 이세벨의 고향이었습니다. 우상 숭배와 음란으로 유대인들은 이들과 거리를 두었습니다. 그러나 유대인들의 멸시와 천대를 아랑곳하지 않고, 가나안 여인은 예수님께 큰 소리로 외쳐 말합니다. "주 다윗의 자손이

여 나를 불쌍히 여기소서(마 15:22)!" 영적 세계에서도 기도소리, 찬송소리가 큰 사람이 이깁니다. 가나안 여인은 자기 딸의 고통을 내 것으로 받은 것입니다.

예수님께서는 가나안 여인의 외침과 간구에 한 말씀도 대꾸하지 않으셨습니다(마 15:23). 문제가 그대로 있을 때에 사람들은 절망에 빠집니다. 고비를 잘 넘겨야 합니다. 목적이 뚜렷해야 합니다. 여기에 구원의 길, 문제 해결의 길이 있습니다. 예수님께 간청하는 사람들과 예수님을 연결시켜 주는 일은 제자들의 주된 임무입니다. 그러나 제자들은 이 여인이 소동을 일으킨다고 생각하고, 주님께 "그 여자가 우리 뒤에서 소리를 지르오니 보내소서"(마 15:23)라고 말합니다. 제자들은 여인의 간구에 무관심하였던 것입니다. 사람을 돕는 중보자가 되어야 합니다. 섬김의 사명 그리고 전도의 사명을 통해 이 시대 주님의 구원에 갈급한 사람들에게 생명을 안겨 주는 주님의 증거자들이 되어야 합니다.

반대와 방해와 무관심 속에서도 가나안 여인은 "주여 저를 도우소서"(마 15:25)라고 외쳤습니다. 가나안 여인은 자신의 간구를 분명하게 소리 높여 예수님께 알렸습니다. 성서학자 바클레이는 가나안 여인을 물러설 줄 모르는 신앙인으로 묘사합니다. 주님께서는 여인을 향해 "자녀의 떡을 취하여 개들에게 던짐이 마땅치 아니하다"고 말씀하십니다(마 15:26). 이와 같은 예수님의 말씀에도 여인은 상처받지 않습니다. 가나안 여인은 거절 속에서 응답을 체험하게 됩니다. 굳건한 믿음의 여인에게 플러스알파의 복이 더해집니다. "여자야 네 믿음이 크도다 네 소원대로 되리라"(마 15:26). 믿음은 기도 응답의 최선의 길입니다. 믿음의 기도에 주님께서는 분명히 응답하십니다.

2006.4.23

예수를 전하는 사람들

사도행전 4:12~21

> "베드로와 요한이 대답하여 가로되 하나님 앞에서 너희 말 듣는
> 것이 하나님 말씀 듣는 것보다 옳은가 판단하라 우리는 보고 들
> 은 것을 말하지 아니할 수 없다 하니"(행 4:19~20)

주후 347년 시리아의 안디옥에서 출생한 성 요한 크리소스톰(St. John Chrysostom)은 정치가와 법률가로 촉망받던 젊은이였습니다. 23세에 세례를 받은 그는 주님께 헌신을 다짐하고 수도 생활을 하게 됩니다. 주후 386년에 성직 안수를 받고 목회자가 된 크리소스톰은 당시 로마의 기독교 세계에 주님의 복음을 명쾌하게 전하여 '황금의 입'이라는 명성을 얻게 되었습니다. 주후 398년경 크리소스톰은 콘스탄티노플의 대주교로 임명받았습니다. 대주교로 봉직하며 신앙의 경건을 강조하고 자신의 사재를 팔아 가난한 자들에게 자선을 베풀었습니다. 콘스탄티노플에 위협이 되었던 고트족에게도 선교의 손을 펼쳤습니다. 고트족의 언어로 성경을 번역하고, 선교사를 그들에게 파송하였습니다. 그의 설교와 경건한 삶은 대중에게 큰 영향을 주었습니다. 크리소스톰은 로마의 황제와 황후의 치부를 비판하였습니다. 이 일로 그는 황후 유독시아의 미움을 받아 재판을 받게 되었습니다. 감옥에 가두고, 재산을 몰수하며, 목숨을 빼앗겠다는 황제의 위협 앞에 크리소스톰은 담담히 신앙의 도리를 지켜내었습니다. 평생 주님과 동행한 크리소스톰은 죽음의 위협 속에서도 예수 그리스

도의 이름을 담대히 증거하며 하나님의 영광을 드높였던 것입니다.

우리의 입을 통해 세상에 예수 그리스도의 이름을 알리는 전도는 우리가 그리스도인임을 밝혀 주는 가장 결정적인 증거입니다. 전도란 십자가에 죽으시고 사흘 만에 죽은 자 가운데서 다시 살아나신 예수 그리스도를 세상에 자랑하는 일입니다(행 4:10). 주님을 알리고 주님을 자랑하는 일이 전도입니다. 베드로와 요한은 성전 미문에서 구걸하는 앉은뱅이를 고치신 분이 자신들이 아니라 예수님이심을 분명하게 전하였습니다(행 3:16). 증인들은 보고 들은 것을 전해야 합니다(행 4:20). 이것이 증인의 사명입니다. 전해야 세상 사람들이 듣습니다. 전하지 않으면 듣는 사람들이 없습니다. 시편의 말씀처럼, 전도하는 일은 하나님의 사람으로서 그 본분을 다하는 최선의 도리입니다(시 49:20).

베드로와 요한은 평범한 어부였습니다(행 4:13). 그러나 주의 복음을 전하는 그들의 말은 힘이 있고, 논리 정연하였습니다. 이처럼 누구든지 주 예수 그리스도의 복음을 담대히 증거할 수 있어야 합니다. 왜냐하면 많은 사람을 주님께로 인도하는 사람이 진정한 그리스도인이기 때문입니다. "다른 이로서는 구원을 얻을 수 없나니 천하 인간에 구원을 얻을 만한 다른 이름을 우리에게 주신 일이 없음이니라 하였더라"(행 4:12). 요나는 니느웨로 가는 일이 싫었습니다. 그러나 하나님의 말씀에 순종하여 니느웨에서 주님의 복음을 증거하였습니다. 내가 비록 원하지 않는 일이라 할지라도, 주님께서 원하시면 실천하는 사람이 바로 주님의 마음에 합한 사람입니다. 나의 가치관을 주님의 뜻에 맞출 수 있는 순종의 사람이 되어, 주님께 영광을 돌리는 칭찬받는 주의 백성들이 됩시다.

2006.4.30

누가 천국에 들어갑니까?

마태복음 18:1~7

> "그러므로 누구든지 이 어린아이와 같이 자기를 낮추는 그이가 천국에서 큰 자니라"(마 18:4)

하나님 안의 깊은 진리를 체험한 성 어거스틴은 거룩하게 살려고 노력하면 할수록 죄의 굴레가 그를 구속하는 것을 깨닫게 되었습니다. 고통 가운데 기도하던 어거스틴은 갑자기 정원에서 한 어린 아이의 목소리를 들었습니다. "그것을 손에 들고 읽어라. 들고 읽어라." 노래하는 어린아이의 목소리였습니다. 놀란 어거스틴은 주위를 돌아보았습니다. 정원에는 아무도 없었습니다. 그때에야 어거스틴은 성경을 펴서 읽으라는 주님의 말씀임을 깨닫게 되었습니다. 어거스틴이 읽은 성경은 로마서 13장 12절의 "밤이 깊고 낮이 가까웠으니 그러므로 우리가 어두움의 일을 벗고 빛의 갑옷을 입자" 라는 구절이었습니다. 이후로 어거스틴은 완전히 변화된 삶을 살았습니다.

천지의 주재이신 하나님께서는 하늘의 거룩한 진리를 어린아이들에게 나타내셨습니다(마 11:25). 천국의 질서는 땅의 질서와 다릅니다. 겸손할수록 높아지는 것이 바로 하나님께서 주관하시는 천국의 질서입니다. 어린 아이와 같이 자신을 낮추는 자라야 천국에서 큰 자로 인정받을 수 있습니다(마 18:4). 하나님의 본체이신 예수님께서는 죽기까지 낮아지셨습니다. 주님의 낮아지심을 신학적으로는 비하(卑下)라고 말합니다. 주님의 낮아지심은 우리에게 겸손과 순종의 도를 가르쳐 줍니다. 주님의 죽으심은 그 자체로 끝나지 않았습니다. 전능하신 하나님의 능력으로 주님께서는 사흘 만에 부활하십니다. 그리고 저 하늘로 승천하셨습니다. 지금은 하나님의 우편에서 이 세상을 주관하십니다. 주님의 부활과 승천, 그리고 하나님의 우편에 계심을 믿으면 반드시 하나님께서 높이신다는 진리를 가슴 깊이 새기기 바랍니다. 낮아질 때 길이 보입니다.

주님께서는 "누구든지 내 이름으로 이런 어린아이 하나를 영접하면 곧 나를 영접"하는 것이라 말씀하셨습니다(마 18:5). 아무리 작은 자라 할지라도, 실족케 하는 일이 있어서는 안 됩니다(마 18:6). 영적인 실족 죄는 죄 중에 가장 큰 죄입니다. 작은 자라 하여 업신여기는 일이 있어서도 안 됩니다. 마지막 때에는 양과 염소를 나누듯이 의인과 그렇지 못한 사람을 나누는 의의 심판이 있습니다(마 24:31~33). 그때에 의인은 창세로부터 약속된 하나님의 나라를 상속받습니다(마 25:34). 그러나 의롭지 못한 사람은 영벌에 처해지게 됩니다(마 25:41). 심판의 기준이 있습니다. 그것은 소자에 대한 우리의 태도입니다. 주님께서는 지극히 작은 자 하나에게 한 것을 주님께 한 것으로 인정하십니다(마 25:40). 그리고 지극히 작은 자 하나에게 하지 않은 것을 주님께 하지 않은 것으로 받아들이십니다(마 25:45). 이 땅의 어린이들과 청소년들을 .위해 기도합시다. 비록 작지만 저들의 두 어깨에 교회와 나라, 그리고 민족의 미래가 있습니다.

2006.5.7

네 부모를 공경하라

창세기 9:20~27

"셈의 하나님 여호와를 찬송하리로다 가나안은 셈의 종이 되고 하나님이 야벳을 창대케 하사 셈의 장막에 거하게 하시고 가나안 은 그의 종이 되게 하시기를 원하노라"(창 9:26~27)

조선시대 3대 시조 시인의 한 사람으로 유명하였던 노계 박인로 가 친구의 집을 방문했을 때의 일입니다. 접대로 내어 놓은 노란 감을 보고 돌아가신 어머님을 생각하며 시조를 지었습니다. "반중 조 홍감이 고와도 보이나다 유자 아니라도 품음직도 하다마는 품어 가 반길 이 없을새 글로 설워하나이다." 이 시조 속에는 평소 감을 좋아 하셨던 부모님에 대한 사무친 그리움이 있습니다. 우리가 철이 들어 부모님께 잘 해드려야지 생각하면, 그때 부모님께서는 이미 우리 곁 에 계시지 않을 수 있습니다. 할 수 있을 때에 최선을 다해 부모님께 봉양함으로 자식으로서 후회 없는 삶을 살아야 합니다.

본문 말씀을 보면, 홍수 후에 노아는 포도 농사를 하였습니다(창 9:20). 포도 농사에서 큰 풍작을 이룬 노아는 포도주를 먹고 취하여 장막 안에서 벌거벗은 채 있었습니다(창 9:21). 그런데 이 일에 대한 아들들의 태도가 사뭇 다르게 나타났습니다. 아버지의 벌거벗은 모 습을 본 함은 형제들에게 아버지의 흉을 보고, 아버지의 허물을 사 람들에게 소문내었습니다(창 9:22). 그러나 셈과 야벳은 옷을 취하여 아버지의 벌거벗은 하체를 덮어 주었습니다(창 9:23). 아버지의 허물을 소문 낸 것이 아니라, 셈과 야벳은 덮어 주었던 것입니다. 이 일은 두 가지의 깨달음을 우리에게 줍니다.

첫째로 노아는 당대에 의인이요 완전한 사람으로 하나님께 칭찬받는 사람이었습니다(창 1:9). 그러한 노아도 실수를 하였습니다. 이것은 이 땅에 사는 모든 이들, 곧 우리의 부모님까지도 실수가 있을 수 있다는 것을 가르쳐 줍니다. 혹시라도 우리의 부모님께 실수가 있을 때에 잠시 생각해 보시기 바랍니다. 셈과 함과 야벳이 누구 때문에 홍수에서 살아남을 수 있었나요. 바로 아버지 노아 때문이었습니다. 이 땅에 사는 사람 중 그 누구도 부모님의 도움 없이 나지 않은 사람은 없습니다. 나를 낳아 주시고, 나를 길러주신 부모님의 은혜를 생각할 때, 우리는 부모님을 이해하고 항상 그 은혜에 감사해야 하는 것입니다. 우리 영혼의 참된 평화는 감사할 때 찾아옵니다.

둘째로 셈과 야벳은 아버지 노아의 허물을 적극적으로 덮어 주었습니다(창 9:23). 셈과 야벳의 태도는 우리가 어떻게 살아야 할지 구체적인 삶의 태도와 방식을 제시하여 줍니다. "나실 때 괴로움 다 잊으시고, 기르실 제 밤낮으로 애쓰는 마음" 이 노래에 나타난 것처럼, 어린 시절 부모님께서는 우리를 덮어 주시고 감싸 주셨습니다. 부모님께서 우리를 덮어 주셨던 것처럼, 우리도 부모님을 보호해 드리며 감싸 줄 수 있어야 합니다. 받은 은혜에 보답 할 줄 아는 사람이 되어야 합니다. 사람은 보고 듣고 배운 대로 교육됩니다. 우리가 부모님께 그리고 교회의 지도자께 잘 해야, 우리의 자녀들도 우리에게 잘 할 수 있습니다.

2006.5.14, 어버이주일

왜 예수를 믿어야 합니까?

마태복음 4:23~25

"그의 소문이 온 수리아에 퍼진지라 사람들이 모든 앓는 자 곧 각색병과 고통에 걸린 자, 귀신 들린 자, 간질하는 자, 중풍병자들을 데려오니 저희를 고치시더라"(마 4:24)

건강은 현대인의 최대 관심사입니다. 우리가 주님 안에 거하면, 영혼도 고침 받고 육체도 고침 받을 수 있습니다. 병이란 영어로 'disease' 라 합니다. '아니다' 란 의미의 'dis' 와 '편하다' 는 의미의 'easy' 가 결합된 합성어로 '편하지 못한' 심신의 상태를 가리킵니다. 일반적으로 질병은 크게 두 가지 원인에서 발생합니다.

첫 번째로 질병은 마음에서 시작되는 경우가 많이 있습니다. "마음의 즐거움은 양약이라도 심령의 근심은 뼈로 마르게 하느니라"(잠 17:22)는 잠언의 말씀처럼, 지나친 근심과 걱정은 우리의 건강에 매우 치명적입니다. 마음의 근심이 원인이 되어 걸리는 질병을 통틀어서 심인성 질환이라 합니다. 이것은 스트레스가 질병의 직접적인 원인이 될 수 있음을 가르쳐 줍니다. 우리는 마음의 모든 짐을 주님께 내려놓아야 합니다.

두 번째로 질병은 욕심에서 비롯됩니다. "욕심이 잉태한즉 죄를 낳고 죄가 장성한즉 사망을 낳느니라"(약 1:15)는 야고보 사도의 말씀은 지나친 욕심이 질병의 주된 원인이 될 수 있음을 가르쳐 줍니다. '넘친다'는 의미의 '과(過)' 자가 앞에 들어간 낱말은 대개 긍정적인 의미보다는 부정적인 의미로 사용될 때가 많이 있습니다. 예를 들어, 과속, 과음, 과식, 과로, 과적, 과욕 등이 그러합니다. 욕심을 부리게 되는 것은 하나님을 믿지 못한 연고입니다. 모든 것을 하나님께 맡기시기 바랍니다. 주님을 믿으면 영혼의 죄사함을 받습니다. 그리고 건강해질 수 있습니다.

영육의 건강을 얻는 구체적인 방법 세 가지가 있습니다.

첫째로 창조의 원형을 회복해야 합니다. 인간은 하나님의 형상을 빚어 창조된 존재입니다(창 1:27). 인간은 하나님께서 창조하신 이 땅의 피조물 중에 가장 많이 하나님을 닮은 존재입니다. 하나님께서 인간을 창조하실 때에 영만 창조하시지를 않으셨습니다. 영과 함께 그 영이 머물 수 있는 육을 함께 창조하신 것입니다. 따라서 육신이 건강할 때에 건강한 생각을 할 수 있습니다. 하나님께 영광을 돌리기 위해 육신을 위한 운동도 하시기 바랍니다.

둘째로 마음을 비우시기 바랍니다. 문제와 병의 원인이 마음에 있습니다. 미국 오하이오 주립대학의 크레이저 박사는 마음을 즐겁게 할 때, 우리 몸에서 면역체계를 지닌 T세포가 활발하게 증식한다는 연구결과를 발표한 바 있습니다. 불안, 초조, 그리고 갈등은 돌연사의 원인이 되기도 합니다. "무릇 지킬 만한 것보다 더욱 네 마음을 지키라 생명의 근원이 이에서 남이니라"(잠 4:23)는 잠언의 말씀처럼 우리의 마음을 주님의 크신 능력 안에서 지키시기 바랍니다. 우리의 마음 밭을 부정보다는 긍정으로, 의심보다는 믿음으로, 절망보다는 희망으로, 그리고 비난보다는 칭찬으로, 실패보다는 성공으로, 질병보다는 강건함으로, 그리고 불행보다는 행복으로 가득 채웁시다.

셋째로 예수님을 믿어야 합니다. 심령의 강건함은 예수님을 통해 비롯된다는 것을 믿으시기 바랍니다. 예수님께서는 천국의 복음을 전파하시며, 백성들이 지니고 있는 모든 병과 모든 약한 것을 고쳐주셨습니다(마 4:23). 인간과 과학, 그리고 의학이 포기한 것을 예수님께서는 고치셨습니다. 1996년 「더 타임즈」(The Times)의 기사에 따르면, 미국인 중 82%가 기도하면 병이 치료될 것이라 믿는다고 응답하였습니다. 우리가 주님께 심령의 고통을 아뢰면, 주님께서는 반드시 우리를 고쳐 주십니다. 예수님을 믿고 의지함으로 하나님께서 주신 이 귀한 생명을 건강하게 이어갑시다.

2006.5.21

나를 싸매시고 고치시는 주님

이사야 30:23~26

"여호와께서 그 백성의 상처를 싸매시며 그들의 맞은 자리를 고 치시는 날에는 달빛은 햇빛 같겠고 햇빛은 칠 배가 되어 일곱 날 의 빛과 같으리라"(사 30:26)

　　현대 과학은 눈부신 문명의 발전을 이루었습니다. 얼음에 갇힌 수천 년 전 사람의 시신을 발굴하고 과학적으로 연구하여 그가 살던 당시의 모습을 그대로 재현할 수 있게 되었습니다. 그러나 이러한 과학 문명의 혁신적인 진보에도 불구하고, 얼마 전 인도네시아에서 발생한 대지진과 그로 인한 수많은 인명과 재산의 피해를 현대 과학 문명으로 막아낸다는 것이 얼마나 요원한 일인지를 직시하지 않을 수 없습니다. 가까운 나라 일본의 경우에는 여러 개의 지각판(유라시 아판, 북미판, 필리핀판, 태평양판)이 교차하여 1년에 1,200여 차례의 지진이 발생하는데, 이로 인한 인명 및 재산 피해가 심각하다고 합 니다. 오래 전부터 지진에 대한 계측학적 연구를 국가적 차원에서 지원하고 있습니다. 그러나 아직까지 지진에 대한 정확한 예측과 예 보는 불투명하다고 합니다. 이와 같이 현대 과학 문명의 혁신적인 발전에도 불구하고, 우리의 미래는 '필연' 보다는 '우연' 이, '완전'

보다는 '불완전'이 그 앞을 가로막고 있습니다. 그렇다면 이러한 상황 속에서 우리는 누구를 믿고 어떻게 우리에게 주어진 일을 해 나가야 하겠습니까?

사람이 어떠한 일을 수행할 때에는 누구를 의지하는지에 따라 크게 세 가지 유형으로 나누어집니다. 첫 번째 유형의 사람은 자신의 힘과 능력을 믿습니다. 그러나 자신을 믿는다는 것은 매우 힘든 것이며 어리석은 일입니다. 둘째는 누군가의 도움을 받는 사람입니다. 그러나 이것 역시 완전할 수 없습니다. 왜냐하면 사람이나 권력은 불안정하기 때문입니다. 셋째는 하나님의 도우심을 받는 사람입니다. 이와 같은 사람을 가리켜 믿음의 사람, 신앙의 사람이라 합니다. 하나님께서는 내가 모태에 있기 전부터 나를 아시고 감찰하신 바 되시며(시 139:1~16), 해와 달과 별을 창조하시고 자연의 질서를 정하십니다(시 148:3~6). 사람이 밭에 씨를 뿌려도, 그 씨가 자랄 수 있도록 비를 내려 주시는 분은 하나님이십니다(사 30:23). 하나님께서 도와주셔야 이 일도 하고 저 일도 할 수 있습니다. 나 자신 그리고 다른 사람을 의지하지 말고 모든 일에 완전하신 하나님을 의지하는 신앙의 백성들이 되어야 합니다. 강대국 앗수르가 이스라엘을 침공하는 어려운 상황 속에서 주님께서는 개울과 시냇물이 흐를 것이라는 희망의 말씀을 주셨습니다(사 30:25). 일 년 365일 흐르는 시냇물은 생명 그 자체입니다. 하나님께서는 우리 영혼에 이른 비와 늦은 비를 내려 주십니다. 날마다 우리에게 필요한 모든 것을 적절한 시기에 알맞게 공급해 주십니다. 하나님께서는 출애굽 한 이스라엘 백성들의 광야생활 동안 만나를 공급해 주셨습니다. 그날 내린 만나는 그날만 먹을 수 있었습니다. 안식일을 제외하고 다음날까지 두게 되면 썩어 먹을 수가 없었습니다. 이는 우리에게 영적인 원리를 가르쳐 주는 사건입니다.

성도는 매일 새로운 은혜를 체험해야 합니다. 그날의 필요한 은혜의 말씀을 늘 받아야만 합니다. 주님 전에 나와 예배드림으로, 그리고 끊임없이 기도하고 전도함으로 우리 영혼이 무한하신 주님의 은혜를 호흡해야 합니다. 분노와 공포, 그리고 두려움은 우리의 건강에 매우 큰 악영향을 줍니다. 우리의 상처를 싸매 주시는 여호와 하나님께 감사하며(사 30:26), 작은 일에도 행복할 수 있는 성도들이 됩시다. 건강은 평범함 속에 있습니다. 하나님께서는 싸매 주시고 고쳐 주시는 분이십니다. 주님의 손이 나를 붙들어 주시며, 영혼의 상처를 치료하여 주십니다. 세상의 삶 속에서 능히 승리하게 하여 주시는 주님의 능력을 믿고 힘차게 전진하는 주의 성도들이 됩시다.

2006.5.28

강권하여 내 집을 채우라

누가복음 14:16~24

"주인이 종에게 이르되 길과 산울가로 나가서 사람을 강권하여
데려다가 내 집을 채우라"(눅 14:23)

고대 사회에서 큰 잔치를 베풀 수 있는 사람은 왕밖에는 없었습
니다. 왕은 절대 권력을 상징합니다. 큰 대(大)자는 '왕'에게만 붙일
수 있었습니다. 잔치를 베푼 '왕'은 '하나님'을 대표합니다. '아들'
은 '주 예수 그리스도'를 뜻합니다. 그리고 '잔치'란 복음잔치, 예
수잔치, 천국잔치, 새 생명 탄생을 위한 전도 잔치를 의미합니다.

그러나 정작 잔치에 초청된 유대인들은 잔치에 참여하는 것을
거절합니다(마 22:2). 이는 예수 그리스도를 거절한 것입니다. 오히
려 잔치에 청함을 받지 못한 이방인들이 잔치에 참여합니다. 마태복
음에서는 이들을 "악한 자나 선한 자"로 기록하고 있습니다(마
22:10). 누가복음에서는 "가난한 자들과 병신들과 소경들과 저는
자"로 기록되어 있습니다(눅 14:21). 마태복음과 누가복음의 말씀은
우리 모습을 보여 줍니다.

우리가 하나님의 천국 잔치에 참여하게 된 것은 순전히 주님의
은혜이며, 예수 그리스도의 보혈의 공로에 의한 것입니다. 왕의 초
청을 거절한 이들은 진정 중요한 삶의 우선순위를 잘 모르는 이들입

니다. 그리고 왕의 권위를 대수롭지 않게 여긴 이들입니다. 불순종한 이들을 하나님께서는 심판하십니다(마 22:7). 주님을 진노케 해서는 안 됩니다(눅 14:21).

이스라엘의 초대 임금, 사울 왕은 교만하여 하나님의 진노를 입게 되었습니다. 나중에는 왕위에서 끌어내림을 당하게 되었습니다. 거절할 것이 있고, 거절하지 않을 것이 있습니다. "강권하여 데려다가 내 집을 채우라"는 주님의 명령에 우리 모두는 절대적인 순종을 보여야 합니다(눅 14:23). 예수님께서 하신 명령은 지금 당장 해야 합니다. 전도란 주님을 시인하는 일이며, 주님을 자랑하는 것입니다. 우리 모두 예수님의 구원, 예수님의 생명을 온 세상에 전파하는 주님의 참된 증인이 됩시다.

2006.6.11

고난 중에 주님을 보라

마태복음 14:22~33

"예수께서 즉시 손을 내밀어 저를 붙잡으시며 가라사대 믿음이 적은 자여 왜 의심하였느냐 하시고 배에 함께 오르매 바람이 그 치는지라"(마 14:31~32)

예수 그리스도를 믿는 참된 신앙인은 위기 속에서 희망과 생명을 찾는 사람입니다. 그리고 어떠한 고난 속에서도 믿음을 키워 승리하는 사람입니다. 예수님의 제자들은 갈릴리 바다에서 큰 바람을 만났습니다. 갈릴리 바다는 해수면보다 200미터나 낮아서 갑작스러운 돌풍과 풍랑이 심했습니다. 온 천지 만물을 창조하신 하나님의 외아들이신 예수님의 제자들에게도 예외는 없었습니다. 바람으로 인한 고난이 제자들을 엄습하였던 것입니다(마 14:24).

그러나 예수님께서 우리와 함께하시면, 고난은 고난이 아닌 연단의 과정이며, 믿음의 순수함을 자아내는 훈련의 과정입니다. 밤 사경(새벽 3시~6시)에 예수님께서 바다를 걸어 제자들에게 오셨습니다(마 14:25). 그러나 제자들은 바다를 걸어오시는 예수님을 유령으로 착각하였습니다(마 14:26).

여기서 한 가지 중요한 깨달음을 얻을 수 있습니다. 고난보다 더 무서운 것이 있다는 것입니다. 그것은 바로 불신앙입니다. 제자들은 믿음의 눈이 어두워져서 주님을 보지 못하였습니다. 믿음이 있으면 실상을 볼 수 있습니다(히 11:1). 그러나 믿음이 없으면, 진리를 보고도 깨닫지 못하며, 착함을 보고도 칭찬하지 못하며, 아름다움을 보고도 이해하지 못하게 됩니다.

베드로는 주님을 바라보며 담대히 바다를 걸을 수 있었습니다(마 14:29). 그러나 예수님만을 바라보지 못하였습니다. 갈릴리 바다에 몰아치는 광풍에 그의 믿음이 흔들리게 됩니다. 점점 그의 몸이 바다 속으로 들어가게 됩니다. 고난을 바라보게 되면, 우리의 영혼은 고난의 심연에 빠져 들게 됩니다.

희망을 바라봅시다. 희망은 바로 우리 주 예수 그리스도이십니다. 고난 자체가 문제가 아닙니다. 진정 우리의 영혼을 병들게 하는 가장 치명적인 문제는 불신앙입니다. 주님을 바라봅시다. 그리고 우리의 모든 문제들을 이겨내며, 주님께로 전진하는 신앙의 역군들이 됩시다.

2006.6.18

감사하면 어떻게 됩니까?

데살로니가후서 2:13~17

"주의 사랑하는 형제들아 우리가 항상 너희를 위하여 마땅히 하나님께 감사할 것은 하나님이 처음부터 너희를 택하사 성령의 거룩하게 하심과 진리를 믿음으로 구원을 얻게 하심이니"(살후 2:12)

하나님께 드리는 감사는 풍성한 생명의 열매로 주님께 영광이 됩니다(살후 1:3). 세상에는 감사할 수 있는 조건이 많음에도 감사하지 못하는 사람이 있는가 하면, 감사할 수 있는 조건이 없음에도, 매 순간 주님께 감사와 영광을 돌리는 거룩한 백성이 있습니다. 이들은 베드로, 바울, 스데반처럼 감사의 내용을 찾는 신앙의 산 증인들입니다.

바울은 율법교사로서의 명예를 포기하였습니다. 세상에서의 성공에 대한 꿈도 포기하고, 육신의 건강도 좋지 못하였습니다. 생활도 가난하였습니다. 그럼에도 바울의 서신 속에는 하나님을 향한 감사와 찬양이 풍성하게 넘쳐납니다(살전 5:18). 감사의 반대는 불평과 원망입니다. 사람들은 동일한 사건에 대해 감사의 태도를 보일 수 있고, 불평과 원망의 태도를 보일 수 있습니다.

감사와 불평은 손바닥의 양면과 같이 그 거리가 가깝습니다. 그러나 그 결과는 하늘과 땅의 차이만큼 다릅니다. 불평은 멸망이요, 감사는 영광으로 나타납니다. 불평이 사단의 선물이라면, 감사는 하나님의 선물입니다. 불평을 감사로 바꾸는 신앙의 삶이 되어야 합니다. 국가, 회사, 가정, 그리고 교회의 분위기를 환하게 바꾸는 책임이 크리스천에게 있음을 자각해야 합니다. 모든 영광을 하나님께 돌리고, 좋은 것도 이웃과 세상과 나누어야 합니다. 그러면 우리의 사회는, 우리 사는 세상은 밝고 아름다운 광명의 세상으로 변화될 것입니다.

감사로 제사 드리는 성도가 주님을 영화롭게 합니다(시 50:23). 감사하는 사람에게는 감사의 제목이 넘쳐납니다. 그 사람의 인격 역시 감사하는 품성으로 변화됩니다. 구원은 이와 같은 감사의 열매입니다(살후 2:13). 우리를 택하여 주신 하나님의 은혜에 감사합시다. 죄의 문제를 해결해 주시고, 천국으로 우리의 영혼을 이끄시는 예수 그리스도의 크신 은혜에 감사와 찬양을 올립시다. 주님께서는 감사하는 사람을 도와주십니다.

2006.6.25

한 부자 청년의 고민

누가복음 18:18~30

> "듣는 자들이 가로되 그런즉 누가 구원을 얻을 수 있나이까 가라
> 사대 무릇 사람의 할 수 없는 것을 하나님은 하실 수 있느니라"
> (눅 18:26~27)

관원이며 큰 부자인 청년이 예수님께 나아와 "선한 선생님이여 내가 무엇을 하여야 영생을 얻으리이까"라는 질문을 드립니다(눅 18:18). 그러나 예수님께 질문하는 부자 청년의 의도 속에는 영생에 대한 근본적인 문제를 주님께 해결 받기 보다는 자신의 신앙을 예수님께 자랑하려는 것에 질문의 목적이 있음을 알 수 있습니다. 우선 예수님께서는 선(善)에 대한 청년의 잘못된 이해를 바로잡아 주십니다.

일반적으로 많은 사람들은 착한 일을 행함으로 선한 사람이 된다고 말합니다. 그러나 예수님께서는 "하나님 한 분 외에는 선한 이가 없다"고 말씀하십니다(막 10:18). 착한 일을 행함으로 선한 이가 되는 것이 아닙니다. 오직 주 예수 그리스도 안에서 선한 인간이 될 때에야, 비로소 선을 행할 수 있음을 믿으시기 바랍니다. 영생도 이와 마찬가지입니다. 영생은 인간의 노력으로 얻을 수 있는 것이 아닙니다. 예수님을 나의 주님으로 인정하며, 우리의 중심에 주님을 모실 때에 얻을 수 있는 것이 바로 영생입니다. 예수 그리스도께서

는 우리를 구원하신 참된 주님이십니다. 예수님 자신이 바로 영생이시며, 예수님을 소유함이 바로 영생인 것입니다.

그러나 부자 청년은 근심하며 예수님을 떠납니다(마 19:22). 무엇 때문에 부자 청년은 근심하였을까요. 첫 번째로 부자 청년은 하나님을 의지하기보다 재물을 의지하였습니다(눅 18:22). 두 번째로 그 청년은 하나님의 의보다 자신의 의를 의지하였습니다(눅 18:21). 세 번째로 그에게는 진실한 기도가 없었습니다. 네 번째로 부자 청년은 결단하지 못하였습니다(눅 18:23). 이와 같은 부자 청년의 실패를 거울삼아 신앙의 길에서 승리하시기를 바랍니다.

우리는 모두 돈을 의지하기에 앞서 신실하신 주님을 믿고 따르는 주님의 백성들이 되어야 합니다. 이를 위해 더욱 기도에 힘씁시다. 기도는 인간의 불완전성을 인정하며 하나님을 의지하는 믿음의 고백입니다. 주님께서는 기도하는 백성의 소리를 외면치 않으십니다. 열심히 기도함으로 우리가 필요로 하는 모든 것을 주님께 공급받는 은총의 주인공들이 됩시다.

주님을 영접한 삭개오는 이전과 전혀 다른 삶을 고백하게 됩니다. "주여 보시옵소서 내 소유의 절반을 가난한 자들에게 주겠사오며 만일 뉘 것을 토색한 일이 있으면 사 배가 갚겠나이다"(눅 19:9). 삭개오는 주님을 믿고 의지하였습니다. 그리고 이웃에게 주님의 사랑을 나누었습니다. 주님을 만나 완전히 변화된 삭개오와 같이, 주님께서 원하시며 기뻐하시는 믿음의 길을 담대하게 걸어가는 용사들이 됩시다.

2006.7.2

나는 예수가 좋다오

사도행전 26:24~32

> "왕과 총독과 버니게와 그 함께 앉은 사람들이 다 일어나서 물러
> 가 서로 말하되 이 사람은 사형이나 결박을 당할 만한 행사가 없
> 다 하더라"(행 26:30~31)

왕과 총독을 향해 영생의 빛이 되신 예수 그리스도를 전하는 바울을 베스도 총독은 "네가 미쳤도다"라고 하였습니다(행 26:24). 바울은 총독의 말에 굴하지 않고, 당당하게 주님의 복음을 전파합니다. "바울이 가로되 베스도 각하여 내가 미친 것이 아니요 참되고 정신 차린 말을 하나이다"(행 26:25). 바울은 정통유대인으로 유대 민족의 종교지도자로 주목받던 인물이었습니다. 가말리엘의 문하로 많은 사람들의 존경을 받을 만한 학식을 소유하였습니다.

그러나 바울은 예수님께 그의 전 생애를 완전히 바쳤습니다. 그가 있는 모든 자리에서 바울은 예수님을 전하는 일에 최선을 다하였습니다. 바울은 신약성경 총 27권 중 13권을 기록하는 은총을 입었습니다. 여기에는 신론, 기독론, 교회론, 성령론 등 신학 전반에 관한 원리들이 일목요연하게 정리되어 있습니다. 예수님을 열정적으로 사랑하였던 바울에게 하늘의 거룩한 진리가 온전히 계시되었던 것입니다.

사도 바울이 예수님을 전하는 거룩한 사역에 그의 전 생애를 바칠 수 있었던 것에는 두 가지 커다란 이유가 있습니다.

첫 번째로 예수님께서 크리스천을 박해하였던 바울을 어두움에서 빛으로, 사단의 권세에서 하나님께로 돌이키셨습니다(행 26:18). 예수님께서는 우리를 대신하여 십자가를 지셨습니다. 크신 은혜로 주의 백성들을 하나님께로 돌이키사 새로운 세계를 보게 하셨습니다. 여기에 불변의 진리가 있습니다. 우리 모두는 사나 죽으나 주님의 것입니다. 주님께 영광 돌리는 삶이 되어야 합니다.

두 번째로 바울은 예수님을 제일 좋아하였습니다. 그러하기에 그는 주님을 자랑하였던 것입니다. 사도 바울은 주님의 십자가를 기쁘고 즐거운 마음으로 졌습니다.

주님의 일을 기쁘게 하는 성도가 되어야 합니다. 주님이 좋고, 주님 주신 사명을 크게 인식하게 되면, 이 세상의 모든 환난과 어려움을 능히 극복할 수 있습니다. 사도 바울은 매를 맞아도, 풍랑에서도, 감옥에서도 찬양을 올렸습니다. 사도 바울은 에베소 교회의 성도들에게 이렇게 편지하였습니다. "우리 주 예수 그리스도를 변함없이 사랑하는 모든 자에게 은혜가 있을찌어다"(엡 6:24). 변치 말고 이 생명 다할 때까지 영원 무궁히 주님을 사랑하며 주님을 자랑하는 주의 백성들이 됩시다.

2006.7.9

따를 것은 따르고 피할 것은 피하라

디모데전서 6:11~16

> "오직 너 하나님의 사람아 이것을 피하고 의와 경건과 믿음과 사
> 랑과 인내와 온유를 좇으며 믿음의 선한 싸움을 싸우라 영생을
> 취하라 이를 위하여 네가 부르심을 입었고 많은 증인 앞에서 선
> 한 증거를 증거하였도다"(딤전 6:11~12)

사도 바울은 하나님의 사람 디모데에게 믿음의 길에서 피해야
할 것과 따라야 할 것을 권면합니다.

먼저 돈에 대한 욕심을 피하라 말씀하십니다(딤전 6:10). 돈은 인
간 삶에 있어서 매우 유용합니다. 그러나 돈은 삶을 위한 도구이지,
목적이 되어서는 안 됩니다. 돈을 사랑하게 되면, 돈이 우상이 됩니
다. 믿음은 돈보다 더 중요합니다. 돈만 있으면 살 수 없어도, 주님을
신앙하는 믿음이 있으면 살 수 있습니다. 하나님을 향한 사랑이 있
으면, 빈손이라 할지라도 다시 시작할 수 있고 일어설 수 있음을 믿
으시기 바랍니다(롬 8:28). 두 번째로 바울은 디모데에게 허한 말과
변론을 피하라 말씀하십니다(딤전 6:20). 허한 말이란 겉은 무엇인가
있는 듯하지만, 속이 없는 말로 그 안에 하나님이 계시지 않는 불신

앙의 말을 뜻합니다. 믿음의 사람은 뜻이 있고, 가치가 있으며, 생명이 있는 말을 해야 합니다. 믿음의 말과 행동으로 많은 사람을 살리는 주의 백성들이 되어야 합니다.

사도 바울은 믿음의 사람 디모데에게 "의와 경건과 믿음과 사랑과 인내와 온유를 좇으라" 말합니다(딤전 6:11). 의와 경건과 믿음과 사랑과 인내와 온유는 하나님께 속한 가치입니다. "내가 무엇을 하느냐" 그리고 "내가 어떠한 것을 선택하느냐"에 따라 지옥에 갈 수도 있고, 천국에 갈 수도 있습니다. 무엇보다 예수 그리스도를 본받는 주의 성도들이 됩시다. 우리가 따라야 할 분이 예수 그리스도이심을 잊지 말아야 합니다. 이를 위해 믿음의 선한 싸움을 하여야 합니다(딤전 6:12). 승리하는 이에게는 영생의 상이 기다립니다. 성도는 지상의 삶 속에서 마귀와 영적인 전투를 치러야 합니다. 영적전투에서 승리하기 위해 성도는 말씀과 기도로 무장해야 합니다(엡 6:17~18). 주님께서도 마귀의 시험에서 말씀과 기도로 승리하셨습니다(마 4:1~11). 성령의 능력 안에서 말씀과 기도로 마귀와의 전투에 임할 때, 주의 성도는 승리하여 참된 생명을 얻게 됩니다(딤전 6:19).

우리가 받은 구원은 값없이 받은 생명이 결코 아닙니다. 주님께서 친히 십자가에 달려 돌아가심으로 받은 귀한 구원이며 생명임을 잊지 맙시다. 하나님의 그 크신 은혜에 감사하며 믿음의 길에서 승리하는 용사들이 됩시다.

2006.7.16

내게 응답하시리라

이사야 30:18~26

"그러나 여호와께서 기다리시나니 이는 너희에게 은혜를 베풀려 하심이요 일어나시리니 이는 너희를 긍휼히 여기려 하심이라 대저 여호와는 공의의 하나님이심이라 무릇 그를 기다리는 자는 복이 있도다"(사 30:18)

이사야서의 주제는 크게 셋으로 볼 수 있습니다. 첫째는 우상 숭배를 경계합니다. 둘째는 장차 오실 예수 그리스도의 탄생을 예언합니다. 셋째는 유다 나라의 정치적 중립을 촉구합니다.

이사야 선지자는 유다 나라가 애굽, 바벨론, 앗시리아 등 주변 열강을 의지하는 것이 아니라, 하나님만을 바라보며 의지하도록 말씀합니다. 하나님께서는 우리가 돌아오기만을 기다리십니다. 이는 주님께서 우리에게 은혜를 주시고 긍휼을 베푸시길 바라시기 때문입니다(사 30:18~19). 하나님께서는 집을 나간 자식을 기다리는 아버지의 마음으로 우리를 기다리십니다(눅 15:20~21). 하나님의 품을 떠나는 그 자체가 타락입니다.

그러나 모든 불의를 용서해 주시는 사랑 많으신 주님을 믿고 돌아올 수 있어야 합니다(호 14:1~2). 방탕한 자식이었지만, 일단 아버지께로 돌아가니 모든 문제가 해결되었습니다. 아버지는 탕자에게 좋은 옷을 입혔습니다. 손에 가락지를 끼워주고 발에 신을 신겨 주었습니다. 그리고 살찐 송아지를 잡아 잔치를 열었습니다(눅 15: 22~23). 주님만을 의지할 때에 모든 것이 해결됩니다.

하나님께서는 긍휼을 베푸시기 위해 일어나십니다(사 30:18). 스데반은 성령의 충만한 가운데 하나님의 영광과 예수님께서 하나님 우편에 서신 모습을 보았습니다(행 8:55). 스데반은 그를 향해 돌을 들고 핍박하는 이들에게 외칩니다. "보라 하늘이 열리고 인자가 하나님 우편에 서신 것을 보노라"(행 8:56). 우리가 믿는 하나님께서는 인격적이십니다. 주님께서는 일어서서서 우리에게 긍휼을 베푸시며, 우리를 도와주시는 살아 역사하시는 좋으신 하나님이십니다.

신대륙을 발견한 콜럼버스는 경건한 스페인의 이사벨라 여왕에게 세 척의 배(산타마리아호, 핀타호, 니냐호)와 선원들, 그리고 신대륙의 총독으로서 전권을 위임받는 전폭적인 지원을 받습니다. 그 지원에 힘입어 콜럼버스는 대서양 항로를 개척하고, 1492년 10월 12일 서인도제도를 발견하게 됩니다.

하나님께서는 성령을 통해 우리에게 풍성한 복과 함께 충분한 지원을 아끼지 않으십니다(사 30:23). 그리고 상처받은 우리의 영혼을 싸매 주시고 치료하여 주십니다(출 15:26). 영원히 의사 되신 주님을 찬양합시다. 만군의 주님께서 우리와 함께하신다는 사실을 굳게 믿음으로, 신앙의 길에서 복 받는 믿음의 용사들이 되어야 합니다.

2006.7.23

하나님 중심으로 하나가 됩시다

여호수아 23:4~13

> "오직 너희 하나님 여호와를 친근히 하기를 오늘날까지 행한 것 같이 하라"(수 23:8)

중요무형문화제 제58호로 지정된 '줄타기'에서 재주를 부리는 이들은 네 가지의 원칙을 매우 중요하게 여깁니다. 첫째는 앞만 바라보는 것입니다. 둘째는 중심을 잘 잡는 것입니다. 셋째는 줄에서 떨어지지 않는다는 신념을 가지는 것입니다. 넷째는 계속 줄타기 연습을 하는 것입니다.

위의 네 가지 원칙은 우리의 신앙생활에도 좋은 통찰을 제공합니다. 우리의 신앙은 좌로나 우로나 치우치지 말아야 합니다. 왼쪽으로 치우쳐서 극좌(極左)가 되거나, 오른쪽으로 치우쳐서 극우(極右)가 되면, 조화와 균형을 잃어버리게 됩니다. 특히, 지도자는 공동체의 균형을 이끌어 내는 조율사가 되어야 합니다. 여호수아는 한평생을 살아가며, 좌우로 치우치지 않는 신앙의 중심을 지켰습니다.

그렇다면 우리는 어떻게 여호수아처럼 신앙의 중심을 잡고 인생의 길에서 승리할 수 있을까요?

첫째로 하나님 중심 곧, 말씀 중심의 삶을 살아야 합니다(수 23:6). 이스라엘의 역사 속에 솔로몬 왕 때만큼 풍요가 넘친 적은 없었습니다. 솔로몬이 그렇게 큰 복을 받을 수 있었던 것은 겸손히 하나님의 말씀에 순종하였기 때문입니다. 그런데 솔로몬이 이방 여인들과 정략적으로 결혼하고, 하나님을 떠나 우상을 섬기게 되면서, 나라는 기울게 되었습니다(왕상 11:3~11). 아합 왕도 이세벨의 간계로 우상에 빠지게 되면서 가문이 멸절하고 말았습니다. 우상이란 하나님보다 더 사랑하는 모든 것을 말합니다. 살아 계시고 역사 하시는 참되신 하나님만을 늘 섬겨야 합니다(살전 1:9).

둘째로 하나님과 관계가 친밀해야 합니다(수 23:9). 하나님께서는 아브라함을 친구와 같이 여기셨습니다(창 18:17). 포도나무가 가지에 잘 붙어 있어야 과실을 풍성히 맺을 수 있는 것처럼, 우리가 예수님을 떠나 주님과의 관계를 바르게 정립하지 않고는 결코 잘 될 수 없습니다(요 15:4~5). 견고한 신앙으로 주님께 붙어 있는 성도들이 됩시다.

끝으로 여호와 하나님만을 사랑해야 합니다(수 23:11). 하나님께서 먼저 나를 사랑하셨습니다. 주님을 사랑할 수밖에 없는 것은 주님께서 섬기는 종이 되셔서, 나를 위해 십자가를 지셨기 때문입니다. 하나님의 사랑은 절대 가치입니다. 돈, 명예, 권력은 상대 가치입니다. 절대 가치이신 주님과의 관계가 온전히 정립되지 못하면, 상대 가치에 속한 돈, 명예, 권력이 우상이 될 수 있습니다. 주님께 보호받고 복 받기 위하여 예수 그리스도, 우리의 주님만을 신앙의 중심에 모시는 백성들이 됩시다.

2006.7.30

참된 생명을 소유합시다!

디모데전서 6:17~21

> "네가 이 세대에 부한 자들을 명하여 마음을 높이지 말고 정함이 없는 재물에 소망을 두지 말고 오직 우리에게 모든 것을 후히 주사 누리게 하시는 하나님께 두며"(딤전 6:17)

소유로 사람을 평가하는 것은 위험합니다. 사람은 소유가 아닌 하나님의 형상(Imago Dei)을 닮은 존재입니다. 사도 바울은 예수 그리스도의 사람이 어떻게 살아야 하는가를 가르쳐 줍니다.

첫째로 예수 그리스도의 사람은 소망을 그리스도께 두어야 합니다(딤전 6:17). 그리스도께서 계신 하나님의 나라와 그의 의를 위한 모든 것들을 추구하며 사는 신앙인들이 되어야 합니다(골 3:1). 이 땅에서 우리가 신앙생활을 잘하게 되면, 우리의 삶 속에 주님께서 부어주시는 복과 은혜가 넘쳐 납니다.

둘째로 예수 그리스도의 사람은 선한 일을 행하고 베푸는 삶을 살아야 합니다(딤전 6:18). 이스라엘에는 갈릴리 호수와 사해가 있습니다. 갈릴리 호수는 주위 여러 산에서 깨끗한 물을 받아 그 물을 끊임없이 요단강으로 흘려보냅니다. 그래서 어족이 풍부하고 풍경이 아름답습니다. 이에 반하여 사해는 요단강의 물을 받기만 하지 내보내지를 않습니다. 기온이 높고 건조하여 염도가 높아, 생물체가 살 수 없는 바다가 되었습니다. 갈릴리 호수처럼 들어오고 나감이 자연스럽게 이루어지는 상태를 건강하다고 할 수 있습니다. 건강한 교회역시 나누는 일을 즐겨합니다(행 2:44~45). 우리가 가진 모든 것은 하나님의 소유입니다. 주 예수 그리스도 안에서 자신의 소유를 타인과나눌 수 있는 주님의 백성들이 됩시다.

이 땅에서 우리가 취해야 할 진정한 소유가 있습니다. 그것은 바로 영생입니다(딤전 6:12). 주님께서는 "내가 온 것은 양으로 생명을 얻게 하고 더 풍성히 얻게 하려는 것이라"(요 10:10) 말씀하셨습니다. 성령의 감동으로 구약성경을 기록한 기자들과 신약성경을 기록한 기자들 사이에는 사람을 바라보는 관점에서 분명한 차이를 드러냅니다. 예를 들어, 아담, 노아, 아브라함, 모세 등 구약성경의 위대한 인물들은 언제 죽고, 어디에서 죽었는지가 기록되어 있습니다. 그러나 신약성경에 주된 인물들인 베드로, 바울, 마태, 마가, 누가, 요한과 같은 주님의 제자들은 그들이 언제 죽었는지 그리고 어디에서 죽었는지를 분명히 알 수 없습니다. 신약의 기자들의 중요한 초점은 예수 그리스도를 통한 부활과 영생입니다.

예수님께서는 "무릇 살아서 나를 믿는 자는 영원히 죽지 아니하리니 이것을 네가 믿느냐"(요 11:26) 말씀하셨습니다. 순교당하는 스데반은 그 얼굴이 천사의 얼굴과 같았습니다(행 6:15). 스데반에게는 영생의 소망이 있었습니다. 영생의 소망이 주님께 있음을 믿으시기 바랍니다. 참된 생명을 소유하심으로, 마음을 표현하는 우리의 얼굴이, 스데반과 같이 천사의 얼굴로 변화되는, 사랑하는 주의 백성들이 됩시다.

2006.8.6

주여! 이 재앙이 떠나게 하소서

열왕기상 8:31~40

"만일 주의 백성 이스라엘이 주께 범죄하여 적국 앞에 패하게 되므로 주께로 돌아와서 주의 이름을 인정하고 이 전에서 주께 빌며 간구하거든 주는 하늘에서 들으시고 주의 백성 이스라엘의 죄를 사하시고 그 열조에게 주신 땅으로 돌아오게 하옵소서"(왕상 8:33~34)

여호와의 성전을 봉헌하는 솔로몬 왕은 주님께 "성전을 향하여 기도하거든 들어 주소서"라고 간구합니다(왕상 8:27~30). 이스라엘 백성들에게 성전은 예루살렘 성전 하나였습니다. 그들은 하나님의 성전 의식을 가지고 살았습니다. 성전을 향해 기도한다는 것은 우리의 마음 중심에 주님을 모심을 뜻합니다.

기도란 우리의 능력이 아닌, 주님의 능력을 의지하는 믿음의 고백입니다. 주님께서는 "할 수 있거든이 무슨 말이냐 믿는 자에게는 능치 못할 일이 없느니라" 말씀하셨습니다(막 9:23). 성도는 어떠한 일에도 절망하거나 포기해서는 안 됩니다. 절망하거나 포기하면 불신자와 다를 것이 없습니다. 위험과 어려움이 다가올 때에 성도는 기도해야 합니다. 주님께서 "기도 외에 다른 것으로는 이런 유가 나갈 수 없느니라" 말씀하셨습니다(막 9:29).

재앙을 피할 수 있는 길은 기도 외에는 없음을 믿기 바랍니다. 믿고 구한 것은 받은 줄로 확신해야 합니다. 주님께서는 "기도할 때에 무엇이든지 믿고 구하는 것은 다 받으리라" 말씀하셨습니다(마 21:22). 엘리야는 우리와 성정이 같은 사람이었습니다. 그런데 엘리야가 기도하니 땅에 비가 오질 않았습니다. 다시 기도하니 하늘이 비를 내렸습니다(약 5:17~18). 이유는 단 하나입니다. 엘리야는 믿음으로 기도하였기에 응답을 받았던 것입니다.

기도하면 반드시 해결됩니다. 기도하면 반드시 응답받습니다. 다니엘은 사자굴 속에서도 구원을 받았습니다(단 6:23). 환난이나 곤고나 핍박이나 기근이나 적신이나 위험이나 칼, 그 어떠한 위협도 하나님을 사랑하는 주의 백성을 해할 수 없습니다(롬 9:35). 하나님의 성전을 향해 드리는 기도를 주님께서는 반드시 들어주십니다(왕상 9:3). 믿음으로 기도하고, 인내로 약속을 받읍시다.

2006.8.13

일어나 빛을 발하라

이사야 60:1~7

"일어나라 빛을 발하라 이는 네 빛이 이르렀고 여호와의 영광이
네 위에 임하였음이니라"(사 60:1)

주님께서는 그의 사랑하는 백성에게 "일어나라" 말씀하십니다
(사 60:1). 하나님께서 도와주시며, 하나님께서 함께하시기 때문입니
다. 회당장 야이로의 열두 살 먹은 외동딸의 죽음 앞에 예수님께서
는 "두려워 말고 믿기만 하라 그리하면 딸이 구원을 얻으리라"(눅
8:50) 말씀하십니다. 주님께서는 죽은 아이의 손을 잡고 "아이야 일
어나라"(눅 8:54) 말씀하십니다. 주님께서 하시고자 하시면, 죽은 자
도 다시 살아나는 역사가 일어납니다. 모든 희망을 포기할 수밖에
없는 앉은뱅이에게도 "나사렛 예수 그리스도의 이름"으로 당당히
성전을 향해 뛰어 걸으며 하나님을 찬미하는 기적의 역사가 일어났
습니다(행 3:6~9). 하나님께서 이스라엘 백성을 인도하시기 위해 바
로 앞에 모세를 세우셨을 때, 모세의 나이가 이미 80세였습니다(출
7:7). 그러나 하나님의 지도하심 아래 모세는 이스라엘 백성들을 애
굽에서 이끌어내어 그의 나이 120세가 되도록 가나안 지경까지 인
도하였습니다(신 34:7).

크리스천들은 세상 속에서 찬란한 빛을 발해야 합니다(사 60:1).

그런데 우리는 빛이 아닙니다. 구원과 생명의 빛은 오직 예수님뿐이심을 믿기 바랍니다(요 9:5). 우리는 빛 되신 예수님을 전해야 합니다. 작은 전등 하나하나가 모이면 큰 빛이 되듯이, 예수님을 전하는 우리의 작은 복음 전도가 세상을 환하게 비추는 큰 빛이 됩니다. 만군의 여호와 하나님께서는 "바다의 풍부가 네게로 돌아오며, 열방의 재물이 너희에게 올 것이라"(사 60:5) 말씀하십니다.

참된 영성의 회복은 우리 영혼이 주님께서 거하실 만한 거룩한 처소가 되는 것입니다. 그리고 우리 각자를 통해 주 예수 그리스도의 복음이 세계만방에 선포되는 것입니다. 주님을 향한 믿음과 순종, 그리고 이웃을 향한 섬김의 사랑을 통해, 우리의 영혼에 주님께서 주시는 기쁨이 충만케 되어야 합니다. 우리의 영성이 회복되는 은총의 순간, 주님께서는 더할 나위 없이 풍성한 주님의 복을 우리에게 부어 주십니다.

2006.8.20

놀라운 일이 예수님 때문에

요한복음 2:1~11

"그 어머니가 하인들에게 이르되 너희에게 무슨 말씀을 하시든
지 그대로 하라 하니라" (요 2:5)

슈바이처(Albert Schweitzer)는 목사이며 신학대학의 교수이자
세계적인 오르간 연주자였습니다. 그는 「예수전 연구사」라는 저술
을 통해 신학적으로 매우 탁월한 업적을 남겼습니다. 스트라스부르
그 대학 신학부의 교수였던 슈바이처는 평안한 삶을 누릴 수 있었지
만, 어려운 사람들에게 주님의 사랑을 나누기 위해, 의학부에 입학
하여 36세에 의학박사 학위를 받았습니다. 그리고 1913년 프랑스령
적도 랑바레네에 병원을 개설하여, 아프리카의 병자들을 위해 평생
을 헌신했습니다. 그 공로를 인정받아 1952년에 스웨덴 한림원은 슈
바이처에게 노벨 평화상을 수여하기로 결정하였습니다. 세계의 이
목이 노벨 평화상 시상식의 자리에 집중되었습니다. 많은 사람들은
슈바이처가 아프리카에서 행한 사랑과 봉사의 노벨상 시상식 연설
을 기대하였습니다. 그러나 노벨상위원회에 슈바이처로부터 한 장
의 편지가 도착하였습니다. 그 편지에는 시상식에 참석할 수 없다는
내용이 기록되어 있었습니다. 그가 돌보아야 될 많은 환자들이 있었
기 때문입니다. 만족은 소유로 결정되는 것이 아닙니다. 아프리카의

성자 슈바이처와 같이 매순간 주님 안에서 행복을 느끼며 사는 이들이야말로 믿음의 부자입니다.

인생을 살아감에 있어 중요한 것은 문제를 바라보는 삶의 태도입니다. 잔치자리에 포도주가 떨어졌습니다(요 2:3). 마리아는 하인들에게 "너희에게 무슨 말씀을 하시든지 그대로 하라"(요 2:5) 명합니다. 예수님의 말씀대로 하인들이 항아리에 물을 붓습니다(요 2:7). 물이 포도주가 되는 변화와 기적의 역사가 일어났습니다(요 2:10). 마리아의 믿음대로 놀라운 일이 잔치자리에 일어난 것입니다. 우리 앞에 결핍과 부족의 문제가 있습니까? 주님께서 함께 하시면 풍성함의 역사가 일어날 줄 믿습니다. 베드로는 밤새도록 그물을 내려도 고기를 못 잡았습니다. 그러나 예수님의 말씀에 의지하였을 때, 그물이 찢어질 정도로 많은 물고기를 잡았습니다(눅 5:5~6). 말씀은 눈에 보이지 않고 손에 잡히지 않지만, 기적의 역사를 이루어 냅니다. 인생의 모든 문제를 긍정적으로 이해하고, 긍정적으로 접근합시다. 하나님 말씀 그대로 순종하면, 그대로 되는 역사가 일어납니다.

인생은 마술이 아닙니다. 물로 포도주를 만드시는 그래서 본질을 변화시키는 역사는 오직 예수님만이 하실 수 있습니다. "좋은 포도주를 나중에 가져왔다"(요 2:10)는 연회장의 말처럼, 우리의 인생도 처음보다는 나중이 더욱 행복해지기를 바랍니다.

2006.8.27

주님을 만나 문제를 해결 받은 사람

마태복음 9:1~8

> "침상에 누운 중풍병자를 사람들이 데리고 오거늘 예수께서 저
> 희의 믿음을 보시고 중풍병자에게 이르시되 소자야 안심하라 네
> 죄 사함을 받았느니라"(마 9:2)

　　죄인이라도 주님을 믿으면 용서함을 받습니다. 예수님께서는 침상에 누운 중풍병자를 고쳐 주셨습니다. 그는 전신이 마비된 상태였습니다(마 9:2). 주님을 믿는 성도가 찬송, 기도, 봉사, 섬김의 자리에서 일하지 않는다면, 중풍병자와 같이 영적인 기능이 마비된 것으로 볼 수 있습니다.

　　성도가 영적인 마비상태에 빠지지 않기 위해서는 성경을 읽으며, 주님의 말씀을 통해 항상 영적 세계를 조명 받아야 합니다. 성경을 읽는다 하여도 그 뜻을 바로 깨닫지 못하면, 자신의 영적 증상을 자각하기 힘이 듭니다. 설교 말씀을 통해, 자신을 조명할 수 있어야 합니다. 설교 말씀을 들으며, 이를 사모하는 마음이 있어야 합니다. 그래서 말씀의 씨앗이 우리 마음에서 뿌리를 내려, 풍성한 열매를 맺어야 합니다.

　　중풍병자는 홀로 주님 앞에 인도되지 않았습니다. 그를 주님 앞에 데리고 온 사람들이 있었습니다(마 9:2). 교회에 인도되어 주님을 영접하는 이들을 보면, 전도하는 사람과 어떠한 관계가 형성된 사람

임을 알 수 있습니다. 먼저 가까운 이웃을 주님께로 인도합시다. 영혼을 변화시키시며 역사하시는 분은 주님이시라는 사실을 굳게 믿어야 합니다.

주님께서는 중풍병자에게 "소자야 안심하라 네 죄 사함을 받았느니라"(마 9:2) 말씀하십니다. 그리고 "네 침상을 가지고 집으로 가라"(마 9:6) 명하십니다. 주님의 말씀이 떨어지자마자 중풍병자는 일어나 집으로 돌아가는 기적의 역사를 체험합니다(마 9:7). 영적인 질병인 죄 사함을 받은 이후, 육적인 질병인 중풍이 치료되었습니다. 영적인 하나님과의 관계가 원활할 때에 우리는 죄 사함을 입을 수 있고, 변화된 사람이 될 수 있습니다.

우리의 죄를 사해주시고, 모든 문제를 해결해 주시는 예수님을 꼭 만나고 세상으로 나아갑시다.

2006.9.3

바람직한 그리스도인

히브리서 4:12~13

> "하나님의 말씀은 살았고 운동력이 있어 좌우에 날선 어떤 검보
> 다도 예리하여 혼과 영과 및 관절과 골수를 찔러 쪼개기까지 하
> 며 또 마음의 생각과 뜻을 감찰하나니"(히 4:12)

하나님께서는 말씀으로 천지만물을 창조하셨습니다(창 1:1~5). 태초에 말씀은 하나님과 함께 계셨습니다(요 1:2). 하나님의 말씀은 살았고 운동력이 있어 우리의 심령을 움직이십니다(히 4:12). 하나님의 말씀이 인간의 심령 안에서 운동함은 하나님께서 살아 역사하심을 합니다. 살아계신 하나님, 나를 구원해 주신 하나님께 영광과 찬송을 돌립니다. 누구를 섬기느냐에 따라 흥망성쇠가 결정됩니다.

하나님께서 권능의 손으로 선지자 에스겔을 마른 뼈들이 쌓인 골짜기로 인도하시며 말씀하십니다(겔 37:1~2). "이 뼈들이 능히 살겠느냐" 에스겔이 대답합니다. "주 여호와여 주께서 아시나이다." 하나님께서 에스겔에게 또 말씀하십니다. "너희 마른 뼈들아 여호와의 말씀을 들을지어다. 내가 생기로 너희에게 들어가게 하리니 너희가 살리라." 여호와 하나님의 말씀을 에스겔이 대언하니, 뼈와 뼈들이 상합하고, 그들이 살아나며, 큰 군대가 되는 기적의 역사가 일어났습니다(겔 37:3~10). 하나님의 말씀이 들어간 곳은 새로워집니다. 심령이 병들어 죽은 자도 말씀이 들어가면 변화의 역사가 일어납니다.

20세기의 위대한 신학자 칼 바르트(Karl Barth)는 "설교는 선포되는 하나님의 말씀"이라고 하였습니다. 하나님의 말씀은 "좌우의 날선 어떤 검보다도 예리하여" 우리의 심령이 말씀을 받을 때, 찔림의 역사가 일어납니다. 그리고 하나님의 말씀은 우리의 마음과 뜻을 감찰하십니다(히 4:12). 우리는 나 자신의 마음을 잘 모릅니다. 그러나 심령을 감찰하시는 하나님께서는 내 마음의 중심을 잘 아십니다. 주님께서는 나의 앉고 일어섬을 아시며 멀리서도 나의 생각을 통촉하십니다(시 139:1~2). 이 세상 누구도 하나님을 벗어나서는 살 수 없습니다. 하나님을 벗어나서 살게 되면, 아버지를 떠난 탕자처럼 고난과 시련이 우리의 앞을 가로막습니다. 그러나 회개하고 주님께로 돌아오면, 탕자를 맞는 아버지와 같이 천국에서 큰 잔치가 벌어집니다(눅 15:23~24).

하나님께서는 나에 대한 기대를 결코 저버리시지 않으십니다. 삶의 모든 짐들을 내려놓고 주님께로 돌아옵시다. 말씀에 순종합시다. 그리하여 주님께서 약속하신 복된 주인공들이 됩시다.

2006.9.10

다투는 세상에 평화를

이사야 45:9~13

"질그릇 조각 중 한 조각 같은 자가 자기를 지으신 자로 더불어 다툴진대 화 있을진저 진흙이 토기장이를 대하여 너는 무엇을 만드느뇨 할 수 있겠으며 너의 만든 것이 너를 가리켜 그는 손이 없다 할 수 있겠느뇨"(사 45:9)

주님께서는 우리에게 참된 평화를 주셨습니다. 평화는 좋은 관계를 통해 생깁니다. 관계는 크게 사람과 자연 사이의 관계, 사람과 사람의 관계, 그리고 가장 중요한 하나님과 사람의 관계로 나누어 볼 수 있습니다.

첫째로 사람은 자연과 조화를 이루며 살아야 합니다. 하나님께서는 우주 만물을 창조하시며 "보시기에 심히 좋았더라"(창 1:4) 말씀하셨습니다. 그리고 인간에게는 자연을 다스릴 책임을 부여하셨습니다(창 1:28). 사람은 자연과 친화적인 관계를 유지해야 합니다. 하나님께서 우리에게 허락하신 자연을 잘 지키며 보존해야 할 의무가 있음을 명심해야 합니다.

둘째로 사람과 사람 사이에 조화를 이루어야 합니다. 사람 사이의 다툼이 있을 경우, 그 상처가 회복되는 데는 많은 시간이 걸립니다. 노사, 계층, 세대, 그리고 지역은 갈등의 원천이 됩니다. 그러나 예수 그리스도 안에서 갈등의 원천이 사랑을 나누는 좋은 관계로 변화되어야 합니다.

앗수르, 바벨론, 그리고 애굽은 고대 근동 세계의 패권을 잡은 강대국입니다. 이스라엘의 집권자들은 그 강대국들과의 관계를 통해 각각 나뉘어져 있었습니다. 하나님의 선지자들은 지도자들에게 강대국들과의 관계에 앞서 하나님께 순종하며 율법을 준수해야 함을 지속적으로 강조하였습니다. 평화의 기초에 하나님께서 계심을 우리 모두는 잊지 말아야 합니다. 성 프란시스는 "주여! 나를 평화의 도구"로 사용하여 달라며 기도하였습니다. 우리 모두가 각자의 자리에서 평화의 창조자(peace maker)들이 되어야 합니다.

셋째로 가장 중요한 관계는 하나님과 사람 사이에 조화를 이루어야 합니다. 우리는 주님의 피조물입니다. 피조물은 창조주께 항변할 수 없습니다(사 45:9). 우리가 할 수 있는 최선의 길은 하나님께 순종하며, 이웃을 섬기는 온전한 사랑에 있습니다. 하나님과의 영적 관계가 원만해야 만사가 형통합니다. 하나님께서는 유일하신 분이십니다(사 45:5). 하나님께서는 평화를 지으십니다(사 45:7). 주님께서 내 안에 계시며, 내가 주님 안에 있으면 모든 것이 형통하게 됩니다(요 14:11~12). 예수님께서는 무덤에서 썩어 냄새 나는 죽은 나사로를 살리셨습니다(요 11:44). 주님께서는 삶과 죽음을 주관하십니다.

우리 모두 주님을 믿고 의지하여, 다툼과 싸움이 있는 곳에 평화를 만드는 참된 화해자가 됩시다.

2006.9.17

심각한 문제라도 쉽게 풀 수 있다

열왕기하 4:1~7

> "가로되 너는 밖에 나가서 모든 이웃에게 그릇을 빌라 빈 그릇을 빌되 조금 빌지 말고 너는 네 두 아들과 들어가서 문을 닫고 그 모든 그릇에 기름을 부어서 차는 대로 옮겨 놓으라"(왕하 4:3~4)

주님께서는 심각한 인생의 문제를 해결할 수 있는 방법을 가지고 계십니다. 선지자의 생도의 아내 중 한 여인이 있었습니다. 그 여인에게는 두 아들이 있습니다. 남편과는 유명을 달리하여, 가정의 생계를 여인이 책임져야 했습니다. 그러던 중 심각한 문제가 발생하였습니다. 채주(債主)가 여인의 두 아들을 종으로 삼으려 한 것입니다(왕하 4:1). 심각한 문제 앞에 선 여인은 어떠한 태도로 문제를 해결하려고 하였을까요?

첫째로, 여인은 심각한 문제를 하나님의 종 엘리사에게 가지고 왔습니다. 엘리사는 기적과 능력을 행하는 하나님의 큰 종이었습니다. 문제가 우리의 삶을 가로막을 때, 문제 앞에 주저앉지 말고, 하나님께로 나아가 기도로 해결 받는 주님의 백성들이 되어야 합니다. 주님께서는 "환난 날에 나를 부르라 내가 너를 건지리니 네가 나를 영화롭게 하리로다"(시 50:15) 말씀하셨습니다. 나의 문제가 아무리 심각해도, 주님께 맡기기 바랍니다(시 55:22). 주님께서 우리를 붙잡아 주시며, 우리를 의의 길로 인도하여 주실 줄 믿습니다. 문제가 크면 클수록 부르짖어 기도할 수 있어야 합니다.

둘째로, 여인은 하나님의 종 엘리사의 말에 그대로 순종하였습니다. 엘리사가 이웃에게 그릇을 빌어 문을 닫고 기름을 그릇에 부으라 말씀하였습니다(왕하 4:3~4). 예수님께서 "나는 마음이 온유하고 겸손하니 나의 멍에를 메고 내게 배우라 그러면 너희 마음이 쉼을 얻으리니 이는 내 멍에는 쉽고 내 짐은 가벼움이라" (마 12:29~30) 말씀하셨습니다. 그대로 순종하면, 할 수 있는 것이 주님의 말씀이며 명령입니다. 교회의 일은 나의 생각과 주장대로 하여서는 안 됩니다. 주님께서는 "너희는 먼저 그의 나라와 그의 의를 구하라" (마 6:33) 말씀하십니다. 주님의 생각과 주님의 뜻이 우리 삶을 주장해야 합니다.

나의 모든 문제를 주님께 맡깁시다. 그리고 주님의 말씀대로 순종합시다. 주님의 말씀을 깊이 상고하며, 부르짖어 기도하여, 응답받는 복된 삶을 삽시다.

2006.10.15

고치시며 도우시는 하나님

시편 30:1~12

"여호와여 내가 주를 높일 것은 주께서 나를 끌어 내사 내 대적으로 나를 인하여 기뻐하지 못하게 하심이니이다"(시 30:1)

기도와 간구의 대상이 되시는 하나님께서는 깊고 오묘하신 뜻과 섭리를 인생들에게 가르쳐 주십니다. 예수님을 통해 하나님을 알고 신앙할 수 있는 은총의 길을 밝히 보여 주셨습니다. 말씀은 주님의 깊으신 뜻을 밝히 보여줍니다. 본문 말씀에서 우리는 하나님께서 어떠한 분이신지를 알 수 있습니다.

첫째, 다윗은 벼랑과 같은 위기에서 끌어 올려주시며, 위기와 절망과 고통에서 건져주시는 하나님을 체험하였습니다(시 30:1). 사자굴에 던져진 다니엘은 변함없이 기도하며 감사하였습니다. 하나님을 온전히 의뢰한 다니엘을 주님께서는 조금도 상함 없이 건져주셨습니다(단 6:23). 전도하다 빌립보 감옥에 갇힌 바울과 실라는 기도하며 하나님을 찬미하였습니다. 옥터가 움직이고 문이 열리며, 바울을 지키던 간수가 변화되어 예수님을 영접하였습니다(행 16:33). 다윗, 다니엘, 그리고 바울을 건져 주신 주님께서 환난과 곤고함 가운데에서 나를 끌어내어 주십니다.

둘째, 부르짖음과 간구의 주인 되시는 하나님께서는, 기도에 응답하시며 고쳐주시는 치료의 주님입니다(시 30:2). '고쳐주셨습니다'에 대한 해석이 성서주석가들마다 다양합니다. 랑게는 육체의 질병에서, 로린스는 정신적 고통에서, 칼뱅은 위기에서 건져주셨다고 해석합니다. 주님께서는 영혼과 육체를 총체적인 위기에서 건져주심을 믿으시기 바랍니다. 기도로 부르짖는 주의 백성에게 하나님께서는 분명히 응답하여 주십니다. 홍해를 건넌 이스라엘 백성이 사흘길을 가도 물을 찾지 못했습니다. 마라에 도착하니 물이 써서 백성들이 먹을 수가 없었습니다. 모세가 여호와께 부르짖었더니, 여호와께서 한 나무를 지시하여 주셨습니다. 그 나무를 던지매 물이 달아져서 백성들이 먹고 마실 수 있었습니다(출 15:25). 썩은 물도 고치시며 치료해 주신 주님께서 영혼과 육체, 그리고 우리 삶 전체를 치료해 주십니다.

셋째로 여호와께서는 부르짖어 간구하는 우리를 돕는 주님입니다(시 30:10). 나를 잘 아는 이가 도울 수 있습니다. 주께서는 나를 감찰하시고 아신 바 되십니다. 나의 앉고 일어섬을 아시며 멀리서도 나의 생각을 통촉하십니다. 나의 말을 알지 못하시는 것이 하나도 없습니다. 나의 장부(臟腑)를 지으시며 나의 형질이 이루어지기 전에 주께서 나를 보셨습니다. 주께서는 내 마음도 아시고 나의 뜻도 아십니다(시 139:1~23).

나의 모든 것을 아시는 주님께 부르짖어 기도합시다. 기도하며 여호와 하나님의 도움을 구합시다. 염려하지 말고, 걱정하지 맙시다. 하나님께서는 구경꾼이 아니십니다. 부르짖어 간구하면 반드시 응답하여 주십니다.

2006.11.12

옥합을 깬 감사

요한복음 12:1~8

"마리아는 지극히 비싼 향유 곧 순전한 나드 한 근을 가져다가 예수의 발에 붓고 자기 머리털로 그의 발을 씻으니 향유 냄새가 집에 가득하더라"(요 12:3)

예수께서 베다니 나사로의 집을 심방하셨습니다. 누이 마르다는 음식을 준비하고 오라비 나사로는 예수님과 함께 앉아 있었습니다(요 12:2). 이때 마리아가 지극히 비싼 향유 곧 순전한 나드 한 근을 가져다가 예수님의 발에 붓고 자신의 머리털로 예수님의 발을 씻었습니다(요 12:3). 그러나 마리아의 주님을 향한 감사와 헌신의 실천을 바라보며, 가룟 유다는 오히려 성을 내며 마리아를 책망하고 괴롭힙니다(막 14:5). 오늘 본문의 말씀에서 감사하는 마리아와 원망하는 가룟 유다는 매우 큰 대조를 이룹니다.

세상에는 크게 세 부류의 사람들이 있습니다.

첫째 부류의 사람은 은혜를 받고도 불평과 원망하는 사람들입니다. 예수님을 판 가룟 유다와 불평과 원망으로 모세를 원망하였던 이스라엘 백성들이 바로 첫째 부류에 해당됩니다.

둘째 부류의 사람은 은혜를 받고, 전혀 감사를 모르는 사람입니다.

셋째는 마리아와 같이 주님의 크신 은혜에 감사하며 헌신의 아름다운 마음을 가진 사람입니다. 마리아는 오라비 나사로가 무덤 문을 열고 살아나는 기적의 현장을 체험하였습니다. 오라비를 살려 주신 생명의 주님께, 자신의 목숨과 같은 향유를 바친 것입니다.

마리아는 주님의 영광을 위해 힘을 다하였습니다. 주님께서는 "내가 진실로 너희에게 이르노니 온 천하에 어디서든지 복음이 전파되는 곳에는 이 여자의 행한 일도 말하여 저를 기념하리라" 말씀하셨습니다(막 14:9). 마리아는 복 받는 헌신의 모범이 됩니다. 주님께 드리면 반드시 복 받습니다. 최선을 다해 드리기 바랍니다. 기도하며 드릴 수 있어야 합니다. 그리고 각자 형편에 맞게 드리되, 아낌없이 힘을 다해 주님께 바칩시다. 마리아가 옥합을 깨고 향유를 주님께 부은 실천은 과거의 잘못을 미련 없이 버리고, 주님만을 바라보는 온전한 헌신의 자세를 의미합니다. 주님께서는 어떤 가난한 과부의 두 렙돈 넣는 것을 보시며 칭찬하셨습니다. 두 렙돈은 가난한 과부에게 생활비 전부였습니다(눅 21:3~4). 온전함과 진실의 마음이 중요합니다. 우리 마음의 온전함과 진실은 오직 주님만이 아십니다. 사람들의 평가보다 주님의 평가가 중요하고 아름답습니다. 주님의 칭찬은 복됩니다. 모든 일을 주님을 향한 사랑으로 합시다. 이때 그리스도의 현존의 향기는 마리아가 주님께 부은 향유의 냄새와 같이 세상에 퍼져나가게 될 것입니다.

2006.11.19

범사에 감사하라

데살로니가전서 5:12~22

"항상 기뻐하라 쉬지 말고 기도하라 범사에 감사하라 이는 그리
스도 예수 안에서 너희를 향하신 하나님의 뜻이니라"(살전
5:16~18)

유대인의 탈무드에 어떤 사람이 마을에서 명망 있는 랍비를 찾
아가 궁금해 하던 것을 묻습니다. "이 세상에서 제일 강한 사람은 누
구입니까?" 랍비는 "자기 자신을 이기는 사람입니다"라고 하였습니
다. 그러면, "가장 행복한 사람은 누구입니까?" 랍비는 "이 세상에서
가장 행복한 사람은 범사에 감사하는 사람입니다."라고 답하였습니
다. 진정한 행복은 감사할 때에 찾아옵니다. 그러면 하나님을 믿는
우리는 무엇을 감사해야 할까요?

첫째, 하나님의 은혜에 감사해야 합니다. 성경은 "여호와를 송축
하며 그 은택을 잊지 말라"(시 103:2) 말씀합니다. 우리는 모두 맨손
으로 세상에 태어났습니다. 나를 낳아 주시고 길러 주신 부모님께
감사합시다. 우리가 지적으로 성장할 수 있도록 도움주신 스승들께
감사해야 합니다. 예수 그리스도의 은혜로 우리는 천국 백성이 되었
습니다. 예수님의 보혈의 공로를 의지하며 감사합시다(롬 5:9).

둘째, 하나님의 사랑에 감사해야 합니다. 하나님을 사랑하는 자

곧 그 뜻대로 부르심을 입은 자들에게는 모든 것이 합력하여 선을 이룹니다(롬 8:28). 애굽에 팔려간 요셉은 모함으로 감옥에 갇히는 신세가 됩니다. 그러나 요셉은 하나님의 신실하심을 의심치 않고, 고난과 역경을 기도로 이겨냅니다. 감사와 기쁨의 삶을 실천한 요셉은 애굽의 총리가 되어 "만민의 생명을 구원"(창 50: 20) 하는 큰일을 감당합니다. 주님께서는 복의 보물을 고난의 보자기에 싸서 우리에게 주십니다. 때때로 우리의 삶에 고난과 역경이 찾아올 수 있습니다. 그럴수록 더욱 주님께 감사함으로 나아갑시다. 하나님의 도우심과 능력의 섭리가 있음을 확신합니다. 범사에 감사할 때에 더 큰 감사가 찾아오는 신앙의 진리를 굳게 믿고, 주님의 복을 풍성히 받아 누립시다.

셋째, 하나님의 뜻에 감사해야 합니다. 감사하면 성령께서 역사합니다. 그러나 원망과 불평하면 마귀가 역사합니다. 주님께서 아이가 감사함으로 바친 떡 다섯 개와 물고기 두 마리를 드시고 축사하시니, 오천 명이 먹고 남는 기적의 역사가 일어났습니다(마 14:19).

공자는 다른 이의 실패를 기뻐하는 사람, 앞과 뒤가 다른 사람, 난폭을 용기로 착각하는 사람, 배은망덕한 사람 등 이러한 네 부류의 사람을 가장 싫어하였습니다. 그러나 성경은 이보다 더욱 강하게 말씀하십니다. "너희는 감사하는 자가 되라"(골 3:15). 감사가 모든 일에 전제가 되어야 합니다. 모든 일에 늘 감사해야 합니다. 감사할 때 은혜가 넘칩니다. 감사하면 사랑하게 됩니다. 감사해야 섬길 수 있습니다. 감사의 삶이 바로 천국의 삶입니다. 이 땅에서 우리가 천국을 이루면, 하늘의 천국은 자연히 가게 되어 있습니다.

2006.11.26

하나님의 도우심

시편 121:1~8

"내가 산을 향하여 눈을 들리라 나의 도움이 어디서 올꼬 나의 도움이 천지를 지으신 여호와에게서로다"(시 121:1~2)

예루살렘 성전은 해발 800미터 높이에 위치해 있습니다. 그래서 이스라엘 백성들은 노래를 부르며 성전에 올라갔습니다. 시편 121편은 이스라엘 백성들이 성전이 올라가 때 부른 노래입니다. 산, 건물, 언덕과 같이 눈에 보이는 사물이 우리를 도울 수 없습니다. 천지를 지으신 여호와 하나님께서 우리를 도와주심을 믿읍시다(시 121:1~2).

첫째, 하나님께서 우리를 지켜 주심을 확실히 믿어야 합니다. 시편 121편에는 "지켜 주신다"(시 121:3,4,5,7,8)는 말씀이 무려 6번이나 나옵니다. 3절에는 주님께서 우리를 지켜 주시는 구체적인 방법이 기록되어 있습니다. 주님께서는 우리가 실족치 않게 지켜 주십니다(시 121:3). 세상을 살다 보면, 누구든지 실패와 실수가 있습니다. 그리고 실패와 실수로 넘어지는 일이 있습니다. 그러나 주님께서는 우리가 쓰러지지 않고 넘어지지 않도록 든든한 버팀목이 되어 주십니다. 하나님의 말씀은 일점일획(一點一畫)도 틀림이 없습니다. 그 말씀을 의지하며 살려고 애쓰는 사람에게 주님의 역사는 분명히 일어납니다. 하나님께서는 전지전능(全知全能)하십니다. 주님께서는 우리의 생과 사를 주관하십니다. 그 하나님께서 졸지도 주무시지도 않으시며, 우리를 지켜 주심을 믿으시고 감사하는 믿음의 용사들이 되어야 합니다.

둘째, 항상 긍정적인 믿음의 자세로 자신을 볼 수 있어야 합니다. 주님께서 우리의 피난처가 되시고, 힘이 되시며 환난 중에 큰 도움이 되십니다(시 46:1). 주님을 믿는 신앙으로 자신을 바라보면, 믿음의 열매를 맺을 수 있습니다. 미국 하버드 대학교의 알렉산더 니프 박사는 1970년대에 세계 각 지역의 장수 마을을 조사하며, 장수 비결에 대한 연구결과를 발표한 적이 있습니다. 그의 연구에 따르면, 남미 에콰도르의 안데스 산맥에 사는 주민들의 평균 수명이 90세나 되었습니다. 벌써 40년 전에 평균 수명이 90세였다는 연구결과는 당시는 물론 오늘날에도 매우 놀라운 일입니다. 이들의 생활 패턴에서는 두 가지 두드러진 특징이 발견되었습니다. 첫째는 나이 드신 어른들도 젊게 생각한다는 점이며, 둘째는 모든 생각을 긍정적으로 품고 있다는 점입니다.

긍정적으로 생각하면 행복하게 살 수 있습니다. 자신을 긍정적으로 훈련시킵시다. 주님께서 졸지도 주무시도 않으시며 우리를 돌봐 주십니다. 주님께서는 나의 육체, 내가 주님께 받은 소유, 나의 건강, 그리고 나의 생명까지도 지켜 주십니다. 지금부터 영원까지 졸지도 주무시지도 않으시며, 우리를 지켜주십니다.

2006.12.3

순종하는 이가 받을 은혜

레위기 26:3~13

> "너희가 나의 규례와 계명을 준행하면 내가 너희 비를 그 시후에 주리니 땅은 그 산물을 내고 밭의 수목은 열매를 맺을찌라 너희의 타작은 포도 딸 때까지 미치며 너희의 포도 따는 것은 파종할 때까지 미치리니 너희가 음식을 배불리 먹고 너희 땅에 안전히 거하리라"(레 26:3~5)

순종이란 주님의 말씀을 순수하게 준행하는 믿음의 행위입니다. 프랑스의 철학자 파스칼은 "진정한 그리스도인이란 나의 모든 것을 주님께서 주장하시는 대로 맡기는 것"이라 하였습니다. 주님 말씀에 순종하면 반드시 복을 받습니다.

첫째, 순종하면 물질의 풍요를 얻습니다. 이스라엘 백성들이 정착한 팔레스타인 지역은 예부터 물이 귀했습니다. 팔레스타인 지역의 연평균 강수량은 420mm로, 우리나라에 3분의 1밖에 되질 않습니다. 겨울인 10월과 11월에 파종하여 다음 해 3월과 4월에 수확하는데, 한 해 농사가 이때 내리는 비에 좌우되었습니다. 건조한 팔레스타인의 상황 속에서 "내가 너희 비를 그 시후에 주리니 땅은 그 산물을 내고 밭의 수목은 열매를 맺을찌라"(레 26:4)는 말씀은 놀라운 복의 약속입니다. 주님께 철저히 순종하여, 풍성한 복의 향유자가 될 수 있습니다.

둘째, 순종하면 심령의 평안을 얻습니다. 물질이 아무리 많아도, 심령이 불편하면 참된 행복이라 말하기 어렵습니다. 그러나 말씀에 순종하면, "샬롬"의 복이 임합니다(레 26:6). 두려움과 걱정은 사람의 마음에서 생기는 내부적인 위협입니다. 말씀을 준행하고 순종하면, 주님께서는 외부의 위협과 내부의 걱정을 제거해 주셔서, 심령의 참된 평안을 안겨 주십니다.

셋째, 순종하면 삶 전체가 창대케 됩니다. 주님께서 부어주시는 번영의 복이 찾아옵니다. 예수님께서는 하나님의 뜻에 온전히 순종하시고자 힘쓰고 애써 간절히 기도하시기를 땀이 땅에 떨어지는 핏방울같이 되셨습니다(눅 22:44). 순종하는 사람은 겸손한 사람입니다. 교만하면 순종할 수 없습니다. 큰 성 바벨론이 던져져서 멸망한 주된 원인이 바로 교만하였기 때문입니다(계 18:21).

우리는 아브라함의 순종을 본받아야 합니다. 아브라함은 독자 이삭을 바치라는 주님의 명령에 순종하였습니다. 믿음으로 순종한 아브라함은 하나님의 신뢰를 받고, 믿음의 아들 이삭을 통해 자손만대에 순종의 복을 유업으로 물려줄 수 있었습니다. 순종과 불순종 사이에는 엄청난 차이가 있습니다. 우리는 순종과 불순종 중 하나를 선택해야 합니다. 우리가 진리에 순종하면, 심령의 깨끗함을 얻고, 참된 사랑에 도달할 수 있습니다(벧전 1:22). 주님을 깊이 모시고, 하나님의 뜻대로 살기위해 최선을 다합시다.

2006.12.10

주님의 뜻대로 이루어지이다

누가복음 1:31~38

"대저 하나님의 모든 말씀은 능치 못하심이 없느니라 마리아가 가로되 주의 계집종이오니 말씀대로 내게 이루어지이다 하매 천사가 떠나니라" (눅 1:37~38)

하나님이신 예수님께서 한 아기로 이 땅에 태어나셨습니다. 이 아기는 태초부터 계신 하나님이십니다. 예수님 안에 삼위일체 하나님의 신비가 계십니다. 1,500년 전 이사야의 예언을 통해 예수께서 이 땅에 오심이 선포되었습니다. "주께서 친히 징조로 너희에게 주실 것이라 보라 처녀가 잉태하여 아들을 낳을 것이요 그 이름을 임마누엘이라 하리라" (사 8:14). 마리아가 처녀의 몸으로 예수님을 잉태한 것은 구약성서를 통해 예언된 말씀의 성취입니다.

마리아는 남자를 모르는 처녀였습니다. 당시 관행상 처녀가 임신을 하게 되면 죽임을 당했습니다. 무서워 떠는 마리아에게 다가가서 천사 가브리엘이 말합니다. "보라 네가 수태하여 아들을 낳으리니 그 이름을 예수라 하라" (눅 1:31). 마리아가 대답합니다. "나는 사내를 알지 못하니 어찌 이 일이 있으리이까" (눅 1:34). 천사가 마리아에게 다시 말합니다. "대저 하나님의 모든 말씀은 능치 못하심이 없느니라" (눅 1:37). 주님의 능력은 무한하십니다. 말씀으로 온 천지가 되어졌습니다. 마리아가 결단하며 대답합니다. "주의 계집종이오니 말씀대로 내게 이루어지이다"(눅 1:38). 계집종이란 단어는 자신을 낮추는 겸비의 모습입니다.

마리아의 순종은 목숨을 담보한 결단입니다. 한 여인의 목숨을 건 순종과 겸손을 통해 2,000년 전 예수님께서는 우리에게 임재하신 것입니다. 마리아와 같은 믿음의 사람이 있습니다. 그는 로마의 백부장이었습니다. 백부장의 사랑하는 종이 병들어 죽게 되었습니다. 예수께서 그에게 오실 때에 백부장은 주님께 고백합니다. "내가 주께 나아가기도 감당치 못할 줄을 알았나이다 말씀만 하사 내 하인을 낫게 하소서"(눅 7:7). 말씀을 믿고 의지할 때에, 응답받는 역사가 일어납니다. 믿고 순종하며 따르는 주의 백성에게 말씀의 기적과 역사가 일어납니다. 마리아는 노래합니다. "내 영혼이 주를 찬양하며 내 마음이 하나님 내 구주를 기뻐하였음은 그 계집종의 비천함을 돌아보셨음이라"(눅 1: 46~48).

사랑하는 성도 여러분! 믿고 의지하는 자를 주님께서 높여 주십니다. 비천함 가운데서 일으키시는 놀라운 주님의 역사를 찬양합니다. 하나님께서 도와주십니다. 그러나 교만한 자를 주님께서는 대적하십니다. "그의 팔로 힘을 보이사 마음의 생각이 교만한 자들을 흩으셨고 권세 있는 자를 그 위에서 내리치셨으며 비천한 자를 높이셨고 주리는 자를 좋은 것으로 배불리셨으며 부자를 공수로 보내셨도다"(눅 1:51~53). 교만하면 주님의 도움을 받지 못합니다. 우리의 마음이 강퍅해질 때에 주님의 말씀과 기도로 마음 밭을 기경합시다.

2006.12.17

그 큰 사랑

누가복음 1:26~32

"그에게 들어가 가로되 은혜를 받은 자여 평안할지어다 주께서
너와 함께하시도다 하니" (눅 1:28)

사람이 사람에게 베풀 수 있는 '은혜'는 매우 지협적입니다. 그
러나 하나님께서 우리에게 부어 주시는 은혜는 아무런 조건 없이 주
시는 기쁨과 행복입니다. 그렇다면 하나님께서 우리에게 부어 주시
는 은혜는 어떠한 모습을 띠고 있을까요? 주님께서 주시는 은혜는
우리에게 어떠한 유익을 될까요?

첫째로 주님께서는 구원의 은혜를 우리에게 주십니다. 우리의
구원은 주 예수께 받은 은혜입니다. 구원이란 주님의 입장에서는 전
능자의 독생자의 희생이라는 엄청난 값이 지불되었으나, 우리의 입
장에서 보면 아무런 값을 지불하지 않고 단지 믿음으로 얻은 하나님
의 전적인 은혜입니다(롬 3:24). 허물로 죽을 수밖에 없는 우리가 그
리스도와 함께 생명을 얻게 된 사건이 바로 구원입니다. 주님께서
우리의 구원을 위해 엄청난 값을 지불하심은 주님의 피조물 된 우리
를 사랑하시기 때문입니다.

둘째로 주님께서는 소망의 은혜를 우리에게 주십니다. 소망이라
함은 장차 될 일을 말합니다. 소망이 있는 사람과 없는 사람은 매우
큰 차이를 가지고 있습니다. 소망이 없는 사람은 어려움이 올 때에

쉬 쓰러집니다. 그러나 소망이 있는 믿음의 백성은 실패 속에서도 다시금 일어날 수 있습니다. 소망은 우리의 의지와 노력으로 획득하는 어떠한 결과가 아닙니다. 우리를 사랑하시고 영원한 위로로 우리를 도와주시는 하나님의 은혜의 선물입니다(살후 2:16~17).

셋째로 주님께서는 함께하심의 은혜를 우리에게 주십니다. 천사 가브리엘은 동정녀 마리의 수태를 고지하며, "주께서 너와 함께하신다"는 임마누엘의 은혜를 약속하였습니다. 주님과 함께 동행하는 사람에게는 평강의 은혜가 함께 거합니다(엡 1:1~2). 평강과 평안은 동일한 개념인데, 평안 역시도 우리의 것이 아닙니다. 그리고 세상에서는 얻을 수 없습니다. "평안을 너희에게 끼치노라 곧 나의 평안을 너희에게 주노라 내가 너희에게 주는 것은 세상이 주는 것 같지 아니하니라 너희는 마음에 근심도 말고 두려워하지도 말라"(요 14:27). 평안은 주님께서 주시는 온전한 은혜입니다.

근심, 걱정, 염려가 믿음의 진보를 향해 나아가는 우리의 발목을 잡게 하여서는 안 됩니다. 콩나물을 먹어도 평안이 넘치는 가정은 행복한 가정입니다. 노아가 하나님과 동행하였을 때, 큰 은혜를 입었습니다. 이처럼 주님께서 주시는 구원과 소망과 동행함의 은혜가 더욱 풍성히 우리 삶에 넘쳐야 하겠습니다.

2006.12.24

승리는 믿는 자의 것

사무엘상 17:41~49

"다윗이 블레셋 사람에게 이르되 너는 칼과 창과 단창으로 내게
오거니와 나는 만군의 여호와의 이름 곧 네가 모욕하는 이스라엘
군대의 하나님의 이름으로 네게 가노라"(삼상 17:45)

이새의 말째 아들인 다윗은 신앙과 용기의 사람이었습니다(삼상
16:11). 그는 여호와의 신에 감동되었고, 기름부음 바 되었습니다(삼
상 16:13). 시인이며 음악가이고, 무엇보다 하나님과 함께하는 사람
이었습니다(삼상 16:23). 그는 용기 있는 목자였고, 주님의 종이었습
니다(삼상 17:34~35). 그러나 다윗과 맞서 싸운 블레셋의 장수 골리
앗은 이스라엘의 하나님을 모욕하고 하나님의 종 다윗을 업신여겼
습니다(삼상 17:10). 다윗은 칼과 창으로 중무장한 블레셋의 장수 골
리앗과의 전투에서 막대기와 돌을 던지는 물매로 승리하였습니다.
객관적인 전략에서 비교할 수 없을 정도로 열세에 놓인 다윗이 승리
할 수 있었던 비결은 무엇이었을까요?

첫째로 다윗은 긍정적인 용기의 사람이었습니다. 블레셋의 장수
골리앗이 그의 큰 힘과 무기를 믿고 하나님을 모욕하고 이스라엘 군
대를 조롱하였을 때, 이스라엘 사람들은 골리앗과 맞서 싸우기 보다
는 근심하며 두려워 떨었습니다. 그러나 다윗은 오히려 이스라엘의
총사령관인 사울 임금을 안심시키며 골리앗과의 결전을 다짐합니다
(삼상 17:32). 다윗은 주님께서 함께하시면 승리한다는 확고한 믿음

이 있습니다. 전쟁의 승패가 주님께 있음을 분명히 확신하였습니다. 우리 역시 주님과 함께하면, 인생의 모든 역경을 극복하고 승리할 수 있습니다. "내게 능력 주시는 자 안에서 내가 모든 것을 할 수 있다"(빌 4:13)는 말씀을 믿고 의지하여 우리 앞에 다가오는 모든 문제들을 이겨내야 합니다.

둘째로 다윗은 절대 신앙의 소유자였습니다. "여호와께 나를 사자의 발톱에서 건져 내셨은즉 나를 이 블레셋 사람의 손에서도 건져 내시리이다"(삼상 17:37). 다윗의 다짐 속에는 한 줄기 의심과 의혹의 그림자도 찾아 볼 수 없습니다. 그는 믿음대로 실천하였고, 믿음대로 목적한 바를 달성하였습니다. 다윗은 믿음의 뿌리를 흔들리지 않는 터전이시며 절대 존엄자이신 주님께 두었던 것입니다. 인생의 성패는 우리의 믿음을 어디에 두느냐에 있습니다. 주님을 믿고 의지하며 인생의 길을 개척하여 전진합시다. 진정으로 우리를 지켜주는 힘은 외부의 어떠한 실체가 아니라, 주님을 향한 우리의 기도와 믿음, 그리고 철저한 순종과 헌신의 노력입니다. 주님께서 나의 가장 큰 힘이 되시며 보장이 되십니다.

끝으로, 골리앗은 큰 무기에 쓰러지지 않았습니다. 다윗이 던진 작은 돌 하나로 쓰러졌습니다(삼상 17:49). 전능하신 하나님의 힘으로 승리하였습니다. 내가 승리함은 하나님의 승리입니다.

내가 원하고 바라는 바를 얻지 못하였다 할지라도 낙망하거나 좌절하지 맙시다. 소망의 주님을 바라보며 끝까지 전진하는 사람이 믿음의 사람이며 승리의 용사입니다. 반드시 승리한다는 확신을 가지고, 우리에게 다가오는 시간을 주님의 뜻대로 사용하는 믿음의 용사들이 됩시다.

2006.12.31

셋 · 내가 너와 함께하리라

한서교회 예배 설교(2007년)

 "내가 너를 굳세게 하리라 참으로 너를 도와주리라 참으로 나의 의로운 오른손으로 너를 붙들리라(사 41:10)." 전능하신 여호와 하나님께서 거룩한 주의 백성을 굳세게 하여 주십니다. 함께하신다는 분명하고 확실한 메시지는 우리가 두려워하지 않을 가장 분명한 이유와 근거가 됩니다.

주님의 약속

히브리서 6:13~20

> "가라사대 내가 반드시 너를 복주고 복 주며 너를 번성케 하고 번
> 성케 하리라 하셨더니"(히 6:14)

　　하나님의 약속은 확실하고 분명합니다. 주님께서는 아브라함에
게 복의 근원으로 삼는다는 언약을 주셨습니다(창 12:2). 이를 재차
확인하셨습니다(창 22:17). 주님께서 하신 약속은 그대로 성취되었
습니다. 사람은 약속한 바를 지키지 못하여도 주님께서는 말씀을 분
명히 실행하십니다(민 23:19). 주님께서 인생에게 약속하신 번성의
복은 크게 세 가지 의미를 지닙니다.

　　첫째는 생물학적 번성을 말합니다. 생물학적 번성이란 후손의
번영, 가축의 증식, 그리고 신체적인 성장과 성숙을 의미합니다.

　　둘째는 경제적인 번영입니다. 이익과 재산의 증가를 말합니다.

　　셋째는 영적인 번영입니다. 우리의 믿음이 자람을 의미하는 것
입니다. 주님께서 아브라함과 이삭, 그리고 야곱에게 주신 번성은
생물학적이며 경제적인 번성, 그리고 영적인 번성 모두를 포함하는
것입니다.

　　하나님께서 우리 인생과 체결하신 약속은 크게 세 가지 특징을
지닙니다.

첫째로 주님의 약속은 확실합니다. 주님께서는 "내가 반드시 너를 복주고 복 주며 너를 번성케 하고 번성케 하신다"(히 6:14)는 약속을 주셨습니다. 유다 백성을 히스기야가 치리할 때에, 앗수르의 산헤립이 대군을 이끌고 예루살렘을 포위하였습니다. 그때 히스기야는 선지자 이사야와 함께 하늘을 향해 부르짖어 기도하였습니다(대하 32:8). 히스기야가 주님께 부르짖은 간구는 그대로 응답되었습니다. 다음 날 아침 앗수르 산헤립의 군대 십팔만 오천이 모두 송장이 되었습니다(왕하 19:35). 주님께서는 약속대로 우리에게 복을 주십니다. 주님의 약속은 분명하고 확실합니다. 주님의 약속을 붙잡고 기도하여 응답받는 주님의 백성들이 됩시다.

둘째로 주님의 약속은 영원토록 변함이 없으십니다(히 6:17~18). 주님께서는 거짓말을 하실 수 없으십니다. 예수 그리스도께서는 어제나 오늘이나 영원토록 동일하십니다(히 13:8). 사자굴 속에 던져진 다니엘을 구하신 하나님께서는 영원히 변치 않으시며 우리를 구원하여 주십니다(단 7:26~27).

셋째로 주님의 약속은 튼튼하고 견고합니다(히 6:19). 가나안 땅의 정복을 위해 진군하는 이스라엘 백성의 앞을 튼튼하고 견고한 여리고 성이 가로 막았습니다. 아무리 튼튼한 여리고 성일지라도 주님의 뜻이 계심에 일시에 무너지고 말았습니다. 칼과 창으로 무너진 것이 아닙니다. 주님의 말씀에 순종하는 이스라엘 백성들의 믿음으로 무너진 것입니다(수 6:20). 장대한 거인 골리앗을 쓰러뜨린 것도 다윗의 실력과 재능이 아닙니다. 이는 그를 통해 역사하신 여호와의 구원의 약속입니다(삼상 17:47).

창세기에 기록된 이삭의 이야기는 그리 큰 분량을 차지하지는 않습니다. 그러나 이삭의 이야기 속에는 매우 큰 언약의 힘이 내재

되어 있습니다. 이삭이 그랄에 정주할 때에, 우물로 그 마음이 심히 상하였습니다. 한 곳에 우물을 파면, 그랄의 목자들이 와서 이삭의 목자들과 다툼을 벌였습니다. 이삭은 다른 곳에 가서 우물을 팠습니다. 이러한 일이 수차 반복되었습니다. 성품이 부드럽고 착한 이삭은 양보하고 져 주고 참고 손해를 감수하였습니다. 그러나 마침내 이삭은 창대하고 왕성하여 거부가 되었습니다. 심지어 그를 박해하였던 이들이 와서 "여호와께서 너와 함께 계심을 분명히 보았다"(창 26:28)는 고백을 하게 되었습니다.

하나님께 기도하는 사람에게는 분명히 역사하여 주십니다. 주님을 철저히 믿어야 합니다. 임마누엘 주님께서 주를 믿고 의지하는 우리 모두에게 번영과 복의 은총을 부어 주실 것입니다.

2007.1.7

네게 평안을 주노라

요한복음 14:25~27

> "평안을 너희에게 끼치노니 곧 나의 평안을 너희에게 주노라 내
> 가 너희에게 주는 것은 세상이 주는 것 같지 아니하니라 너희는
> 마음에 근심도 말고 두려워하지도 말라"(요 14:27)

우리의 심령 속에 하나님을 모시지 못하면 불안이 찾아옵니다. "내 영혼아 네가 어찌하여 낙망하며 어찌하여 내 속에서 불안하여 하는고 너는 하나님을 바라라 그 얼굴의 도우심을 인하여 내가 오히려 찬송하리로다"(시 42:5). 근심, 걱정, 염려와 같은 불안의 출발은 바로 자신의 영혼입니다. 따라서 영혼이 평안하면, 자신이 말과 얼굴과 생각, 그리고 행동이 편안한 것입니다. 그러면 어떻게 우리의 영혼은 참된 평안을 얻을 수 있을까요? 주님을 만나야 합니다. 주님을 만날 때에 비로소 우리의 심령은 참된 위로와 평안을 얻을 수 있습니다.

예수님께서는 "너희는 마음에 근심하지 말라 하나님을 믿으니 또 나를 믿으라"(요 14:1) 말씀하셨습니다. 근심과 걱정이 크면 믿음이 파괴되고, 종국에는 자신의 인성과 품격이 망가집니다. 아무것도 근심하지 말고, 소망의 주님을 만납시다. 믿음이란 앞으로 행복이 올 것이란 확신입니다. 행복의 근원에 믿음이 있습니다. 그러나 근

심은 불신에서 생깁니다. 미래가 이루어질 것이란 확신 속에 참된 행복과 승리가 있습니다. 믿고 기도하는 사람은 절망과 좌절에서 살아나며, 죽음과 같은 고통에서 승리할 수 있습니다. 작은 병에 죽어가는 사람이 있는가 하면, 큰 병에 걸려도 용기를 가지고 최후까지 믿음으로 마음의 불안과 근심과 싸우며 승리하는 사람이 있습니다.

근심과 걱정은 우리의 머리와 가정, 그리고 삶 전체에 고통을 안겨 줍니다. 우리의 심령에 심각한 위협이 되며 평안을 가로막습니다. 이것은 실체가 아닌 하나의 개념입니다. 개념은 추상적입니다. 마치 유령처럼 형체가 없습니다. 근심과 걱정은 우리에게 실질적 위협이 되지 못합니다. 근심과 걱정은 하나님께서 우리에게 주신 것이 아닙니다. 근심과 걱정은 마귀가 준 선물입니다. "마음에 근심도 말고 두려워하지도 맙시다"(요 14:27). 우리는 주님의 용사이지, 마귀의 조롱거리가 아닙니다. 죽음과 핍박 앞에 담대하며 웃을 수 있는 것은 주님께서 주시는 평안과 내세에 대한 분명한 확신에서 비롯된 것입니다.

마가의 부활 기사에 하늘의 별처럼 빛나는 이야기가 있습니다. 예수님께서 십자가에 달려 돌아가시고, 안식일이 지난 새벽, 막달라 마리아와 야고보의 어머니 마리아와 또 살로메가 예수께 향품(香品)을 바르기 위해 주님의 무덤으로 갔습니다. 그들은 근심과 걱정 가운데 말하였습니다. "누가 우리를 위하여 무덤 문에서 돌을 굴려 주리요"(막 16:3). 그들이 한 근심과 걱정은 가장 근본적이며 실재적이었습니다. 그러나 무덤에 도착한 저들은 도저히 믿지 못할 일을 목격하였습니다. "눈을 들어 본즉 돌이 벌써 굴려졌으니"(막 16:3). 여기에 근심과 걱정을 제거하시는 주님의 무한하신 능력이 있습니다. 우리의 힘으로 할 수 없는 커다란 장애와 문제 앞에 도달하였을 때,

근심과 걱정을 우리의 심령에서 제거합시다. 무한하며 무궁하신 주님의 능력을 의지합시다. 우리는 최선을 다할 뿐입니다. 일을 이루시는 분은 하나님이시며, 영광 받으시는 분도 하나님이십니다.

　　세상의 평안은 주님의 평안과 본질적으로 다릅니다. 세상의 평안은 조건적이며 교환적입니다. 이를 얻기 위해 우리는 무엇인가를 지불해야 합니다. 하지만, 주님의 평안은 무조건적입니다. 그리고 그 자체가 은혜입니다. 이미 그 값을 주님께서 지불하셨습니다. 주님께서 주시는 평안은 믿음으로 말미암아 얻는 생명의 선물입니다. "너희가 그 은혜를 인하여 믿음으로 말미암아 구원을 얻었나니 이것이 너희에게서 난 것이 아니요 하나님의 선물이라"(엡 2:8). 세상이 줄 수 없는 평안을 주님을 바라보며 주님을 모시고, 주님 오실 그날까지 향유합시다.

2007.1.14

내가 너와 함께하리라

이사야 41:8~10

> "두려워 말라 내가 너와 함께함이니라 놀라지 말라 나는 네 하나
> 님이 됨이니라 내가 너를 굳세게 하리라 참으로 너를 도와주리라
> 참으로 나의 의로운 오른손으로 너를 붙들리라"(사 41:1)

이사야서에는 이스라엘 백성과 세계 열방을 향한 하나님의 심판
과 구원의 메시지가 담겨 있습니다. 희망은 주님께서 주시는 구원
메시지의 중심 테마입니다. 이사야서는 인류에게 주는 희망의 메시
지의 근원을 분명히 밝혀 줍니다. 그렇다면, 과연 누가 우리에게 희
망의 메시지를 전해 줄까요? 하나님의 택한 선민을 구원해 주신 분
은 이스라엘의 거룩한 자 바로 여호와 하나님이십니다(사 43:3). 하
나님께서 우리에게 "두려워말라"(사 43:5) 명하십니다. 우리가 두려
워하지 않을 분명한 근거와 이유가 이사야 41장 10절에 분명히 기록
되어 있습니다. "내가 너를 굳세게 하리라 참으로 너를 도와주리라
참으로 나의 의로운 오른손으로 너를 붙들리라." 전능하신 여호와
하나님께서 거룩한 주의 백성을 굳세게 하여 주십니다. 가장 큰 도
움이 되십니다. 주님께서 우리의 모든 심령을 붙잡고 계십니다. 주
님께서 함께하신다는 분명하고 확실한 메시지는 우리가 두려워하지
않을 가장 분명한 이유와 근거가 됩니다.

바다 위로 걸으시는 예수님께서 두려워 떠는 제자들에게 "안심하라 내니 두려워 말라"(마 14:25~27) 말씀하십니다. 무서워 떠는 것은 믿음이 없기 때문입니다. 중국 상해 홍구공원에는 윤봉길 의사의 기념관이 있습니다. 1932년 4월 29일 윤봉길 의사는 상해 홍구공원에서 열린 일본의 전승 축하식장에 폭탄을 던지는 거사를 일으켰습니다. 윤봉길 의사는 행사가 시작되자 단상 정면에 폭탄을 던져, 일본 상하이 파견군 사령관 시라카와 요시노리 대장, 상하이 거류 미단 겸 행정 위원장인 가와바타 데이지가 즉사하고, 일제침략전쟁의 주도 세력들이 큰 중상을 입었습니다. 1932년 12월 19일 윤봉길 의사는 일본 오사카에서 총살당했습니다. 그의 나이 25세의 꽃다운 청년의 시기였습니다. 조국 대한민국의 해방을 위해 두려움 없이 목숨을 바쳤던 것입니다. 윤봉길 의사의 거사로 침체에 빠졌던 독립운동은 사기를 얻었고, 독립운동 단체들이 중국의 지원을 받게 되었습니다. 오늘날은 민족과 국가를 위해 목숨을 바치는 청년의 이상이 그리운 시기입니다. 두려워 떠는 자는 결코 성공할 수 없습니다. 주님을 의지하며 두려움을 벗어 버리고, 미래를 향해 약진하는 주님의 용사들이 되어야 합니다.

미디안 족속의 침입을 받고, 기드온은 이스라엘 백성을 이끌어 전쟁에 나갔습니다. 여호와께서 기드온에게 두려워 떠는 자는 돌아가라 명하셨습니다(삿 7:2). 삼만 명 중에 이만 명이 돌아갔습니다. 무릎을 꿇고 물을 마시는 자가 모두 돌아가고 손을 물을 움켜 혀로 핥는 자 삼백 명만이 기드온과 함께하였습니다(삿 7:5~6). 미디안과의 전쟁에서 이스라엘은 대승을 거두었습니다. 용기 있는 사람 정예부대 삼백의 용사를 통해 주님께서는 큰 역사를 이루신 것입니다. 이스라엘 백성은 지렁이와 같았습니다(사 41:14). 나라도 작고, 민족의 수도 작은 약자였습니다. 침략과 고통을 심하게 받았습니다. 그러한 이스라엘 백성을 하나님께서 "날카로운 새 타작 기계"(사 41:15)로 삼으셨습니다. 우리의 강함은 하나님께서 행하시며, 예수 그리스도를 통해 성취됩니다.

사도 바울은 스스로 죄인 중에 괴수요, 만물의 찌꺼기이며, 만삭 되지 못하여 난 자와 같다고 고백하였습니다. 그러나 주 예수 그리스도 안에서 그는 강한 자가 되었으며, 세상이 감당 못할 위대한 신앙의 모범이 되었습니다. 근심하는 자 같으나 항상 기뻐하고 가난한 자 같으나 많은 사람을 부요하게 하고 아무것도 없는 자 같으나 모든 것을 가진 자 되었습니다(고후 6:10). 사도 바울을 변화시키신 주님께서 우리의 인생을 바꿔 주십니다. 하나님의 은혜와 사랑으로 담대히 사는 주의 사랑하는 백성들이 됩시다.

2007.1.21

내 집을 채우라

누가복음 14:16~24

"주인이 종에게 이르되 길과 산으로 나가서 사람을 강권하여 데려다가 내 집을 채우라"(눅 14:23)

전도는 예수님께서 우리에게 맡겨 주신 지상 최대의 명령입니다. 전도는 해도 되고 하지 않아도 되는 선택이 아니라, 성도가 반드시 해야 하는 사명이자 의무입니다. 전도는 주님께서 그의 백성 된 우리에게 명하신 대사명(Great Commandment)입니다(마 28:18~20).

첫째로 전도의 대상자는 특정 계층이나 계급에 제한되지 않습니다. "임금의 혼인 잔치에 악한 자나 선한 자나 만나는 대로 청함을 입었다"(마 22:10)라는 주님의 말씀은 예수 그리스도의 구원이 만민에게 해당됨을 가르쳐 줍니다. 주인은 초청받은 이들에게 예복을 나누어 주고 그것을 입게 하였습니다(마 22:11~12). 여기서 예복이라 함은 "성도의 옳은 행실"(계 19:8)을 뜻합니다. 예복은 우리의 모든 지난날의 허물을 감추어 줍니다. 오늘의 내 모습 있는 그대로 주님 앞에 나와야 합니다. 문제가 있다 하더라도, 주저앉지 말고, 있는 그대로 현재의 모습 그대로, 주님 앞에 믿고 나와야 합니다. 전도의 대상자로 특별한 자격이 요구되지는 않습니다. 누구라도 상관 말고 교회로 인도하여야 합니다.

둘째로 전도의 구체적인 방법을 소개하겠습니다. '1,111일 전도

운동'입니다. 우리 모두 한 명 이상의 전도대상자를 작정하고 교회로 인도합시다. 그리고 그 전도대상자를 열 번 이상 만나야 합니다. 그 전도대상자에게 백 번 이상 전화해야 합니다. 유선전화, 핸드폰, 이메일, 문자메시지 등 할 수 있는 모든 방법을 총동원해야 합니다.

끝으로 그 영혼을 위해 천 번 이상 기도합시다. '1,111일 전도운동'은 전도대상자를 주님께로 인도하기 위한 우리 모두의 결연한 각오이며, 주님 사명을 실천하기 위한 끊기와 의지의 결단입니다. 주님의 몸 된 교회를 채우는 일은 성경에 기록된 잔칫집을 채우라는 주인의 명령과 동일한 것입니다.

솔로몬의 일천번제는 주님의 마음에 큰 감동이 되었습니다. 한 영혼을 주님께로 인도하기 위해 몸부림치는 우리의 의지와 노력을 주님께서는 결코 잊지 않으십니다. 한 사람을 주님께로 인도하면, 천국에서는 잔치가 벌어짐을 반드시 기억해야 합니다. 교회의 부흥은 내가 하는 한 사람의 전도에서 시작됩니다. 그 위대한 사역의 주인공들이 됩시다.

2007.1.28

주님 날개 아래

시편 57:1~5

> "하나님이여 나를 긍휼히 여기시고 나를 긍휼히 여기소서 내 영혼이 주께로 피하되 주의 날개 그늘 아래서 이 재앙이 지나기까지 피하리이다"(시 57:1)

많은 것을 소유하였음에도 근심과 공허감으로 자아를 상실하고 사는 사람이 있습니다. 그러나 믿음의 사람은 여러 가지 부족함 속에서도 주님께 감사하며 기쁨과 즐거움이 넘치는 생활을 합니다. 예수님께서 우리 안에 내주하시면, 삶의 행복과 평안이 찾아옵니다.

시편 57편은 다윗이 사울을 피하여 압둘람 굴에 있을 때에 지은 시입니다. 다윗은 죽음과 같은 공포의 상황 속에서도 주님을 의지하는 믿음으로 승리를 확신하는 찬양과 감사의 노래를 불렀습니다. 그는 주전 1225년에 사울의 문하에 들어갑니다. 이후 15년 동안 갖은 고생을 다한 후, 주전 1210년에 이스라엘의 임금으로 등극합니다. 그리고 그가 죽던 해인 주전 971년까지 40년 동안 이스라엘을 치리하며 부강한 왕국으로 발전시켰습니다. 다윗의 치리기간 허물도 있고, 잘못도 있었습니다. 그러나 그는 재위기간 동안 철저히 "한 하나님, 한 성전"의 원리 아래 하나님 중심의 신본주의 정치를 구현하였습니다. 신본주의란 하나님이 나의 주인 되심을 고백하는 정치 원리입니다. 위기와 절망, 그리고 시련과 비통 속에서도 다윗은 주님을 향한 역동적 감사의 찬송시를 지었습니다. 그와 같은 위기 속에서 다윗이 어떻게 감사하며 찬양하였고 그 비결은 무엇일까요?

첫째로 "주님의 날개 그늘 아래"(시 57:1) 고난과 시련을 이기는 비결이 있습니다. 아무리 큰 시험과 고난도 반드시 끝이 있습니다. 내가 참을 수 있고 견딜 수 있을 만큼만 시험이 옵니다. 그리고 시험당할 즈음에는 주님께서 반드시 피할 길을 주십니다(고전 10:13). 예수님께서 나는 포도나무요 너희는 가지라 하셨습니다(요 15:5). 나무에서 떨어진 가지가 열매를 맺을 수 없는 것처럼, 주님을 떠난 우리는 아무것도 할 수 없습니다. 주님을 꼭 잡고, 그 품에서 떠나지 않는 성도들이 됩시다.

둘째로 하나님을 향한 우리의 마음이 확정되어야 합니다(시 57:7). 확정된다는 말은 히브리어에서 "고정되었다" 혹은 "확고하게 되었다"라는 뜻을 지닙니다. 우리에게 주님을 향한 확정과 확신이 필요합니다. 사도 바울은 "너는 배우고 확신한 일에 거하라"(딤후 3:14) 말씀하였습니다. 신앙은 결단입니다. 지금 주님을 향해 결단해야 합니다.

마지막으로 다윗은 절망의 상황 속에서 주님을 노래하고 찬송하였습니다. 비파와 수금으로 새벽을 깨워 찬양하였습니다. 노래할 상황이 아니었습니다. 목숨이 심각하게 위협당하는 위기와 절망의 순간이었습니다. 사람이 이 정도 되면, 원망과 포기를 합니다. 그러나 다윗은 감사하며 찬양하였습니다. 감옥에 갇힌 바울과 실라는 절망의 심연 속에서도 하나님을 찬미하였습니다(행 16:25). 그러자 옥터가 흔들리고 옥문이 열리며 착고가 벗어졌습니다.

주님께서 반드시 우리를 도와주십니다. 주의 날개 그늘 아래 참된 평안과 안식이 있습니다. 머뭇거리지 말고 확정해야 합니다. 힘들더라도 주님께 감사하며 찬양합시다. 주님의 날개 아래서, 참된 행복을 체험하는 주님의 백성들이 됩시다.

2007.2.4

예수 안에 있어야 합니다

요한복음 15:1~7

"너희가 내 안에 거하고 내 말이 너희 안에 거하면 무엇이든지 원하는 대로 구하라 그리하면 이루리라"(요 15:7)

예수님께서 말씀해 주신 포도나무와 가지의 비유는 주님과 우리의 관계를 말씀해주고 있습니다. 가지가 포도나무에 붙어 있어야 과실을 맺을 수 있는 것처럼, 우리 역시 주님 안에 있어야 믿음의 열매를 맺을 수 있습니다(요 15:4). 포도나무를 경작할 때에 농부는 잔가지들이 많으면 그 가지들을 쳐줍니다. 그래야 양분이 열매를 맺는 가지에 집중되어, 탐스러운 과실을 맺을 수 있습니다. 신앙생활 역시도 마찬가지입니다. 가지를 치는 것과 같은 시련과 연단의 과정을 통해 생명의 열매가 우리의 삶 속에 맺히는 것입니다.

프랑스의 19세기 대표적인 화가 르느와르는 파리 사기그릇 공장에서 도자기에 그림을 그리는 직공이었습니다. 매사에 자신의 일에 최선을 다한 그는 화가 글레이르의 아틀리에 조수로 그림을 배우게 됩니다. 인간의 내면세계를 풍성하고 아름다운 색체로 표현한 그는 화가로 명성을 날리게 되어, 프랑스 정부가 민간인에게 수여하는 최고의 명예인 레지옹 도뇌르 훈장을 수여 받았습니다. 그러나 말년에 그는 신경통으로 손을 사용하지 못하는 지경에 처했습니다. 그림을 그리는 화가에게 붓을 드는 손은 생명과 같았습니다. 그러나 포기하지 않고 의연히 붓을 팔에 묶고 그림을 그렸습니다. 손이 아닌 눈과 마음으로 그렸던 것입니다.

사람은 고통과 연단과 시련의 과정을 거쳐 단련됩니다. 욥은 극한 연단의 과정을 거친 후에 "이제는 눈으로 주를 뵈옵나이다"(욥 42:5)는 고백을 하였습니다. 새로운 세계와 차원에서 만나는 주님을 고백한 것입니다. 우리가 어떠한 상황 속에 처해진다 할지라도, 주님 안에 있는 믿음을 포기하기 않으면, 생명을 얻고 주님의 영광에 도달할 수 있습니다. 그러나 시련에 믿음을 포기하면, 포도나무에서 떨어진 가지처럼 우리의 영혼과 육신은 마를 수밖에 없습니다. 예수님을 떠나면 모든 것을 잃은 것입니다. 그러므로 주님을 끝까지 부여잡는 사랑하는 주님의 백성들이 되어야 합니다.

세계적인 지휘자 토스카니니는 심한 근시로 고생하였습니다. 19세에 첼로 연주자로 음악의 길에 들어섰는데, 근시로 악보가 보이지를 않아, 연주회 전에는 악보 전체를 암기하여 연주하였습니다. 그런데 오페라 "아이다"의 상연에 앞서 지휘자가 부득이하게 참석 못하는 사고가 발생하였습니다. 단원 가운데 악보 전체를 암기한 사람은 토스카니니 한 사람밖에 없었습니다. 대리로 "아이다"를 지휘하여 그는 큰 명성을 얻게 됩니다. 심각한 장애가 오히려 성공의 견인차가 된 것입니다. 실패 앞에서 어떤 이는 절망과 허탈 속에 좌절의 늪으로 빠져들어 갑니다. 그러나 믿음과 용기의 사람은 그 실패를 정상을 향한 재도전의 계기로 삼습니다.

하나님의 사람은 실패 앞에 절대 무릎 꿇지 않습니다. 비전을 품고 다시금 도전하는 용기의 일꾼들이 됩시다. 주님 안에 거해야, 풍성한 믿음의 열매와 참된 기쁨의 소유자가 될 수 있습니다.

2007.2.11

이기고도 남으리라

로마서 8:35~39

"내가 확신하노니 사망이나 생명이나 천사들이나 권세자들이나
현재 일이나 장래 일이나 능력이나 높음이나 깊음이나 다른 아무
피조물이라도 우리를 우리 주 그리스도 예수 안에 있는 하나님의
사랑에서 끊을 수 없으리라"(롬 8:38~39)

현대 사회가 갖는 문명의 이기(利器) 가운데 가장 대표적인 것은
휴대전화입니다. 최근에는 화상통화가 가능한 "제3세대 휴대전화"
가 출시되고 있는데, 황금알을 낳는 거위라 할 정도로 세계 기업들
간의 라이센스 경쟁이 치열합니다. 그런데 이와 같은 휴대전화도 배
터리가 없이는 통화 자체가 불가능합니다. 휴대전화에 사용되는 배
터리는 지속적인 충전이 필요합니다. 한번 충전한다고 하여 영원히
사용할 수는 없습니다. 그러나 하나님께서 우리에게 주시는 사랑과
은혜는 다릅니다. 주님의 은혜와 사랑은 영원히 지속되는 복입니다.
하나님께서 그리스도를 통해 이루신 사랑은 이 세상 무엇으로도 끊
을 수 없습니다. "누가 우리를 그리스도의 사랑에서 끊으리요 환난
이나 곤고나 박해나 기근이나 적신이나 위험이나 칼이랴"(롬 8:35)

그 무엇도 우리와 그리스도의 관계를 끊을 수 없습니다. 사도 바울은 전도의 여정을 통해 죽을 고비를 수없이 많이 넘겼습니다. 그 과정을 통해 얻은 영적 진리가 바로 주님 사랑의 위대함입니다.

이탈리아 아씨시의 성 프란체스코(주후 1182~1226년)는 부유한 상인의 아들로 태어났습니다. 젊어서 그는 향락을 추구하였습니다. 그러나 20세에 주님을 만나는 회심을 체험하고 완전히 변화된 삶을 살았습니다. 모든 재산을 가난한 이들에게 나눠주고, 자신은 청빈한 생활을 하며 예수 그리스도의 도를 실천하였습니다. 어떠한 힘이 프란체스코를 완전히 변화시킨 것일까요? 바로 예수 그리스도의 사랑입니다. 철사보다 단단한 주님의 사랑이 지금 이 순간 우리와 주님 사이에 연결되어 있습니다.

그리스도를 믿는 성도의 삶은 패배가 아닌 승리의 삶입니다. 간신히 이김이 아닙니다. 충분히 그리고 넉넉히 이기는 승리입니다(롬 8:37). 성도의 싸움은 혈과 육에 대한 것이 아닙니다. "정사와 권세와 이 어두움의 세상 주관자들과 하늘에 있는 악의 영들"(엡 6:12)과의 영적 전쟁임을 명심해야 합니다.

구약성서 사무엘상 17장에는 골리앗과 다윗의 전쟁 이야기가 나옵니다. 아낙 자손의 후예인 골리앗의 신장은 여섯 규빗(1규빗=45센티미터)으로 2미터 70센티미터의 거구였습니다. 머리에서 발끝까지 놋으로 된 갑옷을 입었고, 창과 방패로 중무장한 상태였습니다. 그러나 다윗이 가진 것은 양을 치는 막대기, 시내에서 주운 돌 다섯 개, 그리고 그 돌을 던질 수 있는 물매뿐이었습니다. 몸이 작아 갑옷도 입지 못했습니다. 중무장한 골리앗 그리고 목동 다윗은 이미 객관적인 전력에서 상대가 되지 않았습니다. 그러나 다윗은 골리앗에게 없는 거대한 무기를 가졌습니다. 그 무기는 바로 "만군의 여호와 하나님의 이름"(삼상 17:45)입니다. 온 천지만물을 창조하신 하나님께서 우리의 편이십니다. 무엇이 두렵고, 어떤 걱정이 우리 앞을 가리겠습니까? 주님의 믿는 용사들에게는 오직 승리만이 있을 뿐입니다.

미국 조지아대학교의 노인연구센터에서 장수의 비결을 알기 위해 장기간의 연구보고서를 발표했습니다. 그 보고서에 따르면, 장수한 지역의 사람들은 한결같이 삶에 대한 태도에서 매우 긍정적인 것으로 나타났다는 것입니다. 염려와 근심 그리고 걱정과 두려움은 우리의 영혼을 갉아먹는 해충과 같습니다. 주님을 믿고 의지하며 매일매일 전진합시다. 이 세상 그 무엇도 그리스도 예수 안의 하나님의 사랑에서 우리를 끊어 버릴 수 없습니다.

2007.2.18

절망 중에도 주님을 의지하라

다니엘 6:19~28

"내가 이제 조서를 내리노라 내 나라 관할 아래 있는 사람들은 다 다니엘의 하나님 앞에서 떨며 두려워할찌니 그는 사시는 하나님 이오 영원히 변치 않으실 자시며 그 나라는 망하지 아니할 것이요 그 권세는 무궁할 것이며 그는 구원도 하시며 건져 내기도 하시며 하늘에서든지 땅에서든지 이적과 기사를 행하시는 자로서 다니엘을 구원하여 사자의 입에서 벗어나게 하셨음이니라 하였더라"(단 7:26~27)

성경에는 우리가 본받아야 될 사람과 그렇지 못한 사람들이 있습니다. 예를 들어, 노아와 아브라함, 그리고 이삭과 모세는 순종과 믿음 그리고 신실함에서 신앙의 모범이 됩니다. 반면에 하와, 가인, 사울 왕 그리고 가룟 유다는 하나님의 크신 은혜를 입었음에도 이를 끝까지 지켜내지 못하고 죄를 범하여, 충만한 은혜의 세계에서 떨어져 나가, 그 이름이 부끄럽게 기록되어 있습니다. 주님을 믿고 의지하는 성도는 하늘의 생명책에 그 이름이 영광스럽게 기록되어야 합니다.

성결한 인격의 소유자인 다니엘은 성도가 본받을 만한 신앙의 모범을 보여 주고 있습니다. 주전 586년 예루살렘이 바벨론 제국에 함락 당했을 때에 그는 포로로 끌려왔습니다. 다니엘은 총명함으로 포로의 신분임에도 왕궁에서 자라는 특권을 얻었습니다. 왕의 음식과 포도주가 제공되었습니다. 그러나 다니엘은 우상에게 바쳐진 술과 고기를 거부하고, 채소와 거친 음식을 먹음으로 하나님 백성의 성결을 지켜 내었습니다(단 1:8). 출세보다 고통 받는 동족의 아픔을 먼저 생각하였습니다. 신앙의 놀라운 결단력을 소유한 다니엘은 다리오 왕이 다스리는 파사 제국 시대에 전국 120여 방백을 다스리는 세 명의 총리 중 한 사람으로 선출되고, 임금은 총리들 중에서도 다니엘을 총애하여 그로 하여금 전국을 다스리게 하고자 하였습니다 (단 6:1~3). 포로의 신분으로 바벨론에 끌려 온 다니엘은 여러 가지 시련의 과정을 거치면서도 뛰어난 지도력을 발휘하였습니다.

첫째로 다니엘은 흠이 없는 사람이었습니다(단 6:4). 다니엘을 시기한 총리들과 방백들이 국사에 대해 고소할 틈을 얻고자 하였으나 실패하였습니다. 사람이면 완전하지 못하여 흠이 있게 마련입니다. 그러나 다니엘은 충성되며, 그릇함 없이 맡은 바 직무를 온전히 수행하였습니다. 이처럼 그가 적들의 모략과 음해 속에서 구원함을 입은 것은 주님의 은총이며 보호하심 때문이었습니다.

둘째로 다니엘은 지속적인 기도의 사람이었습니다(단 6:10). 어려움을 접하게 되면, 신앙이 흔들리거나 상황에 적당히 타협하게 됩니다. 그러나 다니엘은 변함없는 신앙의 자세를 보여 주었습니다. 위기에 처한 긴박한 상황 속에서도 전과 동일하게 예루살렘을 향해 창문을 열고 세 번 기도하기를 멈추지 않았습니다. 오히려 다니엘은 하나님께 감사함으로 기도하였습니다.(단 6:10)

셋째로 다니엘은 하나님을 의뢰하는 사람이었습니다(단 6:23). 기도하였기에 다니엘은 사자 굴에 던져졌습니다. 아침 일찍 그를 총애하였던 다리오 왕이 사자 굴에 가서 보니, 다니엘의 몸이 조금도 상하지 않았음을 보게 되었습니다. 하나님을 의뢰하는 자를 주님께서는 반드시 보호해 주십니다.

하나님께서 우리의 손을 붙드시면, 어떠한 어려움도 능히 이겨낼 수 있습니다(사 41:10). 고난 속에서도 주님을 찬양합시다. 힘들어도 주님을 찬양합시다. 다니엘 6장 28절의 말씀은 전체의 결론입니다. "이 다니엘이 다리오 왕의 시대와 바사 사람 고레스 왕의 시대에 형통하였더라."

2007.3.4

믿고, 맡기고, 가라

여호수아 1:1~9

"내가 네게 명한 것이 아니냐 마음을 강하게 하고 담대히 하라 두려워 말며 놀라지 말라 네가 어디로 가든지 네 하나님 여호와가 너와 함께하느니라 하시니라"(수 1:9)

주님께서는 아브라함에게 그 믿음대로 가나안 지경을 기업으로 주었습니다(창 23:18). 이 땅의 모든 기업은 하나님께서 우리에게 주신 복입니다. 본문 말씀을 통해 이 땅을 살며 우리가 주님의 복을 받을 수 있는 분명한 비결을 배울 수 있습니다.

첫째로 하나님의 복을 받기 위해서는 믿음으로 나아가야 합니다(수 1:2). 오늘날 요단강은 작은 시내에 불과합니다. 그러나 이스라엘 백성들이 정복하여 들어갈 무렵, 특히 모맥을 거두는 시기에는 물이 언덕까지 넘쳤습니다(수 3:15). 주님께서 강을 건너라 말씀하십니다. 제사장이 법궤를 메고 앞에 서서 나갑니다. 2000규빗(900m)을 떨어져 백성들이 그 뒤를 따릅니다. 제사장들의 발이 물가에 잠기자, 곧 위에서 흐르는 물이 그쳐서 쌓이고, 아래로 흐르는 물은 염해까지 이르니 온전히 강이 끊어져 길이 생겼습니다(수 3:15~16). 이스라엘 백성들이 홍해를 기적으로 건넜다면, 요단강은 믿음으로 건넌 것입니다. 믿음은 바라는 것들의 실상이요 보지 못하는 것들의 증거입니다(히 11:1). 과학은 보고, 관찰하고, 검증한 후에 나아갑니다.

둘째로 하나님의 복을 받기 위해서는 담대히 나아가야 합니다(수 1:6,7,9). 어떻게 해야 강하고 담대히 설 수 있을까요? 바로 여호와 하나님께서 우리와 함께하셔야 합니다(수 1:9). 천진만물을 창조하신 주님께서 우리와 함께하십니다. 무엇을 두려워하며, 무엇을 겁내겠습니까? 태풍이 불면 작은 나무건 큰 나무건 모두 흔들립니다. 심지어 뿌리가 뽑히는 경우도 있습니다. 그러나 뽑히지 않고 흔들리기만 하는 나무도 있습니다. 그 둘의 분명한 차이는 뿌리의 깊이에 있습니다. 뿌리 깊은 나무는 거센 바람에 쓰러질지언정 뽑히지는 않습니다. 그러나 뿌리가 얕은 나무는 작은 바람에도 쉽게 뽑혀 버립니다. 믿음의 뿌리를 깊이 내립시다. 전능하신 하나님께서 나를 붙들어 주시면, 겁날 것이 없습니다.

셋째로 하나님의 복을 받기 위해서는 긍정적인 신앙의 자세를 가져야 합니다(수 1:7~8). 여호수아는 주님께서 시키시는 모든 일에 "아멘"으로 순종하였습니다. 말씀대로 실천하는 사람은 받은 말씀을 영적으로 소화시킵니다. 모세가 가데스 바네아에 머물며, 12명의 정탐을 가나안으로 보냈습니다. 똑같은 것을 보고도, 10명의 정탐은 부정적으로 보고하였습니다. 그들의 보고로 백성들은 지도자 모세를 원망하며 두려움에 떨고 울며 애통하였습니다. 그러나 여호수아와 갈렙은 하나님의 약속을 바라보았습니다(민 14:9). 옥중에서도 바울은 빌립보의 성도들을 향해 "내게 능력 주시는 자 안에서 내가 모든 것을 할 수 있느니라"(빌 4:13) 담대히 외쳤습니다. "할 수 있거든 이 무슨 말이냐 믿는 자에게는 능치 못할 일이 없느니라"(막 9:23) 말씀하시는 주님의 음성에 귀를 기울여야 합니다.

긍정적인 신앙, 긍정적인 사고, 긍정적인 행동, 그리고 긍정적인 인생관을 가져야 합니다. 부정적인 사람은 전부를 얻고도 만족함이 없습니다. 그러나 긍정적인 사람은 부족하여도 감사합니다. 감사하면 감사가 넘칩니다. 모든 일에 주님을 담대히 믿고, 주님께 맡기며, 주님을 향해 나아갑시다.

2007.3.11

주님의 뜻을 따라 살면

요한일서 2:12~17

"이 세상도, 그 정욕도 지나가되 오직 하나님의 뜻을 행하는 이는
영원히 거하느니라"(요일 2:17)

현대인의 최대 관심사는 건강입니다. 주님의 뜻을 따라 살면 건
강하게 살 수 있습니다. 그런데 성경은 우리에게 건강만을 약속하지
않습니다. 건강과 함께 영원한 삶을 약속합니다(요일 2:17).

첫째로 영원히 살려면, 예수님을 믿어야 합니다(요일 2:12). 우
리의 모든 죄는 예수 그리스도의 이름으로 사함 받은 것입니다(요
3:16). 영원히 살기 위해서는 반드시 죄의 사함을 얻어야 합니다. 하
나님께서 정하신 법인 레위기 말씀에는 죄 사함의 방법과 절차가 자
세히 기록되어 있습니다. 죄 사함은 짐승을 잡아 피 제사를 드리는
과정을 통해 이루어졌습니다. 그러나 모든 인류와 온 우주의 구원자
되시는 예수 그리스도께서는 그와 같은 모든 방법과 절차를 폐하시
고, 십자가에 달려 돌아가시며 사흘 만에 부활하심으로 단번에 죄를
사해 주셨습니다. 우리 모두는 예수님의 특사로 사함 받은 사람들입
니다. 영원한 생명을 위해, 예수님을 끝까지 붙잡는 주의 성도들이
되어야 합니다.

둘째로 영원히 살려면, 악과 싸워 이겨야 합니다(요일 2:13). 우리가 맞서 싸워야 할 악은 근원에 있어 크게 두 가지로 나누어집니다. 하나는 외부에서 비롯되는 사단의 세력입니다. 마귀와 사단의 세력은 수단과 방법을 가리지 않고, 주님의 백성들을 시험에 빠뜨리게 하여 불행의 조건을 제공해 줍니다. 성도는 그와 같은 어둠의 세상 주관자들과 싸워 승리하여야 합니다(엡 6:12). 통성으로 기도할 때, 사단은 물러갑니다. 주님께서 기도 외에 다른 것으로는 이런 유가 나갈 수 없다고 말씀하셨습니다(막 9:29). 또 다른 악은 우리의 내부에서 비롯됩니다. 사도 바울은 자신의 내면에 두 가지의 자아가 있음을 고백하였습니다. 하나님을 섬기려는 자아와 세상을 따르려는 자아, 이 둘을 말하는 것입니다(롬 7:21). 자신의 힘만으로는 우리의 자아는 죄의 법에 굴복될 수밖에 없습니다(롬 7:23). 신실한 신앙생활은 하나님께서 도와주셔야 합니다. 우리에게 이김을 주시는 하나님께 감사하는 주의 백성들이 되어야 합니다.

셋째로 영원히 살려면, 하나님의 뜻을 따라 살아야 합니다(요일 2:17). 우리는 유혹의 욕심을 따라 썩어져 가는 구습을 좇는 옛 사람을 벗어 버리고 오직 심령으로 새롭게 되어 하나님을 따라 의와 진리와 거룩함으로 지으심을 받은 새 사람을 입어야 합니다(엡 3:22~24). 재산, 부귀, 권력, 유행과 같은 세상의 것은 다 지나갑니다. 그러나 예수 그리스도 안의 진리와 신앙은 변함이 없이 영원합니다. 사도 바울은 환난과 곤고, 핍박과 기근, 그리고 적신과 위험 속에서도 주님을 향한 사랑의 끈을 놓지 않고 단단히 잡았습니다(롬 8:35). 이 세상 그 무엇도 우리 주 예수 그리스도 안에 있는 하나님의 사랑을 결코 끊을 수 없습니다(롬 8:29). 하나님의 뜻을 따르는 것이 바로 주님을 사랑하는 구체적인 방법이며, 영원한 생명을 얻는 최선의 비결입니다.

우리는 하나님께서 원하시고 기뻐하시는 삶을 살아야 합니다. 기도하면서, 말씀을 붙잡고, 성령을 따라 삽시다. 세상의 모든 영광은 다 지나갑니다. 그러나 주님의 말씀 속에 담긴 진리와 신앙은 영원합니다. 영원히 주님과 동행하는 성도들이 됩시다.

2007.3.18

믿고 기도합시다

야고보서 5:13~18

"믿음의 기도는 병든 자를 구원하리니 주께서 저를 일으키시리라 혹시 죄를 범하였을찌라도 사하심을 얻으리라" (약 5:15)

기도는 우리가 숨을 쉬는 것과 같습니다. 그래서 성도는 항상 기도해야 합니다. 기도는 주님과의 대화이며, 주님을 향한 사랑의 구체적인 표현입니다. 하나님께서는 우리가 주님과 교제하길 원하십니다. 우리는 언제 기도해야 하고, 어떻게 기도해야 하며, 기도하면 어떠한 역사가 일어나는지 깨달음을 얻어야 합니다.

첫째로 성도는 고난당할 때 기도해야 합니다(약 5:13). 고난 앞에 기도하지 않으면, 고난에 주저앉아 버립니다. 그러나 기도하면 고난을 능히 이길 힘을 주님께서 주십니다. 고난뿐 아니라 즐겁고 잘 될 때도 기도해야 합니다(약 5:14). 즐거운 사람은 찬송하라 하셨습니다. 찬송은 곡조 있는 기도입니다. 그리고 병들어 고통 속에 있을 때에 기도해야 합니다(약 5:15). 병든 이들은 장로들을 청하여 기도를 받았습니다. 초대 교회에서 장로는 오늘날의 교역자를 지칭하는 말입니다. 아플 때 기도하며 치료하여 주님께서 고쳐주시는 은혜의 체험을 해야 합니다.

둘째로 성도는 주님의 은혜 안에 기도해야 합니다. 기름을 바른다는 것은 은혜의 기름, 곧 하나님의 은혜가 먼저 임하도록 기도해야 함을 가르쳐 줍니다. 이것은 고대 당시에 의학적인 치료의 한 방편이었습니다. 기름을 바르는 것과 함께 기도가 병행되어야 함을 가르쳐 줍니다. 다음으로 믿음으로 기도해야 합니다. 예수님께서 혈루증으로 고통 받는 여인에게 "딸아 네 믿음이 너를 구원하였으니 평안히 가라"(막 5:34) 말씀하셨습니다. 그리고 귀신들린 자의 아들을 고쳐 주시며, "할 수 있거든이 무슨 말이냐 믿는 자에게 능치 못할 일이 없느니라"(막 9:23) 말씀하여 주셨습니다. 믿고 기도하면 다 이루어짐을 믿기 바랍니다(막 11:24). 그리고 주님께 우리의 죄를 고하며 서로 함께 기도해야 합니다. 초대교회 당시 베드로가 어려움 속에 있을 때에 교회는 열심히 기도하였습니다(행 12:5). 누군가 날 위해 기도해 주는 사람이 있음은 소중한 것입니다. 중보 기도함으로 서로에게 큰 힘이 되어 줍시다.

셋째로 기도하면 주님께서 우리를 일으켜 주십니다(약 5:15). 주님께서 우리의 병을 고쳐 주십니다. 주님께서 해결해 주시는 것입니다. 그리고 기도하면 죄의 용서함을 얻게 됩니다(약 5:16). 죄의 결국은 사망입니다. 그런데 죄의 용서함을 입게 되면, 사망에서 생명으로 구원함을 입게 되는 것입니다. 기도야말로 우리의 영혼이 죄에서 자유함을 얻어 생명을 누리는 최선의 길입니다. 그리고 기도하면 좋은 역사가 지속적으로 일어납니다(약 5:16). 일이 잘 되었다고 기도를 멈추게 되면 우리는 결코 발전할 수 없습니다. 그래서 좋은 일이 지속적으로 이어질 수 있도록 우리는 기도해야 합니다.

기도하면 역사가 일어납니다. 기도의 역사는 지나간 사건이 아닙니다. 지금 이 순간에도 계속 일어나는 신비의 역사입니다. 우리가 기도하면, 그 응답은 주님께서 하십니다.

2007.3.25

고난의 주님을 따라갑시다

베드로전서 2:18~25

"너희가 전에는 양과 같이 길을 잃었더니 이제는 너희 영혼의 목자와 감독 되신 이에게 돌아 왔느니라"(벧전 2:25)

우리는 일반적으로 내가 겪는 고통이 가장 크다고 생각합니다. 그러나 어렵고 힘들 때, 주님 당하신 고난을 바라보아야 합니다. 주님께서는 출생부터 성장 과정 그 자체가 고난이셨습니다. 그리고 하나님의 사명을 감당키 위해 죽기까지 복종하셨으며 십자가에 달려 돌아가셨습니다. 그러나 전능하신 하나님 아버지께서 주님을 다시 살리셨습니다. 죽음 가운데서 일으키셨습니다.

첫째로 주님께서는 죄 없이 고난 받으셨습니다(벧전 2:19~21). 기득권 세력인 바리새인들과 서기관들, 그리고 백성의 지도자들의 계략으로 주님께서는 애매히 고난당하셨습니다. 그들은 제자인 가룟 유다를 매수하여 예수님을 팔게 하고, 주님을 십자가에 달려 돌아가시게 하는 엄청난 범죄를 저지르고 말았습니다. 주님께서 반대파들에게 당한 고통보다 더 큰 고난이 있습니다. 바로 주님의 제자들에게 당한 배신입니다. 주님께서 십자가에 달려 돌아가실 때, 모든 제자들은 어머니 마리아와 요한 그리고 몇몇 여인들을 제외하고는 주님을 떠났습니다. 죽는 그 순간까지 주님을 따르겠노라 맹세하였던 수제자 베드로마저 주님을 부인함으로 주님께 크나 큰 아픔을 주었습니다(마 26:74). 죄 없이 고난당하신 주님을 생각하며, 묵묵히 모든 고난을 참고 인내합시다. 때가 되면, 주님을 살리신 하나님의 크신 능력이 우리 역시도 일으켜 세우십니다.

둘째로 주님의 고난은 인류를 향한 사랑의 표현입니다(벧전 2:24). 부활하신 주님께서 말씀하십니다. "요한의 아들 시몬아 네가 나를 사랑하느냐 … 내 양을 먹이라"(요 21:17). 이 땅에서 행하신 주님의 모든 행적과 말씀의 정수가 사랑입니다(요일 4:8). 그 사랑의 정점이 십자가입니다. "그가 찔림은 우리의 허물을 인함이요 그가 상함은 우리의 죄악을 인함이라 그가 징계를 받음으로 우리가 평화를 누리고 그가 채찍에 맞음으로 우리가 나음을 입었도다 우리는 다 양 같아서 그릇 행하여 각기 제 길로 갔거늘 여호와께서는 우리 무리의 죄악을 그에게 담당시키셨도다"(사 53:5~6). 죄 없으신 주님께서 애매히 고난당하심은 죄 많은 우리를 대신한 주님의 구속과 희생적 사랑임을 반드시 기억해야 합니다. 주님께서 고난당하셨기에 우리는 나음을 입은 것입니다.

셋째로 주님의 고난에 동참해야 합니다(벧전 2:21). 주님께서는 구원과 생명의 모범이십니다. 우리 역시 주님께서 지신 십자가에 동참해야 합니다(눅 14:27). 십자가가 없이는 영광도 없습니다. "내가 곧 길이요 진리요 생명이니 나로 말미암지 않고는 아버지께로 올 자가 없다"(요 14:6)고 말씀하셨습니다. 주님 가신 길이 생명의 길임을 믿습니다. 주님 안에 구원의 길이 있음을 믿습니다. 십자가의 길은 자기를 부인하는 과정입니다(눅 9:23). 내가 나의 주인이 아니라, 주님께서 나의 주인 되심을 고백하는 것입니다.

주님 가신 길 따라가는 성도들이 됩시다. 고난을 넘어 영광의 새 아침을 바라보며, 고난의 주님을 묵묵히 따라가는 주의 용사들이 됩시다. 고난 없는 영광은 없습니다(No Cross, No Crown). 주님을 위해서라면, 어떠한 고난과 환난도 참고 견디는 굳건한 믿음의 용사들이 되어야겠습니다.

2007.4.1

제자들이 만난 예수

요한복음 20:19~23

"예수께서 가라사대 너는 나를 본 고로 믿느냐 보지 못하고 믿는
자들은 복되도다 하시니라"(요 20:29)

부활절 이른 새벽, 만물이 빛으로 깨어납니다. 빛은 소망이며 희
망입니다. 그리고 세상의 만물을 움직이게 하는 거대한 힘입니다.
부활의 새벽, 하늘에서 비추는 찬란한 생명의 빛은 그 어떠한 빛보
다 강력합니다. 어둠이 빛을 가둘 수 없는 것처럼, 사망 역시 주님의
생명을 가둘 수 없습니다. 태양이 동터 오는 새벽에는 무한한 힘이
용솟음칩니다. 신적인 에너지가 새벽의 빛과 함께 일어납니다. 생명
의 결단을 내린 아브라함은 독자 이삭과 함께 모리아 산을 향해 이
른 새벽에 나아갑니다(창 22:3). 밤이 새도록 천사와 씨름한 야곱은
새벽에 이르러서야 천상의 복을 받아냅니다(창 32:6). 환난 가운데
기도하며 하나님의 도우심을 경험한 다윗은 새벽에 도와주시는 하
나님의 은혜를 확신하였습니다(시 46:5).

주님께서 친히 새벽 오히려 미명에 한적한 곳에 가셔서 기도하
심으로 하나님의 도우심을 입었습니다(막 1:35). 새벽은 회개와 통곡
의 시간입니다. 주님 만나 말씀을 생각나게 하는 은혜의 시간이 바
로 새벽인 것입니다(눅 22:61~62). 안식 후 첫날 이른 새벽 아직 어두

울 때에 막달라 마리아가 돌이 무덤에서 옮겨진 것을 보았습니다(요 20:1). 그 말을 듣고 베드로와 요한이 주님의 무덤으로 달음질 하였습니다. 먼저 베드로가 들어가서 빈 무덤을 보았습니다. 그 후에 요한도 들어가 예수의 빈 무덤을 목격합니다. 그리고 막달라 마리아의 빈 무덤에 관한 보도를 믿었습니다(요 20:8).

여인들이 예비한 향품을 가지고 안식 후 첫날 이른 새벽에 주님의 무덤에 갔습니다. 그들 역시 주님의 시체를 발견치 못했습니다. 찬란한 옷을 입은 두 사람이 두려워 떠는 여인들에게 말합니다. "어찌하여 산 자를 죽은 자 가운데서 찾느냐 그는 계시지 않고 살아나셨느니라"(눅 24:5~6). 우리가 믿은 하나님은 "아브라함의 하나님이요 이삭의 하나님이요 야곱의 하나님"이며, "죽은 자의 하나님이 아니요 산 자의 하나님"(마 22:32) 이십니다. "무덤에 계시지 않습니다. 주님 되신 예수께서는 부활하셨습니다." 천사들이 여인들에게 들려준 음성은 주님께서 부활하시고 지금까지 믿는 이들의 심령 가운데 울리는 부활의 처음 메시지입니다. 부활의 주님께서 사망과 음부의 문을 여는 열쇠를 가지고 계십니다(계 1:18).

부활이며 생명이신 주님께서 두려움 가운데 있는 제자들에게로 오십니다(요 20:19). 우리가 주님께 간 것이 아니라, 부활의 주님께서 우리에게 오신 것입니다. 그리고 평강을 선물로 주십니다. "너희에게 평강이 있을찌어다"(요 20:19). 주님께서 부활의 첫 열매로 주신 '평강'은 힘으로 쟁취하여 얻은 의식적인 평화인 '팍스'(Pax)와는 다릅니다. 힘으로 얻은 평화는 결국 새로운 갈등과 분쟁을 야기합니다. 부활의 주님께서 주신 '평강'(Shalom)은 주님의 오심으로 이루어지는 평화입니다. 주님과 온전히 하나이 됨으로 이루어지는 심령과 세계의 평화인 것입니다(요 17:21). 주님께서 주시는 평화는 억압

받는 자, 병든 세상, 그리고 테러와 전쟁의 공포 속에 있는 인류에게 주시는 진정한 평화입니다. 그 안에 사랑과 정의가 있습니다. 진리와 자유가 있습니다.

흙에서 아담을 일으키신 주님의 숨결이(창 2:7), 골짜기 마른 뼈들을 일으켜 생명으로 창조하신 주님의 생기가(겔 37:5), 그리고 죽음의 공포 속에 두려워 떠는 제자들에게 부활의 주님께서 불어 주신 생명의 숨결이(요 20:22) 부활의 새벽, 이 땅의 주님의 부활을 사모하여 평강을 선물로 받은 하나님의 거룩한 백성들에게 충만하게 임하기를 바랍니다.

2007.4.8

끝까지 견고히 잡으라

히브리서 3:12~19

"우리가 시작할 때에 확실한 것을 끝까지 잡으면 그리스도와 함께 참예한 자가 되리라"(히 3:14)

이스라엘 백성이 애굽에서 구출된 가장 근본적인 이유는 하나님께 드리는 예배에 있습니다. 애굽은 하나님께 예배드리기에 몹시 어려운 상황이었습니다. 그 땅에는 여러 가지 우상들이 많았습니다. 애굽 백성들이 받은 열 가지 재앙들(물, 개구리, 이, 파리, 가축, 독종, 우박, 메뚜기, 흑암, 장자)은 애굽 사람들이 섬기는 우상과 관계가 있습니다. 거기에 더하여, 이스라엘 백성들은 애굽인들의 심한 박해를 받아야 했습니다. 하나님께서는 주의 백성들을 온전한 예배 그리고 바른 예배를 위해 환난과 고초 가운데서 불러내십니다. 아브라함을 우상이 번성한 갈데아 우르에서 건져내셨던 것처럼 말입니다. 하나님께 드리는 예배는 매우 소중합니다. 우리가 드리는 예배는 주님께 기쁨이 되는 예배가 되어야 합니다. 히브리서의 말씀에서 우리는 주님께서 기뻐하시는 귀한 예배의 자세를 배울 수 있습니다.

첫째로 주님께 영광이 되는 예배를 드려야 합니다. 예배는 신앙생활을 판단하는 결정적인 기준입니다. 주님께 영광이 되는 예배를 위해, 준비하는 일부터 최선을 다합시다. 기쁨이 넘쳐서 드리는 예배가 주님께 영광이 됩니다. 우리가 드리는 찬송이 주님께 영광이 되길 바랍니다. 열정적으로 찬양합시다. 선포되는 말씀을 경청합시다. 은혜를 진심으로 사모합시다. 그리고 영의 눈으로 주님의 십자가를 볼 수 있는 성도들이 되어야 합니다. 예배를 받으시는 분은 하나님이십니다. 소망과 경건으로 그리고 신령과 진정으로 살아 역사하는 예배를 드립시다. 예배는 부부관계에 비유되기도 합니다. 진정으로 사랑하는 부부는 매일의 만남이 새롭습니다. 마찬가지로, 주님께 드리는 예배 역시 매일 매일이 새로워야 됩니다. 또한 주님과 교제하는 시간이 모든 일에 우선되어야 합니다.

둘째로 온유하며 겸손하게 예배 드려야 합니다. 강퍅한 마음으로는 주님께 영광이 되지 못합니다(히 3:15). 성경에 보면 애굽 왕 바로의 마음이 강퍅하였습니다. 마음이 강퍅하다는 것은 마음이 돌처럼 단단하다는 것을 말합니다. 애굽을 탈출한 이스라엘 백성은 처음에는 감사와 기쁨이 있었습니다. 그러나 시간이 지나고, 광야의 어려움을 겪으며, 그 마음이 서서히 강퍅해졌습니다. 마음이 강퍅한 상태로는 약속의 땅 가나안에 들어갈 수가 없습니다. 마음이 온유한 자가 땅을 기업으로 받는 것입니다(마 5:4). "노하심을 격동하여 광야에서 시험하던 때와 같이 너희 마음을 강퍅케 하지 말라"(히 3:8)하셨습니다. 순한 마음, 편한 마음, 깨끗한 마음으로 주님 일에 임합시다. 주님께서는 다섯 달란트와 두 달란트를 남긴 종에게는 "착하고 충성된 종"이라 칭찬하셨습니다(마 25:21). 그러나 한 달란트를 땅에 감춘 종에게는 "악하고 게으른 종"이라 책망하셨습니다(마 25:26). 주님의 뜻에 순종하는 이가 바로 온유하고 겸손한 사람입니다. 온전한 순종의 예배가 주님께 영이 됩니다.

하나님을 시험하면, 천국에 들어가지 못합니다. 예수께서는 광야에서 금식하실 때에 사단의 시험을 받으셨습니다(마 4:1~2). 시험의 반대는 승리입니다. 주님께서 그 모든 시험을 이겨 내셨습니다. 어린 양의 거룩한 보혈과 주님께서 전하신 말씀을 믿고 의지합시다. 믿고 선포하기 바랍니다. 믿으면 그대로 됩니다. 믿고 순종함으로, 주님께 영광 돌리는 예배자들이 됩시다.

2007.4.29

자녀에게 부지런히 가르치라

신명기 6:4~9

> "오늘날 내가 네게 명하는 이 말씀을 너는 마음에 새기고 네 자녀에게 부지런히 가르치며 집에 앉았을 때에든지 길에 행할 때에든지 누웠을 때에든지 이 말씀을 강론할 것이며"(신 6:6~7)

신명기 말씀은 모세가 세상을 떠나기 전, 하나님께 받은 율법을 재해석한 설교입니다. 신명기는 주님의 율법을 잘 준수하면 복을 받고, 그렇지 못하면 화가 임한다고 말씀하고 있습니다.

우리가 말씀에 순종하여 하늘의 신령한 복을 받기 위해서는, 첫째로 하나님의 말씀을 부지런히 가르쳐야 합니다(신 6:7). 유대인들은 틈만 나면 자녀들에게 성경을 가르쳤습니다. 성경 속에서 "그리스도 예수의 믿음"을 배우며, "구원에 이르는 지혜"(딤후 3:15)를 얻습니다. 성경은 "하나님의 감동"으로 기록되었습니다. 그러기에 교훈을 얻을 수 있고, 책망도 받으며, 하나님의 자녀로 바르게 자라며, 의로운 사람으로 성장할 수 있는 것입니다(딤후 3:16). 미국의 백화점 왕 워너메이커는 가난한 벽돌공의 아들로 태어났습니다. 그러나 그는 성경의 말씀대로 살아, 거부가 되는 복을 받았습니다. 50년 동안 주일학교의 교사로 봉사하였습니다. 1888년부터 미국 해리슨 대통령의 체신부 장관으로 봉직할 때에도, 주일학교 교사로, 아동들에게 열심히 예수 그리스도의 복음을 전했습니다. 그는 신앙 안에서 무엇이 우선인지를 분명히 알았습니다. 나중에 그는 이렇게 고백하였습니다. "나에게 가장 소중한 책은 9세에 1달러 50센트를 주고 산 성경책입니다." 사랑하는 성도 여러분, 우선순위가 분명해야 합니다. 말씀으로 자녀를 가르쳐야 합니다.

둘째로 하나님을 사랑하는 자로 양육해야 합니다(신 6:5). 주님께서 우리에게 부어 주시는 모든 복을 이어갈 수 있는 가장 구체적인 방법이 하나님을 뜨겁게 사랑하는 것입니다. "하나님을 사랑하는 자 곧 그 뜻대로 부르심을 입은 자들에게는 모든 것이 합력하여 선을 이룬다"(롬 8:28)고 하였습니다. 실수를 해도 실패를 하여도 하나님을 사랑하는 자는 다시금 성공할 수 있습니다. 이스라엘 백성들은 아이들이 율법의 의미를 물어보면, 하나님의 구원 이야기를 들려주었습니다(신 6:20~25). 알렉산더는 20세에 왕위에 등극하여 세계 정복의 역사를 시작하고, 빌 게이츠는 하버드를 중퇴하여, 이후로 굴지의 마이크로 소프트 사를 창립하여 거부가 되었습니다. 모차르트는 8세에 교향곡을 작곡하고 이외에도 수많은 불후의 명작들을 남겼습니다. 아인슈타인은 26세에 특수상대성이론을 발표하여 세상을 놀라게 하였습니다. 이들 모두가 인류와 세계에 큰 공헌을 하였습니다. 그러나 세상과 모든 인류에 구원을 안겨 주지는 못하였습니다. 구원은 오직 예수 그리스도로 말미암게 됩니다. "다른 이로서는 구원을 얻을 수 없나니 천하 인간에 구원을 얻을 만한 다른 이름을 우리에게 주신 일이 없음이니라"(행 4:12).

성경에는 능력이 있습니다. 말씀 속에 생명이 있습니다. 십자가가 있습니다. 주님의 보혈이 있습니다. 구원이 있습니다. 그리고 복음이 있습니다. 자녀들의 영혼을 먼저 생각하는 성도들이 됩시다.

성경의 말씀을 가르치며, 주님께 향한 찬양을 보여 주는 온전한 주
님의 백성들이 됩시다.

2007.5.6

자녀들아 주 안에서 순종하라

에베소서 6:1~3

"자녀들아 너희가 주 안에서 순종하라 이것이 옳으니라 내 아버
지와 어머니를 공경하라 이것이 약속 있는 첫 계명이니 이는 네
가 잘 되고 땅에서 장수하리라"(엡 6:1~3)

구약의 말씀은 효(孝)에 대하여 매우 엄격한 규정을 담고 있습니
다. 조선 후기 천주교도들은 조상께 제사 드리지 않는다 하여 큰 박
해를 받았습니다. 그러나 기독교는 조상을 숭배하는 방식에 있어,
유교와 다를 뿐이지, 유교보다도 강력한 부모 공경의 신앙적 자세를
지니고 있습니다. 살아계신 부모님께 효를 다합시다. 이것이야말로
약속 있는 첫 계명입니다(엡 6:2). 그리고 우리가 이 땅에서 성공하고
장수하는 최선의 비결입니다(엡 6:3). 성경 속의 인물인 요셉과 룻을
통해, 우리는 신앙적 의미의 효(孝)를 배울 수 있습니다.

첫째로 야곱의 아들 요셉은 순종의 모범이 됩니다. 요셉은 부모
에게 인정을 받는 아들이었습니다. 그러나 형들의 시기를 받아 애굽
에 종으로 팔려가는 신세가 되었습니다. 종의 신세가 된 요셉은 열
심히 일했습니다. 이번에는 집 주인 보디발의 인정을 받았습니다.
보디발의 아내를 제외하고, 집안 사무 전체를 책임지는 총무의 일을
맡았습니다. 그러나 요셉은 보디발의 아내로 인해, 누명을 쓰고 감

옥에 갇히는 시련을 당합니다. 요셉은 불평하거나 원망하지 않았습니다. 오히려 간수의 인정을 받습니다. 옥중 죄수 전체를 돌보고, 제반 사무를 요셉이 처리했습니다(창 39:22). 요셉은 부모님께, 자신의 주인에게 순종과 섬김의 본이 되었습니다. 하나님께서는 요셉에게 큰 복을 주셔서, 나이 30세에 애굽의 총리로 세워주셨습니다(창 41:46). 요셉은 아버지 야곱을 애굽으로 모셔서 정성껏 봉양합니다. 자신을 애굽에 팔아버린 형들의 잘못을 너그럽게 용서하여 주었습니다. 요셉은 110세를 사는 장수의 복을 누렸습니다. 110세는 애굽 사람들이 이상적인 장수의 나이로 보는 숫자입니다. 요셉 당대에 그로 인해, 많은 가족과 형제들이 편하게 살았습니다. 부모님께 잘 하면, 반드시 좋은 일이 넘칩니다.

둘째로 나오미의 자부 룻 역시 부모 공경의 모범이 됩니다. 룻은 천대 받는 모압 출신의 여인이었습니다. 아들이자 자부들의 남편이 죽었을 때, 시모 나오미는 룻을 향해 고향으로 가서 편히 살라 말합니다(룻 1:9). 그러나 효성스러운 자부 룻은 "어머니께서 가시는 곳에 나도 가고 어머니께서 유숙하시는 곳에서 나도 유숙하겠나이다 어머니의 백성이 나의 백성이 되고 어머니의 하나님이 나의 하나님이 되시리라"(룻 1:16)는 감격의 신앙고백을 합니다. 룻은 이삭을 주워 정성을 다해 시모를 봉양합니다. 그러다 보아스를 만나 결혼하게 됩니다. 주님께서는 효성스러운 며느리 룻에게 그 이름이 성군 다윗의 족보와 온 세상의 구원자 되시는 예수님의 족보에 기록되는 영광을 주십니다(마 1:5~6). 하나님께서 모세와 이스라엘 백성에게 두 돌판을 주셨습니다. 십계명의 제1계명에서 제4계명까지는 하나님과 백성들의 관계를 규정한 대신계명입니다. 그리고 제5계명에서 제10계명까지는 대인관계를 규정합니다. 효도는 이러한 대인계명의 첫 번째입니다. "네 부모를 공경하라 그리하면 너의 하나님 나 여호와가 네게 준 땅에서 네 생명이 길리라"(출 20:12). 부모와 자식 사이의 관계는 윤리의 기본 단위입니다. 따라서 부모와 자식 사이의 관계에 문제가 생기면, 다른 사람들과의 관계 역시 깨질 수밖에 없습니다.

보는 바 그 형제를 사랑치 아니하는 자가 보지 못하는 바 하나님을 사랑할 수 없습니다(요일 4:20). 예수님께서는 십자가에 달려 돌아가시는 그 순간까지 아들로서의 도리를 다하였습니다(요 19:25~30). 부모님께 순종합시다. 어떠한 환경 속에서도 윗사람과 어른을 존경해야 합니다. 어른들을 공경하며 부모님께 효를 다함으로 하늘의 상급 받는 주의 백성들이 됩시다.

2007.5.13

넷·하나님 사랑, 이웃 사랑

교회특별행사 · 각 사회단체 강연 · 지방행사 강의와 설교

■ 속사람을 아름답게 건축하기 위해서, 섬김과 나눔이 있는 사랑의 복지공동체를 세워나가야 합니다. 이 땅에서 지극히 작은 자 하나에게 한 것을 주님은 자신에게 한 것으로 인정하여 주십니다. 그러나 지극히 작은 자 하나에게 하지 아니한 것은 주님께 하지 아니한 것입니다. 예수님께서는 주는 것이 받는 것보다 복되다고 말씀하셨습니다.

청년이여, 일어나라!

요한복음 5:8~9

> 예수님은 분명 우리에게 오셨습니다. 그 주님께서 '참된 자유'로 우리를 인도할 것입니다. 그 '자유'가 모든 청년들을 일으켜 세우십니다.

오늘날 많은 기독교의 지도자들은 청년들의 교회 출석률이 감소하는 것을 매우 걱정하고 있습니다. 청년들에게 교회의 미래가 달려 있기 때문입니다. 그러나 저는 큰 힘과 용기를 얻게 되었습니다. 그것은 교회의 미래인 청년들의 열정과 용기, 그리고 뜨거운 열기를 체험하였기 때문입니다. 이 뜨거운 열기가 교회를 부흥시키는 원동력이 될 줄로 믿습니다.

요한복음 5장에는 38년 된 병자가 나옵니다. 예수님께서 그를 보니 그 병세가 이미 오래 되었습니다. 병이 오래되면, 일반적으로 사람들은 포기하고 낙망하게 됩니다. 그러나 성경에 나온 38년 된 병자는 포기하지 않았습니다.

그는 병을 낫고자 하는 뜨거운 열망을 가졌던 것입니다. 움직이지 않는 몸을 이끌고 베데스다 연못으로 갔습니다. 천사가 물이 동하기를 기다리며, 그 순간 연못에 들어가고자 하였던 것이지요. 우리 주님께선 끝까지 병을 낫고자 하는 환자의 열망을 보셨던 것입니다. 구하는 자가 얻습니다. 찾는 자가 발견의 기쁨을 누리게 됩니다. 두드리는 자에게 문이 열리게 되어 있습니다.

미국의 독립운동가 패트릭 헨리라는 사람이 있습니다. 그는 독학으로 공부하여 변호사가 되었습니다. 당시 미국은 영국의 식민지였습니다. 미국은 많은 세금을 영국에 바쳐야 했고, 영국 군대의 위협에 떨어야만 했습니다. 1765년 패트릭 헨리는 버지니아 주 의회에서 이렇게 외쳤습니다. "자유가 아니면 죽음을 달라!" 그리고 영국으로부터의 독립을 통렬하게 외쳤습니다.

청년의 특권이 무엇입니까? 그것은 바로 '자유'입니다. 주님이 주시는 '자유'를 누리시는 모든 청년들이 되어야 합니다. '자유'는 목숨보다 중요한 것입니다. 이 땅의 많은 청년들이 '자유'를 위해 꽃다운 청춘을 바쳤던 것입니다. 그러면 무엇이 '자유'라고 생각합니까? 어떻게 우리는 참된 '자유'를 누릴 수 있겠습니까?

요한복음 8장 32절에서 "진리를 알찌니 진리가 너희를 자유케 하리라."고 우리 주님이 말씀하십니다. 참된 자유를 누리고 싶으십니까? 우리에게 참된 자유는 없었습니다. 우리는 참된 자유를 경험한 적이 없습니다. 참된 '자유'는 오직 예수님께, 우리 주 예수님께 속한 것입니다. 예수님이 바로 '진리'이십니다. 예수님을 알 때, 예수님을 깊이 신앙할 때, 우리는 참된 '자유'를 참된 '자유의 가치'를 그리고 '참된 자유를 누릴' 수 있는 것입니다.

뜻 깊은 '헤이 업' 청년문화전도축제에서 예수 그리스도를 만나셨을 줄 믿습니다. 예수님은 분명 우리에게 오셨습니다. 그 주님께서 '참된 자유'로 우리를 인도할 것입니다. 그 '자유'가 이 자리에 참석한 모든 청년들을 일으켜 세우십니다.

2004.12.3, 청년문화전도축제 Hey Up 1.

창조의 능력이며 지혜의 근본이신 하나님

잠언 9:9~10

"지혜 있는 자에게 교훈을 더하라 그가 더욱 지혜로워질 것이요
의로운 사람을 가르치라 그의 학식이 더하리라 여호와를 경외하
는 것이 지혜의 근본이요 거룩하신 자를 아는 것이 명철이니라"
(잠 9:9~10)

우리는 'Miracle'이라는 말을 한 번 음미해 보았으면 합니다. '미라클'이란 '매우 신비로운 일' 혹은 '매우 경이로운 일'이란 뜻을 지닙니다. 예수님께서 하루는 나인이란 성으로 가셨습니다. 사람들이 상여를 메고 성문을 나오고 있었습니다. 어느 과부의 아들이 죽은 것입니다. 예수님께서는 아들을 잃고 슬퍼하는 과부를 위로하시며, 죽은 이의 관에 손을 대시며 말씀하셨습니다. "청년아 내가 네게 말하노니 일어나라"(눅 7:14). 이후 놀라운 일이 일어났습니다. 죽은 청년이 관 뚜껑을 열고 일어나서 사람들과 말을 하는 것이었습니다. 매우 신비로운 일이 일어났습니다.

또 한 가지 '미라클'의 예를 들어 보겠습니다. 하나님의 인도하심으로 모세가 60만 명이 넘는 이스라엘 백성들을 이끌고 애굽을 탈

출하였습니다. 그런데, 매우 큰 문제가 이스라엘 백성의 앞을 가로막았습니다. 바로 홍해의 시퍼런 바다였습니다. 뒤에는 애굽의 병거가 이스라엘 백성을 추격하였습니다. 앞으로 가자니 홍해가 길을 막고, 뒤로 돌아서자니 애굽의 군대가 기다리고 있습니다. 주님께서 모세에게 말씀하셨습니다. "이스라엘 자손을 명하여 앞으로 나가게 하라 그리고 지팡이를 들고 손을 바다 위로 내밀어 그것으로 갈라지게 하라 이스라엘 자손이 바다 가운데 육지로 행하리라"(출 14:15~16). 모세가 말씀대로 순종하니, '기적'이 일어났습니다. 홍해의 깊은 바다가 갈라지고, 시퍼런 바닷물이 좌우의 벽이 되어 이스라엘 백성들이 그 사이로 난 길을 건넜습니다. 오늘 여러분이 보시는 무대 위의 지팡이와 흰 천은 바로 모세의 '기적'의 지팡이와 갈라진 홍해의 바닷물을 상징합니다.

죽은 청년이 살아나는 일 그리고 바닷물이 갈라져 벽이 되어 건너는 일이 바로 '기적'입니다. 이 일들은 매우 경이롭고 신비롭습니다. '기적'이란 세상에서 일어나는 일이 아닙니다. '세상' 밖의 일입니다. '세상'의 질서와 이치로 설명할 수 없는 일이 '기적'입니다. 이 '기적'을 체험하시고, 그 '기적'을 만나시는 은혜의 밤이 되어야 합니다.

잠언 9장 10절의 말씀에 "여호와를 경외하는 것이 지혜의 근본이요 거룩하신 자를 아는 것이 명철이니라"고 기록되어 있습니다. 모든 지혜와 지식의 근본이 여호와 하나님이십니다. 우리는 세상에서 성공하기 위해 열심히 세상의 지식을 배웁니다. 사업의 폭을 넓히기 위해 인간관계의 기술도 배웁니다. 그러나 모든 세상의 지식들이 나를 구원에 이르게 할 수는 없습니다. 우리가 구원에 이르고 참된 생명을 얻기 위해서는 세상 너머에 존재하는, 세상이 알 수 없는 신비와 기적을 체험하고 만나야 합니다.

우리는 낮의 태양과 밤의 달과 별을 볼 수 있습니다. 바다에 가보면 하늘을 나는 갈매기가 수평선 너머의 구름을 가릅니다. 산 위에 오르면 푸른 나무와 하얀색 바위가 우리의 시야에 들어옵니다. 창세기 1장의 말씀은 이 모든 천지만물을 지으신 분이 하나님이심을 증거합니다. 우리의 눈에 보이는 세상은 창조주 하나님의 피조물입니다. 신학자 칼 바르트는 하나님께서는 피조물인 세상과 전혀 다른 존재라고 하였습니다.

창조주 하나님께서는 우리 눈에 보이는 세상 너머, 그리고 세상의 밖에 계신 전혀 다른 존재이십니다. 우리가 지금까지 추구하였던 세상의 물질과 권력과 명예는 신비가 될 수 없습니다. 세상의 물질과 권력과 명예 모두가 세상 안에 있습니다. 그러나 하나님께서는 세상을 초월하시며 세상 밖에 계신 신비이시며 기적이십니다. 하나님 자신이 바로 '미라클'이십니다.

프란시스코 피사로와 그의 일행은 스페인을 떠나 1531년 남미 에콰도르에 도착하였습니다. 피사로와 180명의 스페인 군대는 남미 여러 지역을 정복하였습니다. 그들은 황금의 방 '파이치치'를 찾아 탐험대를 조직하였습니다. 그러나 500년이 흐르는 동안, 황금의 방 '파이치치'를 찾아, 남미의 안데스 산맥에 발자국을 남긴 사람들은 아무도 살아 돌아오지 못하였습니다.

영국을 출발한 메이플라워 호가 1620년 12월 21일 북미의 플리머스 지역에 도착하였습니다. 이 배에는 신앙의 자유를 위해 영국을 떠난 102명의 청교도들이 타고 있었습니다. 항구에 도착한 청교도들은 하나님께 예배드리는 교회를 짓고, 자손들을 신앙으로 교육하는 학교를 세우며, 이후에 자신들을 위한 집을 지었습니다. 오늘날

전 세계에 가장 큰 영향을 주는 미국의 뿌리를 더듬어 올라가 보면, 거기에는 청교도들의 독실한 신앙이 있습니다.

황금을 찾아 남미를 향해 갔던 스페인과 포르투갈의 정복자들은 황금 대신에 죽음에 이릅니다. 그러나 신앙을 위해 북미에 도착한 청교도들은 후대에 이르러 풍요를 얻습니다. 우리가 잘 아는 미국의 전설적인 부자, 록펠러는 하나님께 순종하는 일과 이웃을 섬기는 일에 최선을 다하였습니다. 하나님께 그는 물질적으로 큰 복을 받았습니다. 수십 년 동안 세계 최고의 부자로 부동의 1위 자리를 맡고 있는 빌 게이츠도 미국 경제에 미치는 영향력에 있어서는 록펠러 생애 당시만 못하다고 합니다.

20세기 위대한 사상가, 알프레드 화이트헤드는 인류 역사에서 가장 신비로운 일은 '예수 그리스도'라고 말하였습니다. 온 천지만물을 창조하신 전능하신 아버지께서 피조물이 되신 사건이 바로 '예수 그리스도'이십니다. 창조주 하나님께서는 친히 육신의 몸을 입으셨습니다. 하나님께서 창조하신 피조물을 너무도 사랑하셨기 때문입니다.

예수님을 믿으십시오. "하나님이 세상을 이처럼 사랑하사 독생자를 주셨으니 이는 저를 믿는 자마다 멸망치 않고 영생을 얻게 하려 하심이라"(요 3:16). 예수님을 통해서만, 우리는 구원에 이르고, 생명을 얻을 수 있습니다. 예수님을 구주로 믿고 모심으로 하늘의 신비에 동참합시다. 그래서 우리 모두가 놀랍고 풍성한 은총의 주인공들이 됩시다.

2006.9.29, 한서찬양축제 미라클 페스티발

구원의 열쇠 주 예수 그리스도

사도행전 16:31~34

> "가로되 주 예수를 믿으라 그리하면 너와 네 집이 구원을 얻으리
> 라 주의 말씀을 그 사람과 그 집에 있는 모든 사람에게 전하더라
> 밤 그 시에 간수가 저희를 데리다가 그 맞은 자리를 씻기고 자기
> 와 그 권속이 다 세례를 받은 후 저희를 데리고 자기 집에 올라가
> 서 음식을 차려주고 저와 온 집이 하나님을 믿었으므로 크게 기
> 뻐하니라"(행 16:31~34)

환일고등학교의 교훈은 경천, 애국, 애인입니다. 하나님을 공경
하고, 국가를 사랑하고 사람을 사랑하는 것이 바로 환일고등학교의
교훈입니다. 경천하고, 애국하며, 애인할 수 있는 최선의 길은 예수
님을 믿는 것입니다. 예수님을 열심히 믿는 환일고등학교의 모든 학
생들과 선생님들이 되어야 합니다.

성경에 나오는 바울과 실라는 예수님의 복음을 전하다가 감옥에
갇혔습니다. 지금은 예수님을 믿고 교회에서 신앙생활 할 수 있는
종교의 자유가 있습니다. 그러나 바울과 실라가 살던 시기만 해도
예수님을 믿는다는 것은 목숨을 담보로 하는 아주 위험한 일이었습
니다. 그래도 바울과 실라는 열심히 예수님을 믿고 예수님을 전하였
습니다.

예수님은 하나님의 독생하신 아들이십니다. 예수님께서는 우리를 위해 십자가에 달려 돌아가셨습니다. 예수님을 믿게 되면, 모든 죄의 속함을 얻고, 영생을 얻을 수 있습니다. "하나님이 세상을 이처럼 사랑하사 독생자를 주셨으니 이는 저를 믿는 자마다 멸망치 않고 영생을 얻게 하려 하심이니라"(요 3:16)

사람이 숨이 붙어 있다고 하여 다 산 것이 아닙니다. 예수님을 믿어야 진정한 생명을 얻습니다. 예수님을 믿게 되면 큰 복을 받을 수 있습니다. 그 중에서도 크게 세 가지 복을 받을 수 있습니다. 개인의 복, 가정의 복, 그리고 사회가 복 받게 됩니다.

첫째로 예수님을 열심히 믿으면, 나 개인이 복을 받습니다. 돈, 높은 지위, 그리고 명예가 많다 하여 다 행복한 것이 아닙니다. 먼저 나의 마음에 평화가 찾아와야 합니다. 마음의 평화는 행복의 시작입니다. 예수님께서는 나의 마음에 평안을 주십니다.

미국의 16대 대통령 링컨은 가난한 농민의 아들로 태어났습니다. 그는 학교 교육을 제대로 받지 못하였습니다. 1847년 하원의원으로서 정치생활을 시작하기까지 점원, 창고지기, 뱃사공, 변호사 등 인생의 폭넓은 경험을 하였습니다. 노예제도를 반대하던 링컨이 대통령에 당선되자 남부의 7개 주가 연방에서 이탈하여 북부에 대항하자 전쟁이 일어났습니다. 4년 동안의 전쟁 끝에 북부가 승리하여 노예 해방의 열매를 거두게 되었습니다.

링컨이 대통령에 당선되었을 때 한 말이 있습니다. "내가 대통령에 당선된 것은 어릴 적 어머니께서 주신 성경 덕분입니다." 링컨의 어머니는 그가 아홉 살 되었을 때 돌아가셨습니다. 그러나 어린 링컨은 불우한 환경을 탓하지 않고, 하나님의 말씀을 읽으며, 미합중국의 대통령이 되는 꿈을 이루었습니다.

하나님의 말씀인 성경은 나의 마음에 평안을 줍니다. 주 예수 그리스도를 열심히 믿고, 하나님의 말씀인 성경책을 가까이 하여 우리 각자의 꿈을 이루고 세계에 펼치는 위대한 인물들이 되어야 합니다.

둘째, 예수님을 열심히 믿게 되면 가정에 평화가 찾아옵니다. 성경말씀에 나오는 간수는 예수님을 믿지 않던 사람입니다. 먼저 간수가 예수님을 믿게 되고, 가정의 온 식구들이 예수님을 영접하게 되었습니다. 간수의 가정에 예수님께서 주시는 큰 기쁨이 찾아왔습니다. 이처럼 예수님을 열심히 믿으면, 나의 가정이 기쁜 일로 넘치게 됩니다.

금세기 미국의 위대한 기업가 록펠러는 아주 평범한 가정의 소년이었습니다. 록펠러는 신앙이 아주 좋은 어머님께 가정교육을 받았습니다. 록펠러의 어머니는 신앙으로 양육했는데, 주머니를 두 개 만들어 주어서 한 주머니에는 십일조를 꼭 넣도록 했습니다. 8세 때에 20센트의 용돈을 받았는데, 그 중 2센트를 뚝 떼어 오른쪽 주머니에 넣고 십일조를 바쳤습니다.

그 이후로 록펠러는 철저하게 하나님께 십일조를 바쳤습니다. 가난 때문에 상급 학교에 진학 못한 록펠러는 점원 일을 열심히 하였습니다. 교회에도 열심히 다녔습니다. 21살 때 록펠러가 다니던 교회가 빚 때문에 저당이 잡혀 다른 사람의 손에 넘어가게 되었습니다. 록펠러는 열심히 기도하며 여러 사람들을 설득하여 기부금을 모아 교회를 건져 낼 수 있었습니다.

광산업을 하였던 록펠러는 사기를 당하여 큰 실패를 맛보았습니다. 폐광이 된 광산 바닥에 엎드린 록펠러는 간절히 하나님께 기도하였습니다. 그때 하나님의 음성을 들었습니다. "때가 되면 열매를 받으리라. 더 깊이 파라." 록펠러는 더 깊이 땅을 팠습니다. 주변이 사람의 조롱에도 아랑곳하지 않고 땅을 계속 팠습니다. 그러자 검은 덩어리가 땅에서 솟구쳐 올라왔습니다. 석유였습니다.

44세 때에는 미국 석유의 90%를 장악하는 거부가 되었습니다. 록펠러는 어머니의 유언대로 세계에서 가장 아름다운 교회를 짓고, 4,982개의 교회를 더 지었습니다. 지금까지도 록펠러의 후손들이 미국의 경제계에 아주 큰 영향력을 미치고 있습니다. 예수님을 잘 믿으면 나만 복을 받는 것이 아닙니다. 나의 가정과 나의 후손까지 하나님의 큰 복을 받습니다.

셋째, 가정에 기쁨이 넘치게 되면 내가 살고 있는 사회가 밝고 건강해집니다. 예수님을 믿어야 마음에 평화, 가정에 기쁨, 사회의 건강이 찾아온다는 것을 믿어야 합니다. 예수님을 믿게 되는 것이 사회에 봉사하며 국가에 애국하는 일입니다.

최근 미국에서는 라이리 여사가 쓴 「보좌에 계신 하나님」이라는 책이 출판되어 장안에 화제가 되었습니다. 라이리 여사는 미국 내 20여 개의 기독교 학교를 다니며 조사를 하였는데, 기독교 학교에 다니는 학생들이 비기독교 학교에 다니는 학생들보다 사회에 대한 봉사와 헌신도가 훨씬 높으며 국가에 대해 건강한 정신을 가졌다는 것입니다.

환일고등학교는 기독교학교입니다. 환일고등학교는 개교 이후로 한국 사회를 이끌어가는 신앙의 지도자들을 배출하였습니다. 내가 다니는 학교를 자랑스럽게 여기고, 나라와 민족을 사랑하는 위대한 인물들이 되시기를 진정으로 바랍니다.

예수님을 믿으면 주님께서는 우리 자신에게 큰 복을 주십니다. 우리에게만 주시는 것이 아닙니다. 가정에도 큰 복을 주십니다. 우리가 다니는 학교와 사회 그리고 국가가 큰 복을 받습니다. 주 예수

그리스도 안에서 위대한 인물들이 되고, 하나님의 복을 받는 주인공
들이 됩시다.

2006.3.13, 환일고등학교 개학예배

믿음의 기초 위에 집을 짓자

누가복음 7:46~49

> 주님 안에 믿음의 기초를 내리게 되면, 비록 탁류와 거친 파도가
> 우리에게 밀려온다 할지라도, 능히 이겨낼 수가 있습니다. 오히
> 려 그 난관은 우리의 미래를 더욱 강하게 이끌어 나갈 수 있는 원
> 동력이 될 것입니다.

오늘은 삼동소년촌의 상량식 예배라는 아주 뜻 깊은 날입니다.
상량식이란 집을 지을 때에 기둥을 세우고 보를 얹은 다음 마룻대를
올리는 의식을 말합니다. 마룻대는 건물의 중심이며 가장 중요한 부
분이므로 재목도 가장 좋은 것을 사용합니다. 이처럼 중요한 의식에
하나님을 경외하며, 모든 영광을 하나님께 올리는 예배는 하나님께
서 매우 기뻐하시는 일입니다.

삼동소년촌은 한국전쟁 당시 현동완 총무가 난지도(서울 상암
동)에 건물을 신축함으로 시작되었습니다. 1970년 7월 현재의 이 자
리로 이전하여 여러 차례의 건물 개축 과정을 거쳤던 것입니다. 삼
동소년촌이 신축된 때는 우리 민족이 남과 북으로 갈려 동족상잔의
비극이 한반도를 가슴 아프게 하였던 시기였습니다. 1970년은 나라

의 경제 발전을 위해 이 땅의 젊은이들이 이역 멀리 베트남에 가서 전쟁을 치러야 했던 시기였습니다. 이처럼 삼동소년촌의 신축과 이전에는 한국 민족의 뼈아픈 역사적 사건이 함께하였습니다.

그러나 우리 민족의 아픔 속에 하나님의 크신 은혜가 함께하여서 이 땅의 교회가 부흥하였던 것처럼, 주님께서는 삼동소년촌을 통해 이 민족의 아픔을 어루만져 주셨습니다. "삼동"이란 성부 하나님, 성자 하나님, 성령 하나님의 하나 됨, 곧 삼위일체의 의미를 담고 있습니다. 그리고 삼동소년촌의 아동들과 청소년, 그리고 청년들이 지, 덕, 체의 하나 됨을 이루어 이 땅의 간성이 되기를 바라는 소망이 담겨 있습니다.

본문 말씀인 누가복음 6장 48절에서 주님께서는 "집을 짓되 깊이 파고 주초를 반석 위에 놓으라" 말씀하셨습니다. 반석은 우리 주 예수님을 향한 믿음이며, 신앙입니다. 믿음의 기초를 우리 주 예수님께 둡시다. 예수님을 믿게 되면, 그 환경이 비록 어둡다 할지라도, 희망과 빛이 함께한다는 소망의 자리임을 잊지 맙시다. 삼동소년촌은 이제 새로운 변혁의 기로에 서게 되었습니다. 단순히 아동들을 보호하는 시설에 머물러서는 안 됩니다. 미래를 이끌어 가고, 민족을 주도해 가는 인재양성의 장이 되어야 합니다. 이 모든 일들에 주님께서 함께하시면 가능합니다.

우리의 처지와 환경이 같은 또래의 아동들 그리고 청소년과 청년에 비하여 좋지 않다는 비관과 절망과 낙담에 빠져서는 안 됩니다. 우리 주님 안에 믿음의 기초를 내리게 되면, 비록 탁류와 거친 파도가 우리에게 밀려온다 할지라도, 능히 이겨낼 수가 있습니다. 오히려 그 난관은 우리의 미래를 더욱 강하게 이끌어 나갈 수 있는 원동력이 될 것입니다.

미국 백악관 국가 장애 위원회 정책 차관보인 강영우 박사는 중학교 1학년 때에 골키퍼였던 그의 친구가 찬 공에 눈을 맞아 실명을 하게 되었습니다. 아들의 눈을 고치기 위해 백방으로 뛰어다니던 그의 어머니는 완전 실명을 하게 될 것이란 의사의 말을 들은 그 다음날 오후 뇌일혈로 세상을 떠나고 말았습니다. 강영우 박사는 졸지에 9살짜리 여동생과 열세 살짜리 남동생과 함께 고아가 되고 말았습니다. 그러나 그는 환경에 절망하지 않았습니다.

40년이 지난 오늘, 강영우 박사는 100년의 미국 이민 역사상 가장 고위직의 공직에 오른 인물이 되었습니다. 믿음의 사람인 강 박사를 평생 지킨 말씀이 있습니다. 그 말씀은 빌립보서 4장 13절 "내게 능력 주시는 자 안에서 내가 모든 것을 할 수 있느니라"와 로마서 8장 28절 "우리가 알거니와 하나님을 사랑하는 자 곧 그 뜻대로 부르심을 입은 자들에게는 모든 것이 합력하여 선을 이루느니라"의 말씀입니다. 주님과 함께하면 불가능은 없습니다. 우리 주님께서는 광풍 이는 바다도 잠잠케 하셨습니다. 죽은 사람도 일으키셨습니다. 생명의 주님을 믿고 의지함으로 인생에서 승리하여 역사의 한 페이지에 그 이름을 남길 수 있는 위대한 주님의 일꾼이 됩시다.

이 공사를 위해 수고하신 모든 분들은 참으로 복된 일을 하셨습니다. 여러분께서는 누가복음 6장 47절의 말씀처럼, 행동하는 신앙의 모습을 보여 주었습니다. 주님 안에서 행하는 모든 일은 후회함이 없습니다. 주님께서 그 일을 통해 임마누엘 하시기 때문입니다. 여러분들은 참으로 뜻 깊은 일을 하신 것입니다. 우리 주님께서 여러분의 수고를 배나 갚아 주실 줄 믿습니다. 공사의 시작부터 오늘에 이르기까지 열심을 다하신 모든 분들께 끝까지 최선을 다해 주시기를 다시 한 번 주님의 이름으로 부탁드립니다. 주님의 큰 은혜 아

래 앞으로의 남은 공사도 안전하게 지켜 주셔서, 영광 가운데 봉헌
예배를 드리게 될 날이 속히 오게 될 줄 믿습니다.

삼동소년촌 상량식예배

하나님 사랑, 이웃 사랑

마태복음 22:37~40

"예수께서 가라사대 네 마음을 다하고 목숨을 다하고 뜻을 다하여 주 너의 하나님을 사랑하라 하셨으니 이것이 크고 첫째 되는 계명이요 둘째는 그와 같으니 네 이웃을 네 몸과 같이 사랑하라 하셨으니 이 두 계명이 온 율법과 선지자의 강령이니라" (마 22:37~40)

　　삼동소년촌은 한국전쟁 이후인 1953년 7월 난지도에서 시작되었습니다. 당시 미 제 5전투연대에서 건물 430평 18동을 건축하여 주었습니다. 1953년 7월 8일 시설인가를 받아 '제1의 삼동소년촌 시대'가 시작되었습니다. 이처럼 삼동소년촌은 민족의 아픔 속에서 예수 그리스도의 사랑 안에 있는 부활의 생명으로 태동하게 되었습니다.

　　18년간의 정들었던 섬 생활을 청산하고 1970년 7월 3일 나룻배에 이사 짐을 가득 싣고 난지도 앞 샛강을 건넜습니다. 우리 삼동소년촌은 상암동 산 33번지의 언덕에 정착함으로 '제2의 삼동소년촌 시대'가 시작되었습니다. 1953년 7월 개원 이래 최근까지 1,091명(2003.12.31 기준)이 이곳에서 예수 그리스도의 사랑을 배웠습니다. 그리고 우리의 어린이들은 사회와 국가를 위한 일군으로 장성하였습니다.

2006년 5월 상암지구 제3공구 복지3지역에서 삼동소년촌은 새로운 시작을 맞았습니다. 건물의 준공과 함께 '제3의 삼동소년촌 시대'가 시작되었습니다. 이제 삼동소년촌은 40세인 불혹(不惑)의 나이를 넘어, 하늘의 뜻을 깨닫는 50세라는 지천명(知天命)의 나이가 되었습니다. 하나님의 뜻을 깨닫는 뜻 깊은 시기에 꿈과 소망과 사랑이 어우러진 아름다운 건물이 건축된 것입니다. 기쁘고 감사와 감격이 넘칩니다. 새로운 건물을 주신 하나님께 감사의 박수를 올립시다.

이 시간 우리가 더욱 깊이 생각할 것이 있습니다. 새로운 건물이 세워지는 것에 머물러서는 안 됩니다. 새로운 건물의 준공과 함께 우리의 속사람도 아름답게 세워져야 합니다.

첫째로 속사람을 아름답게 건축하기 위해서, 말씀과 기도생활이 중심을 이루는 영성공동체를 세워 나가야 합니다. 일반적으로 사람을 지칭하는 말은 매우 다양합니다. 사람은 서서 걷는다는 뜻으로 '호모 에렉투스'라고 합니다. 생각하는 존재로서의 '호모 사피엔스'라고도 불립니다. 여러 사람과 함께 살아간다는 뜻에서 '호모 폴리티쿠스', 즉 정치적 인간이기도 합니다.

그러나 성경이 우리에게 가르쳐 주는 인간이란 '호모 이마고데이'입니다. '이마고데이(Imago Dei)', 인간은 하나님의 형상이란 뜻입니다. "하나님이 자기 형상 곧 하나님의 형상대로 사람을 창조하시되 남자와 여자를 창조하시고"(창 1:27). 창세기에 기록된 대로 우리 모두는 살아계신 하나님을 닮은 존재들입니다. 우리를 통해 이 세상 속에 하나님의 영광이 나타나길 소원합니다. 기도와 말씀으로 작은 예수님의 삶을 실천하게 되시기를 바랍니다.

성경에는 야곱이라는 인물이 나옵니다. 그의 아버지는 이삭이고 그의 형은 에서입니다. 형 에서의 복을 가로챈 야곱은 형의 분노를 피해 20년 동안 삼촌 라반의 집에 있었습니다. 거기에서 결혼도 하고 자녀도 낳았습니다. 재산도 많이 얻었습니다. 고향으로 귀환하는 야곱은 얍복 강가에서 밤이 맞도록 천사와 씨름합니다. 천사와 씨름하였다는 것은 밤이 맞도록 기도하였다는 말입니다. 열심히 기도한 야곱은 그의 형 에서와 극적으로 화해를 하게 됩니다. 말씀의 사람 그리고 기도의 사람은 이 땅에서 평화를 만들어 냅니다. 우리 모두 주님의 말씀과 주님께 드리는 기도를 통해, 자신이 서 있는 그 자리에서 평화를 만드는 '피스 메이커(PeaceMaker)' 들이 되어야 합니다.

둘째로 속사람을 아름답게 건축하기 위해서, 섬김과 나눔이 있는 사랑의 복지공동체를 세워나가야 합니다. 이 땅에서 지극히 작은 자 하나에게 한 것을 주님은 자신에게 한 것으로 인정하여 주십니다 (마 25:40). 그러나 지극히 작은 자 하나에게 하지 아니한 것은 주님께 하지 아니한 것입니다(마 25:45). 예수님께서는 주는 것이 받는 것보다 복되다고 말씀하셨습니다(행 20:35). 평생을 나누는 삶과 주는 삶을 통해 하나님께 영광을 돌린 주님의 제자가 있습니다. 그분은 마더 테레사입니다.

수녀 테레사는 인도에 있는 성 마리아 학교에서 지리와 교리를 가르치는 일을 하였습니다. 이후 그 학교의 교장직을 맡아 학교를 성실하게 치리하였습니다. 그런데 1946년 9월 10일 인도의 '캘커타' 에서 '다질링' 으로 가는 열차 속에서 주님의 음성을 들었습니다. 하나님께서는 테레사를 가난한 이들에게 봉사하도록 부르셨습니다. 마더 테레사는 그때의 주님의 부르심을 다음과 같이 회고합니다. "그 메시지가 아주 분명했기 때문에 '예' 라고 대답할 수밖에 없었습니다. 나는 모든 것을 포기하고, 예수님을 따라 예수님을 위해 일하기로 결심하였습니다. 나는 이것이 주님의 뜻이라는 것과 따라야 한다는 것을 알았습니다." 이후 마더 테레사는 캘커타의 빈민가에서 가난한 사람 중에서 가장 가난한 사람으로 주님의 사랑을 실천하였습니다. 버림받는 아이들과 죽어가는 사람들을 위해 그의 평생을 바쳤습니다. 1979년 12월 10일 마더 테레사는 자신의 삶을 모두 헌신한 가난한 사람의 이름으로 노벨 평화상을 수여받았습니다. 노벨상을 수상한 후에도 변함없이 마더 테레사는 사랑의 사도로서 가난한 이들의 친구가 되었습니다.

일반적으로 사람들은 받으려고 힘씁니다. 나누고 베푸는 일에 너무나 인색하지요. 그래서 우리 사회가 인정이 메마르고 살아가기가 벅찬 것입니다. 그러나 섬김이 있는 곳에 삶의 보람이 있고 나눔이 있는 곳에 살아가는 멋이 있습니다. 섬김과 나눔의 모범을 보여준 마더 테레사는 주님께 영광을 돌리고 인생의 멋을 가르쳐 주었습니다. 우리 모두 이 시대 속에서 주님의 사랑을 창조하는 '러브 메이커(Love Maker)'들이 되어야 합니다.

셋째로 속사람을 아름답게 건축하기 위해서, 땀 흘려 공부하고 일하는 비전 공동체를 세워나가야 합니다. 삼동소년촌의 아들들은 지역 사회와 나라와 세계를 위해 큰 인물로 자라야 합니다. 우리 모두는 꿈의 사람 요셉을 알고 있습니다. 어린 나이의 요셉은 아버지의 사랑을 많이 받았습니다. 이 때문에 형들은 요셉을 몹시 시기하고 질투하였습니다. 시기와 질투는 매우 무섭습니다. 형들의 식사를 준비해서 들녘에 온 요셉을 무정하게 이스마엘 족속의 상인들에 팔아 넘겼습니다. 요셉은 부모와 생이별을 하고 애굽에 종으로 팔려갔습니다. 시위대장 보디발의 집에서 요셉은 비록 종의 위치였지만 성실과 최선을 다해 일했습니다. 드디어는 그 집의 사무를 요셉이 총괄하게 되었습니다. 그러나 또 다른 위기가 요셉에게 찾아옵니다. 보디발의 아내가 요셉을 유혹합니다. 그러나 거기에 넘어가지 않습니다. 요셉은 하나님께서 모든 것을 보고 계신다는 경건한 믿음의 소유자였습니다. 억울한 누명으로 감옥에까지 갇혔습니다. 감옥에서 요셉은 자신의 처지를 원망하지 않았습니다. 하나님을 분명히 믿었습니다. 그리고 감사하였습니다. 자신의 꿈도 포기하지 않았습니다. 감옥에서도 낙심하지 않고 기다리다 보니까, 하나님께서는 꿈의 사람 요셉을 애굽 전역에서 높은 치리자로 세워 주셨습니다. 주님의 믿고 의지하며 꿈을 포기하지 않는 믿음의 사람을 주님께서는 반드시 높여 주십니다. 중요한 것은 끝까지 포기하지 않는 신앙의 인내입니다.

1908년에 메치니코프와 함께 면역학으로 노벨 생리·의학상을 받은 파울 에를리히는 화학물질이 인체에 미치는 영향력에 대해 연구하였습니다. 그는 인체에 매독, 바일열, 희귀열 등을 발생시키는 '매독 스피로헤타'라는 특정의 병원균을 공격하도록 만든 화학약품을 개발하기 위해 수없이 많은 노력을 하였습니다. 무력 605번의 실험을 하였습니다. 그러나 그때까지 에를리히는 쓰라린 실패를 경험하였습니다. 그는 606번의 실험을 통해 드디어 항생제 '살바르산'의 합성에 성공하였습니다. 606번째 실험하여 성공한 것을 기념하기 위해 '살바르산'은 '항생제 606호'라는 이름으로 인류의 질병 치료에 공헌하였습니다. 실패를 거듭한 여러 차례의 실험과 노력, 그리고 인류를 위한 항생제를 개발해야겠다는 열망이 만들어 낸 창조의 결과입니다.

이 땅에서 소중하고 값진 것은 저절로 되지 않습니다. 우리가 얻은 생명의 구원이 그렇습니다. 구원은 예수 그리스도의 보혈, 그 값진 희생의 대가입니다. 실패를 두려워하지 말고 열심히 노력합시다. 그리고 꿈을 포기하지 맙시다. 주님 안에서 꾼 꿈은 분명히 이루어집니다. 사회를 위해, 국가를 위해, 그리고 인류를 위해 봉사하는 일꾼들이 됩시다. 이를 위해 우리 모두가 세계를 향해 비전을 품는 '비전 메이커(Vision Maker)' 들이 됩시다.

삼동소년촌 준공예배

성전을 향한 우리의 기도

역대하 6:18~21

> "주께서 전에 말씀하시기를 내 이름을 거기 두리라 하신 곳이 전을 향하여 주의 눈이 주야로 보옵시며 종이 이곳을 향하여 비는 기도를 들으시옵소서" (대하 6:20)

다윗의 아들 솔로몬은 주님의 큰 성전을 지은 후에 하나님께 기도하였습니다. 성전은 하나님과 사람의 만남이 이루어지는 거룩한 처소입니다. 묘족대교회는 단순한 건물이 아닙니다. 주님께서 임재하시며, 주님께서 다스리시는 복된 자리입니다. 본문 말씀은 이스라엘의 임금인 솔로몬이 성전을 건축하고, 여호와 하나님께 드리는 기도문의 한 부분입니다. 솔로몬의 성전·봉헌식 기도를 통해, 묘족대교회의 봉헌이 오늘날 우리에게 주는 영적인 의미를 깨달읍시다.

첫째로, 성전은 영원무궁하신 하나님을 만나는 은혜의 자리입니다. 역대하 6장 18절을 보면, "하나님이 참으로 사람과 함께 땅에 거하시리이까 하늘과 하늘들의 하늘이라도 주를 용납지 못하겠거든 하물며 내가 건축한 이 전이로리이까"라고 기록되어 있습니다.

하나님께서는 아주 크신 분입니다. 하나님께서는 온 우주만물을 다스리시며 주관하십니다. 그래서 18절의 말씀처럼, 하늘과 하늘들의 하늘이라도 주님을 용납할 수 없습니다. 하늘은 주님의 보좌이시며, 땅은 주님의 발등상입니다(행 7:49). 이 땅에 아무리 큰 건물을 지어도, 하나님께서는 그 안에만 계신 분이 아닙니다. 하늘은 하나님께서 자유롭게 운행하시는 자리입니다.

중국 운남성은 매우 높은 고지대에 자리 잡고 있습니다. 그래서 하늘도 가깝습니다. 아무리 하늘이 가까워도 우리는 하늘에 집을 지을 수 없습니다. 우리는 땅 위에 성전을 지었습니다. 땅 위에 지은 성전은 하늘의 하나님이 우리에게 내려 주신 선물입니다. 성전은 하늘의 하나님과 땅의 사람이 만나는 자리입니다. 하나님을 만나야 합니다. 하나님을 만나야 복을 받습니다. 따라서 하나님을 만나는 성전은 주님의 복을 받는 은혜의 자리입니다.

아브라함에게는 이삭이라는 아들이 있었습니다. 그리고 이삭에게는 에서와 야곱이라는 두 아들이 있었습니다. 에서는 형이고, 야곱은 동생입니다. 장자의 축복문제로 동생인 야곱은 형의 미움을 받아, 집을 떠나 하란이라는 땅으로 도망을 칩니다. 야곱은 벧엘이라는 곳에서 노숙을 하는데, 꿈에 하늘에서 사닥다리가 내려오고, 천사들이 오르락내리락 하는 꿈을 꾸었습니다(창 28:12). 야곱은 그 자리에 하나님께 예배드리는 제단을 쌓았습니다. 이후 야곱은 하나님의 복을 받아 거부가 되었습니다. 하나님을 열심히 잘 믿읍시다. 우리가 힘써 지은 이 교회를 잘 섬깁시다.

둘째로, 성전을 향해 드리는 기도를 하나님께서는 분명히 응답하여 주십니다. 19절을 보면, "그러나 나의 하나님 여호와여 종의 기도와 간구를 돌아보시며 종이 주의 앞에서 부르짖음과 비는 기도를 들으시옵소서"라고 기록되어 있습니다. 온 천지만물을 주관하시는 하나님께서는 성전을 향해 비는 기도에 응답하시는 좋으신 분입니다.

하나님께서는 무한하신 능력의 소유자이십니다. 기도는 우리의 소원과 간구를 하나님께 아뢰는 것입니다. 하나님을 믿지 않고는 하나님께 아뢸 수 없습니다. 하나님께 기도하는 백성은 하나님을 신실하게 믿는 백성입니다. 주님을 믿고 주님을 찾는 주님의 백성을 하나님께서는 결코 외면치 않으십니다. 반드시 그 기도를 들어주시며, 좋은 응답을 주십니다.

하나님께서는 무소부재(無所不在)하시기 때문에 어디에서 기도해도 다 들으실 수 있습니다. 그러나 하나님께서 성전에서 드리는 기도를 들어 주시는 이유가 있습니다. 그것은 하나님의 이름이 성전에 있기 때문입니다(대하 6:20). 고대 근동사회에서 '이름'이란 어떤 사람과의 관계를 뜻합니다. 아담이 모든 짐승에게 이름을 주었다는 창세기 2장 20절의 말씀은 아담과 짐승들이 관계가 형성되었음을 의미합니다. 관계가 맺어졌다는 것은 서로가 무관심하지 않고 깊은 관심을 보인다는 뜻입니다. 하나님의 이름이 계신 성전, 하나님께서는 그 성전에 깊은 관심을 보이십니다. 성전에서 드리는 기도는 매우 특별합니다. 온 천지만물을 주관하시는 하나님께서 하나님의 이름을 두신 성전에 깊은 관심을 보이심을 믿어야 합니다. 성전에서 기도하는 백성들의 간구에 주님께서 깊은 관심을 보이심을 믿읍시다.

역사를 보니, 묘족에게 기독교가 처음 선교된 해가 1896년이더군요. 한국에도 이와 비슷한 시기에 복음이 전파되었습니다. 묘족은 역사 속에서 서러움을 당한 경험이 많이 있습니다. 한국인들도 그렇습니다. 옆의 나라 일본에 36년 동안 나라를 빼앗긴 적이 있습니다. 그때에 기독교는 한국인의 친구가 되어 주었습니다. 민족의 슬픔을 교회에서 위로받고 예수님께서 감싸 주셨습니다. 한국인들은 교회에 모여 하나님께 기도드렸습니다. 1945년에 한국인들을 나라를 다시금 되찾았습니다. 그리고 오늘날에는 경제적으로 많은 복을 받았습니다. 한국에는 교회가 많습니다. 저는 오늘날 한국인들이 받은 복이 예수님께 열심히 기도하였기 때문이라 믿습니다. 예수님께서는 우리의 기도를 반드시 들어 주십니다. 예수님께 위로받고, 예수님께 복 받는 우리 모두가 되어야 합니다.

셋째로, 우리가 비록 잘못하여도, 성전에 와서 기도하며 하나님께 용서를 구하며, 주님께서는 우리의 죄를 사하여 주십니다. 21절을 보면, "종과 주의 백성 이스라엘이 이곳을 향하여 기도할 때에 주는 그 간구함을 들으시되 주의 계신 곳 하늘에서 들으시고 들으시사 사하여 주옵소서"라고 기록되어 있습니다.

묘족의 창조이야기에는 사람들이 하나님을 대항하여 서로 싸우다가 멸망 받은 이야기가 나옵니다. 하나님께서는 죄를 싫어하십니다. 하나님께서는 모든 인류를 죄악의 파멸에서 구하시기 위해 독생자 예수 그리스도를 우리에게 보내 주셨습니다. 이 땅에 사는 누구든지 예수님을 믿고 예수님을 주님으로 고백하면, 영생의 선물을 얻을 수 있습니다. 이 땅에 사는 그 누구도 완전한 의를 가진 사람은 없습니다. 죄의 유혹에 넘어질 수 있고, 쓰러질 수 있는 나약한 존재가 인간입니다. 그러할 때, 절망하지 말고, 쓰러지지 말기 바랍니다. 하나님께서 우리에게 주신 아름다운 선물인 교회에 모이시기 바랍니다. 그리고 주님을 향해 참회와 용서의 기도를 하시기 바랍니다. 주님께서는 우리의 기도에 반드시 응답하여 주십니다. 주님께서는 슬픈 우리의 마음에 기쁨을 주시며, 다시금 일어날 수 있는 용기를 주십니다.

슬퍼하는 사람들에게 한 송이 꽃이 내려와 나뭇가지에 걸렸습니다. 사람들이 그 나무를 둘러서서 노래를 부르고 춤을 추자 그 해에는 풍년이 내렸다는 옛날 묘족 신화가 있습니다. 성전은 한 송이 꽃이 내려와 걸린 나무와 같습니다. 성전은 사람들이 모이는 곳입니다. 그리고 하나님을 찬양하는 거룩한 자리입니다. 여기에서 드린 기도를 하나님께서는 분명히 들어 주십니다. 그리고 풍성한 복을 내려 주십니다.

사랑하는 중국 운남성의 묘족 여러분! 주님을 잘 믿으십시오. 열심히 세운 교회를 잘 지키십시오. 그리고 우리 후손들을 신앙으로 잘 가르치십시오. 그러면 하나님께 큰 복을 받게 될 것입니다.

2006.9.12, 중국 운남성 묘족대교회 봉헌식

성령의 공동체인 교회

고린도전서 6:19~20,12:26~27

> "만일 한 지체가 고통을 받으면 모든 지체도 함께 고통을 받고 한 지체가 영광을 얻으면 모든 지체도 함께 즐거워하나니 너희는 그리스도의 몸이요 지체의 각 부분이라" (고전 12:26~27)

2004년 기독교대한감리회 여름성경학교의 주제는 "성령의 공동체인 교회" 입니다. 교회는 성령으로 충만할 때에 교회의 본래적 사명을 감당할 수 있습니다. 일반적으로 교회는 예배, 교육, 선교, 봉사, 교제의 사명을 감당하는 공동체입니다.

우선 예배란 교회 사역의 중심이며 성도들에게 삶의 원동력이 되는 교회의 가장 주된 사명입니다. 예배가 은혜롭게 이루어질 때에, 그리고 예배를 통해 성령님의 은혜를 체험할 때에 교회는 교회로서의 사명을 감당할 수 있습니다.

둘째, 교회의 사명은 '신앙교육' 입니다. 교육은 성숙한 신앙인과 다음 세대를 위한 비전공동체를 이루는 데 가장 중요한 역할을 하는 교회의 요소입니다. 헬라어로는 '디다케' 라고 일컫습니다. 신앙 교육을 통해 성령님은 보다 구체적으로 역사하시고, 교회는 역동적으로 교회를 변화시키는 일꾼을 얻게 됩니다.

셋째, 교회의 사명은 '선교' 입니다. 선교는 다른 말로 전도라 합니다. 실제적인 전도 훈련이야말로 교회를 부흥시키며 교회학교를 삼배가로 이끌 수 있는 원동력이 됩니다. 전도는 성령의 임재가 없이는 불가능합니다. 그러나 전도는 성령의 임재를 일으킬 수 있는 놀라운 힘이 됩니다. 선생님들이 전도할 때에 성령의 역사는 점점 크게 일어나고, 우리의 믿음은 더욱 더 견고해 지게 되는 것이지요. 이번 여름성경학교가 전도의 바람을 그리고 성령의 바람을 일으키는 계기가 되기를 소망합니다.

넷째, 교회의 사명은 '봉사' 입니다. 이 봉사를 헬라어로 '디아코니아' 라고 합니다. 일반적으로 많은 교회 목회자들이 봉사를 교회의 부수적인 기능으로 생각하여 소홀히 여기는 경향이 있습니다. 그러나 "봉사"는 "그리스도의 능력과 사랑을 따라 살아가는 믿음의 사람으로서 자신의 생활 속에서 예수 그리스도의 사랑을 구현하고 실천하는" 교회의 매우 중요한 본질적인 기능인 것입니다. 우리교회는 이미 한서유치원과 마포재가노인복지센터를 운영함으로 지역사회에서 빛과 소금의 역할을 감당하고 있습니다. 이제 새롭게 한서방과 후교실, 주부컴퓨터교실, 청소년공부방들을 시작하고 있습니다. 이 모든 활동은 지역 사회 속에 예수 그리스도의 사랑과 정신을 전하려는 선교적 목적과 의지를 담습니다.

다섯 번째 교회의 사명은 교제입니다. 교제는 크게 하나님과 성도의 교제, 그리고 성도간의 교제로 나눌 수 있습니다. 하나님과 성도의 교제는 기도를 통해 가능합니다. 모든 교회학교 선생님들이 기도로 이번 여름성경학교를 준비하게 되기를 소망합니다. 기도는 성령의 역사를 일으키는 가장 중추적인 힘이 됩니다. 기도하지 않으면 하나님의 뜻이 옳다는 것을 이성적으로 인정할 수 있을지는 모르지만 그것에 순종할 힘이 생기질 않습니다. 기도는 하나님의 뜻에 순

종하게도 하지만 우리에게 하나님의 살아 역사하심을 확신하게 해
주고 우리 삶의 어려움이나 난관을 타개해 주는 무궁한 힘이 되어
줍니다. 즉 기도하지 않으면 하나님의 능력을 체험할 수 없는 것이
지요.

다음으로 중요한 것은 바로 성도와 성도 간의 교제입니다. 주제
성구를 보면, "너희는 그리스도의 몸이요 지체의 각 부분이라" 기
록되어 있습니다. 바울이 고린도교회에 이 편지를 쓸 당시에 고린
도교회는 여러 파당의 문제로 많은 아픔을 겪고 있었습니다. 어떤
사람은 게바파, 어떤 사람은 아볼로파, 어떤 사람은 바울파, 그리고
어떤 사람은 그리스도파라 주장하며, 교회의 분열을 일으켰던 것이
지요. 바울은 이와 같은 고린도교회의 모습을 보며 매우 가슴 아파
하였습니다. 그러면서 바울은 교회란 성령 안에서 "그리스도의 몸"
(The Body of Christ)이라는 사실을 고린도교회의 성도들에게 강조
하였던 것입니다. "만일 한 지체가 고통을 받으면 모든 지체도 고통
을 받고 한 지체가 영광을 얻으면 모든 지체도 함께 즐거워한다"는
바울 사도의 말씀은 우리 모두가 주님 안에서 한 몸 됨을 강조한 것
입니다.

"그리스도의 몸"(The Body of Christ)이란 말은 교회를 살아있는
유기체로 바라보는 입장입니다. 유기체란 생물학적인 의미를 지닌
단어입니다. 미국 밴더빌트 대학의 학장이며 조직신학 교수인 셸리
메페그는 생물학적인 관점에서 그리스도의 몸인 교회를 바라보는
것은 참으로 많은 깨달음을 준다고 말합니다. 선생님들께서는 과거
중·고등학생 생물시간에 "먹이사슬"이라는 생물학적 개념을 배운
적이 있습니다. 먹이사슬을 보면 사람은 먹이사슬의 제일 상위 단계
에 있습니다. 사람 밑에는 육식동물이 있습니다. 육식동물 밑에는

초식동물이 있고, 초식동물 밑에는 풀, 열매와 같은 식물이 있습니다. 초식동물은 풀과 열매와 같은 식물을 먹습니다. 육식동물은 초식동물을 먹고 삽니다. 그런데 육식동물이 지나치게 많아진다든지, 혹은 육식동물을 포획하여 초식동물이 매우 많아지면, 이 먹이사슬이 끊어지게 되어, 인간을 포함한 모든 생물체들에게 치명적인 영향을 준다는 것을 공부하였을 것입니다.

교회도 마찬가지입니다. 교회의 모든 지체는 균형 있게 발전하여야 합니다. 각기 다른 성향과 다른 모습을 지닌다고 할지라도, 우리는 그리스도 안에서 한 몸인 것입니다. 우리 각자가 균형 있게 발전할 때에 그리스도의 몸 된 교회, 그리고 성령의 공동체인 교회 속의 구성원인 우리 역시 건강하게 자라갈 수 있습니다.

2004년 한서여름성경학교 자체강습회

빛과 소금

마태복음 5:13~16

"너희는 세상의 소금이니 소금이 만일 그 맛을 잃으면 무엇으로 짜게 하리요 후에는 아무 쓸데없어 다만 밖에 버리워 사람에게 밟힐 뿐이니라 너희는 세상의 빛이라 산 위에 있는 동네가 숨기우지 못할 것이요 사람이 등불을 켜서 말 아래 두지 아니하고 등경 위에 두나니 이러므로 집 안 모든 사람에게 비취느니라 이같이 너희 빛을 사람 앞에 비취게 하여 저희로 너희 착한 행실을 보고 하늘에 계신 너희 아버지께 영광을 돌리게 하라"(마 5:13~16)

우리는 변화의 시대를 살아가고 있습니다. 20세기 후반, 인터넷의 발전으로 지식과 정보의 세계적인 교류가 가능해졌습니다. 최근 우리나라의 정보통신부는 '유비쿼터스' 환경 조성을 중요한 정책으로 제시하고 있습니다. '유비쿼터스'란 사용자가 자연스럽게 네트워크에 접속할 수 있는 발달된 정보통신의 환경을 뜻합니다. 많은 사회학자들은 우리 사회가 농경사회와 산업사회를 지나, 정보화 사회를 거쳐 유비쿼터스 사회로 진입해 가고 있다고 말합니다. 세상은 빠른 속도로 변하고 있습니다.

그러나 크리스천들은 급변하는 사회 속에서도 복음의 본질을 지켜야 합니다. 이것이 주님께서 오늘을 살아가는 크리스천에게 말씀하신 소금과 빛의 사명입니다.

우리 사회가 농경사회에서 산업사회로 변화되었을 때, 눈에 보이는 현실세계는 비약적인 발전을 이루었습니다. 그러나 실업과 인간 소외와 같은 사회 문제들이 나타나기도 하였습니다. 정보와 지식이 발달된 유비쿼터스 사회 속에서도 과거에는 예상하지 못했던 문제들이 있습니다. 이는 우리 사회의 발전을 가로막는 장애가 될 수 있습니다.[1] 그러나 크리스천들에게는 이러한 문제들이 오히려 미래를 위한 도전과 발전의 기회가 될 수 있습니다. 주님께서는 "너희는 먼저 그의 나라와 그의 의를 구하라 그리하면 이 모든 것을 너희에게 더하시리라" 말씀하셨습니다(마 6:33). 주님의 나라와 주님의 의를 구하기 위해 우리 각자가 최선을 다할 때, 주님은 우리의 편이 되어 주십니다. 날마다 새로운 힘과 지혜를 우리 모두에게 부어 주실 줄 믿습니다.

최근 인터넷 사이트에서 중요한 쟁점이 되었던 '개똥녀 파문' 은 유비쿼터스 사회의 어두운 단면을 보여 줍니다. 2005년 6월 5일 지하철에 탑승한 한 여성의 애완견이 갑자기 설사를 하였습니다. 그 여성은 당황하여 바닥에 떨어진 개 배설물을 치우지 않고 다음 역에서 내렸습니다. 급기야 같은 칸에 있던 할아버지 한 분이 개 배설물을 치우게 되었습니다. 사건을 지켜본 한 사람이 이 장면들을 휴대폰 카메라에 찍어 인터넷에 띄우자, 삽시간에 퍼져 나가면서 네티즌들을 흥분시켰던 것입니다. 이 사건은 워싱턴 포스트 2005년 6월 7일자 신문에 실리면서, 세계적으로 유명한 사건이 되었습니다. 그리고 2006학년도 대학수학능력 시험의 논술예상문제가 되기도 하였습니다.[2]

물론 많은 사람들이 그 여성의 몰지각한 행동을 비난하였습니다. 그러나 한 번의 실수로 한 여성의 정상적인 사회생활 자체를 완전히 불가능하게 만드는 이와 같은 '사이버 폭력'의 심각성에 대해 우리는 경종을 울려야 합니다. 그리고 크리스천으로서 이와 같은 사회 현실을 한 번 되새겨 보아야 합니다. 주님께서는 간음하다 현장에서 잡힌 여인을 끌고 온 무리들에게 "너희 중 죄 없는 자가 먼저 돌로 치라"고 말씀하셨습니다(요 8:7). 주님의 말씀을 듣고, 그 자리의 사람들은 어른으로 시작하여 젊은이까지 자리를 떠났습니다. 오직 예수님과 간음하다 잡힌 여인만이 남았습니다. 주님께서는 "나도 너를 정죄하지 아니하노니 가서 다시는 죄를 범치 말라" 말씀하셨습니다(요 8:11).

용서의 힘이야말로 기독교가 이 사회 속에서 참된 소명을 감당하게 하여 준 근본적인 에너지인 줄 믿습니다. 이 땅을 살아가는 그 누구도 공의로우신 하나님 앞에 자신의 의를 자랑할 수 없습니다. 우리가 받은 용서와 구원은 예수님의 보혈의 공로를 믿음으로 말미암아 얻게 된 영생의 선물입니다. 오늘 우리가 읽은 마태복음 5장 13절에서 16절의 말씀처럼, 세상에서 빛과 소금으로 사는 일이야말로, 주님께 받은 이 큰 은혜에 감사하는 첫걸음입니다.

주님께서는 우리가 세상에서 소금의 역할을 해야 한다고 말씀하여 주십니다. 소금은 짠 맛을 내고, 부패를 방지하는 역할을 합니다. 그러면서 사람의 생명유지를 위해 소금은 필수 불가결합니다. 소금은 체액에 존재하며 삼투압을 유지하는 역할을 합니다. 체내 삼투압은 수분의 평형을 맞춰 줍니다. 인체에서 수분의 함량은 평균적으로 체중의 약 69퍼센트를 차지합니다. 인간의 혈액 속에 있는 불과 0.9%의 염분은 비록 소량이지만, 체내 항상성 유지에 매우 중요한 역할을 하는 것입니다.

소금이 인체의 생명 유지를 위해 필수불가결한 역할을 하는 것처럼, 우리 모두는 변화하는 사회 속에서 생명과 같은 역할을 담당해야 할 줄 믿습니다. 1919년 삼일운동 당시 기독교인의 비율은 전체 인구 2,000만 명 중 20만 명으로 불과 1%밖에는 되지 않았습니다. 그런데 삼일운동에서 투옥된 이들을 종교별로 분류하였을 때, 기독교인이 가장 많았습니다. 투옥된 여성은 기독교인이 65.5%나 되었습니다. 그 당시 기독교인은 매우 소수였습니다. 그러나 그들은 민족과 사회에 매우 큰 영향력을 발휘하였습니다.[3] 서울대학교의 최종고 교수는 한국의 민족주의 형성과 발전에 기독교는 주역을 담당하였다고 말한 바 있습니다.

우리는 신앙의 선진들과 같이 세상에서 소금의 역할을 충실히 감당해야 합니다. 소금의 역할을 감당하기 위해 급변하는 사회 속에서 나를 바르게 세워야 합니다. 나를 세우는 최선의 방법은 주님과 동행하는 방법밖에는 없습니다. 주님의 말씀만이 나의 내면을 단련할 수 있는 최선의 길인 줄 믿습니다. 진실로 이 시대가 요청하는 "자신은 엄격하게 바라보면서, 상대방을 내 몸처럼 사랑할 수 있는 아름다운 인격"은 오직 주님 안에서만 가능합니다.

끝으로, 우리는 세상에서 빛의 소임을 잘 감당해야 합니다. 한 부자에게 세 명의 아들이 있었습니다. 부자는 가업을 지혜로운 아들에게 물려주어야겠다는 결심으로 세 아들에게 동일한 과제를 부여하였습니다. 부자는 어두침침한 커다란 방으로 세 아들들을 인도하였습니다. 만 원으로 무엇인가를 사서 이 방을 채우라고 말하였습니다. 방을 채우는 아들에게 가업을 물려주겠다고 약속하였습니다. 큰 아들은 만 원어치의 짚을 사왔습니다. 그러나 큰 방을 채울 수 없었습니다. 둘째 아들은 솜을 사왔습니다. 그러나 솜으로도 큰 방을 채우기에는 역부족이었습니다. 부자는 셋째 아들에게 물어보았습니다. "너는 무엇을 가지고 왔느냐?" 어두컴컴한 방에 선 셋째 아들은 호주머니에서 주섬주섬 무엇인가를 꺼냈습니다. 그 손에는 작은 초 한 자루가 있었습니다. 셋째 아들이 성냥을 켜서 초에 불을 붙이자, 작은 빛이 방의 구석구석을 가득 채웠습니다.

빛은 아무리 작더라도 주변을 밝히는 생명의 근원이 됩니다. 크리스천은 세상의 빛이 될 수 있습니다. 우리의 마음에 예수님께서 내주하시기 때문입니다. 예수님과 함께하는 삶은 빛에 거하는 삶입니다. 내가 아닌 남을 내 몸처럼 사랑할 수 있는 사랑의 힘이 여기서 뿜어져 나옵니다. 우리 한 사람의 힘이 비록 작더라도, 그리스도 안에서 사랑과 용서의 삶을 실천하면, 세상은 주님의 빛으로 환하게 될 줄 믿습니다. 이 일은 우리가 하는 일이 아닙니다. 주님께서 이루시는 하나님 나라의 역사인 줄 믿습니다. 우리 모두 주님께서 맡겨주시는 거룩한 직임의 충성스러운 동역자가 됩시다.

2006.6.29, YMCA

---

1) 유비쿼터스 사회의 가장 대표적인 부정적인 면은 사생활 침해와 같은 개인에 대한 감시 기능의 강화입니다. 프랑스의 철학자 미셸 푸코는 1975년에 이미 미래 사회는 정보통신의 발전에 따라, '판옵티콘'의 감시체제가 사회 전반에 파고들 것이라 예언한 바 있습니다. '판옵티콘'이란 '모든 것을 본다'는 의미의 라틴어로, 중앙에서 죄수들을 감시하는 원형감옥을 말합니다. 원형감옥에서의 죄수들은 무의식적으로 중앙의 감시탑을 통해 자신들의 모든 행동이 간수들에게 감시된다고 생각합니다. 감시탑에서 간수들이 죄수들의 행동을 감시하지 않더라도, 원형감옥의 감시탑 그 자체가 죄수들의 행동을 통제하는 수단이 되는 것입니다.
2) "올 대입 논술 예상되는 시사 주제," 「중앙일보」 2005년 11월 28일자 인터넷 신문.
3) 서울대학교의 최종고 교수는 한국의 민족주의 형성과 발전에 기독교는 주역을 담당하였다고 말한 바 있습니다.

노인대학과 교회성장

사도행전 2:46~47

> "날마다 마음을 같이하여 성전에 모이기를 힘쓰고 집에서 떡을 떼며 기쁨과 순전한 마음으로 음식을 먹고 하나님을 찬미하며 또 온 백성에게 칭송을 받으니 주께서 구원받는 사람을 날마다 더하게 하시니라"(행 2:46~47)

오늘날 우리는 중요한 전환의 시기를 맞고 있다. 한국 교회에서 1970년대 교회 성장의 중추적인 역할을 하였던 빌리 그래함 방식의 교회 성장 운동은 한계를 드러내고 있다. 2004년 "한국교회 미래를 준비하는 모임"과 한국 갤럽이 공동으로 펴낸 「한국교회 미래 리포트」에 따르면, "신도 수 1,000명 이상의 대형교회"에 대한 선호도가 1998년 28.3%에서 2004년에는 2.2%로 급감하였다. 이와 같은 통계 수치는 "대형 교회 중심의 교회 성장 패러다임"의 전환을 요청하는 시대적 흐름을 반영한다. 교회 성장 학자들은 1970년대와 80년대의 한국 교회 성장에 카리스마적인 지도력이 중추적인 역할을 하였다면, 지금은 교회와 사회를 향한 "섬김의 지도력"이 교회 성장에 필수적인 요소라고 주장한다.[1]

현재 한국 사회의 급속한 고령화는 사회적 이슈로 대두되고, 노년의 삶에 대한 국민의 관심이 높아지고 있다. 통계청의 조사에 따르면, 2005년 현재 총인구 중 65세 이상 인구가 차지하는 비율은 9.1%로 고령화 사회(65세 이상 인구비율 7.2%)를 지나, 고령사회(65세 이상 인구비율 14.3%)를 앞둔 것으로 전망되고 있다.[2]

농촌지역은 2000년에 65세 이상 인구의 비율이 14.7%로 이미 6년 전에 고령사회로 진입하였다. 한국 교회는 노인 인구의 증가라는 사회적 이슈를 간과해서는 안 된다. 이에 대한 보다 적극적이며, 구체적인 선교 대안이 요청된다. 예수 그리스도 안에서 노인은 단순한 구제사업의 대상에 머물러서는 안 된다. 노인은 생명을 살리는 구원과 영생의 가장 긴급한 전도 대상자라는 인식의 전환이 필요하다. 이제까지 "하나님을 사랑하고 이웃을 사랑하라"는 예수 그리스도의 말씀의 주된 수혜자(client)가 한국 교회에서 유년층인구(1~14세), 생산가능인구(15~64세)였다면, 노년층인구(65세 이상)로의 전환이 긴급히 요청된다.

이러한 사회 환경 속에서 노인대학의 설치를 통한 교회의 선교 전략은 노년층인구를 교회로 흡수하는 직접적인 선교방인일 뿐 아니라, 간접적으로는 노인들의 가족으로 그 선교대상을 확대할 수 있고, 더 나아가 지역사회에 교회에 대한 긍정적인 이미지를 확산시킴으로 간접선교의 효과적인 방안이 될 수 있다.[3]

노인대학은 지역 사회를 섬기는 현실적인 방법이다. 노인대학을 통해 교회는 지역 사회와 적극적으로 가교를 설치하게 되고, 이는 지역 사회에 교회를 홍보하는 역할을 하게 되고, 교회는 공적 영역으로 사회적 공신력을 얻게 되어 선교를 보다 효율적으로 진행할 수 있게 된다. 노인대학 새가족부는 노인대학과 교회를 연결시켜주는 부서가 된다. 노인대학은 예비신자를 확보하는 효과적인 어장으로서의 기능을 한다. 노인대학 사역은 노인세대의 신자화를 가장 효과적으로 이룰 수 있는 대안이다. 노인전도를 통해 가족을 함께 전도함은 전도의 효과를 증가시키게 된다. 노인대학의 경건회는 간접 전도의 시간으로 주 교재는 성경이다.

노인대학은 앞에서 이미 언급한 것처럼, 노인대학의 학생과 그 가족을 직접 혹은 간접 선교할 수 있는 장이 될 뿐 아니라, 자원봉사 활동을 통해 교회 내의 성도를 체계적으로 교육하고 훈련할 수 있는 기회가 되기도 한다.[4]

자원봉사활동은 예수 그리스도의 사랑을 구체적으로 실현하는 방법을 성도들에게 교육하는 장이 된다. 교회는 노인대학의 운영을 통해 개별적인 자원봉사활동을 체계적으로 구축하여 지역사회를 위한 활동으로 조직화할 필요가 있다. 교회의 인적, 재정적, 조직적, 시설적 자원은 노인대학복지에 활용이 가능하다. 따라서 교회는 노인대학의 운영할 수 있는 가장 효과적인 조직이다. 자원봉사인력의 확보는 중·고등학생, 대학생, 직장인으로까지 확대가 가능하다. 교육계에서는 사회봉사활동을 성적에 반영하고 있으며, 직장에서도 기업의 임직원의 직접적인 사회봉사활동을 장려하고 있다. 자원봉사인력을 확보하고 관리·운영하는 체계적인 계획과 실천이 필요하다. 이를 통해 교회는 효과적으로 성도를 훈련시킬 수 있다. 자원봉사는 섬김의 본을 보여주신 예수 그리스도의 사랑에 기초한다. 교회는 지역 사회를 섬길 수 있어야 한다. 교회는 지역사회와의 유기적 상관관계를 통해 성장할 수 있다.

자원봉사활동은 자발성, 지속성, 헌신성, 이타성, 협동성, 전문성, 물질적 보상보다는 자아실현과 같은 정신적 보상을 특징으로 한다. 따라서 자원봉사활동은 개인의 의식주에 따른 일차적 요구가 우선 해결된 선진사회에서 더욱 활발하게 이루어질 수 있는 성격을 지닌다. 노인대학 자원봉사자에게 예의범절은 매우 중요하다. 자원봉사자의 홍보와 모집은 자원봉사자를 활용할 업무에 대한 사전 계획을 세운다는 점에서 매우 중요하다. 자원봉사자를 대상으로 한 교육과 훈련은 자원봉사자의 활동과 동기를 강화하고 자원봉사활동의 지속성에 영향을 미친다. 그리고 자원봉사자의 업무수행능력 증진에도 기여한다. 노인대학의 운영자는 자원봉사 수혜자와 자원봉사자의 능력과 욕구를 고려해서 자원봉사자를 배치해야 한다. 자원봉사자의 자기 관리를 위해 항상 자원봉사자를 적절한 방법으로 평가할 수 있어야 한다. 이는 자원봉사활동의 계속성에 매우 중요한 영향을 미친다. 예를 들어, 자원봉사자에 대한 표창, 감사장, 파티초대, 시상, 지역사회 신문게재, 생일카드 등은 자원봉사활동의 지속성에 중요한 동기요인이 될 수 있다.

자원봉사활동은 예수 그리스도의 구원의 은혜에 감사하는 표현으로 그리스도 사랑의 구체적 실천이다. 자원봉사활동은 자기존엄성을 증진시켜 자아 발달에 효과적이다. 자원봉사자는 지역사회에서 가치 있는 존재로 인정받는 만족감을 얻게 된다. 지속적인 자원봉사활동은 새로운 지식과 기술을 배울 수 있게 하고, 자신의 능력을 개발할 수 있는 기회가 된다. 자원봉사자는 자신의 인간관계를 넓힐 수 있다. 자원봉사활동은 건전한 삶의 목적을 봉사자들에게 제시하여 줄 수 있다. 이를 통해 교회는 지역주민이 존경하고 칭찬하는 지역문화센터가 될 수 있다. 결국 교회는 질적이며 양적인 성장을 이룩할 수 있다. 노인들은 자신이 자원봉사자가 됨으로 단순히 도움을 받는 피동적인 존재에서 능동적으로 다른 지역사회 문제나 다른 노인들이 지닌 문제를 해결하고 돕는 자원봉사자로서 활동할 수 있다.

결론적으로, 교회에 설치되는 노인대학은 노인들을 단순히 정서적으로 위로하는 차원이 아닌, 노인들의 삶의 변화 그 자체를 목적으로 해야 한다. 이와 함께 노인대학은 고부갈등, 노인학대 등과 같은 가장 현실적인 가정 문제 해결을 주된 목표로 해야 한다. 노인대학은 지역의 변화를 이끌어 내고, 지역의 변화는 국가 변화의 원동력이 된다. 따라서 교회가 노인대학을 설치하고 운영하게 되면, 종교의 사적 영역에서 국가가 담당하는 공적 영역의 일부를 담당하게 되어, 교회가 새로운 면모로 전환하게 되는 가장 혁신적인 계기가 되는 것이다.

2006.3.1

---

1) 최태수, "영적 리더십 개발을 통한 교회성장", 「선교와 교회성장」(서울: 한국선교신학회, 2003), 95.
2) 통계청, 「2005 고령자 통계」 (2005. 10).
3) 김세중, "노인대학 교육운영과 원리", 「노인대학 교육운영과 원리」 (서울: 한국노인대학복지연구원, 2005).
4) 엄신원, "노인대학 자원봉사론", 「노인대학 교육운영과 원리」 (서울: 한국노인대학복지연구원, 2005).

우리 사회의 밝은 미래를 위한
이혼상담법제화의 제도적 · 사회적 · 종교적 정당성

이혼상담법제화 추진을 위한 국회연합세미나 기조연설

이혼상담법제화를 위해 노력한 지 횟수로 3년째가 되었습니다. 현재 이혼상담에 관한 특례 법안이 정기국회에 발의되어 법제사법위원회에 상정되었으며, 2006년 국회에서 본 법안이 통과되기를 기대하고 있습니다. 우리 모두는 그간의 노력과 수고에 대한 결실을 눈앞에 두고 있습니다. 저는 지난 2006년 2월 '종교단체연합 국회세미나'에서 이혼상담법제화를 위한 종교인들의 단합을 3.1 운동 정신의 계승 차원에서 말씀드린 바 있습니다. 이 시간에도 우리 종교인들은 개인과 가정 그리고 조국의 번영과 평화를 위해 한 목소리를 내야 합니다.

첫째로 '이혼상담 법제화'는 제도적 차원에서 매우 중요합니다. 너무나 쉽게 이혼할 수 있는 한국의 법적 현실이 안타깝습니다. 이에 대한 자성의 목소리가 필요합니다. 이제까지 한국의 이혼제도는 신성하고 아름다운 결혼 관계의 파국을 방조하였습니다. 이혼으로 가정이 해체되면 자녀들이 방황합니다. 범람하는 이혼이 사회의 범죄를 부추기고 국가와 사회의 근간을 허물고 있습니다. 2005년 통계청의 인구동태조사에 따르면, 결혼 후 4년 사이에 이혼하는 부부가 전체의 25.9 퍼센트로 가장 높은 비율을 차지하고 있습니다.[1]

이는 순간의 감정을 다스리지 못해 벌어지는 이혼이 상당부분을 차지하고 있음을 말해 줍니다. 최소한 충동 이혼과 홧김 이혼은 막을 수 있는 제도적 장치가 속히 마련되어야 합니다.

둘째로 '이혼상담 법제화'는 사회적 차원에서 매우 중요합니다. 헌법재판소의 결정에 따라 국회는 종전의 호주제도에 관한 조항[2]을 2008년 1월 1일부터 전면 폐지키로 하였습니다. 그리고 자녀의 복리를 위해 성(姓)과 본(本)에 대한 변경도 제도적으로 완화시켰습니다. 호주제의 폐지와 성(姓)의 변경제도는 양성평등의 사회적 이념을 반영한 것이지만, 이혼율 증가에 따른 전통가족제도의 중대한 변혁을 말해 줍니다. 2001년 OECD(경제협력개발기구) 국가 중 우리나라의 이혼율은 세계 3위였습니다.[3]

OECD의 이혼율 통계는 당시 우리 사회에 매우 큰 충격을 안겨주었습니다. 이후부터 이혼에 대한 자성의 목소리가 우리 사회 전반에 확대되었습니다. 놀라운 점은 우리가 '이혼상담 법제화'를 위해 노력한 2004년부터 우리 사회의 이혼율이 감소하기 시작하였다는 것입니다.[4]

우리 모두는 이혼의 갈등과 위기 속에 있는 사람들을 도와야 합니다. 분명한 점은 '이혼상담 법제화'를 위한 우리의 노력이 이혼의 위기 속에 있는 부부에게 밝은 희망의 빛이 될 수 있다는 것입니다.

셋째로 '이혼상담 법제화'는 종교적 차원에서도 매우 중요합니다. 2000년 전 예수께서는 "하나님이 짝지어 주신 것을 사람이 나누지 못한다"고 말씀하셨습니다. 부부 단위의 가족제도 속에는 "초월적이며 종교적인 의미"가 내포되어 있습니다. 결혼제도의 신성함을 지키기 위한 우리의 노력은 사회적 행위이며 동시에 종교적 행위임을 상기해야 합니다. 우리 민족은 1919년 3월 1일, 일본의 식민치하에서 여러 종파의 지도자들이 모여 무저항 비폭력의 독립만세운동을 펼쳤습니다. 이는 우리의 자랑스러운 역사입니다. 당시 종교인들은 민족과 겨레의 미래를 위해 하나의 목소리를 내었습니다. 오늘날 우리 국가와 사회는 이혼이라는 심각한 질병에 걸려 있습니다. 국가와 사회의 위기 앞에 우리 종교인들은 우리의 힘을 결집시켜야 합니다. 이는 하나님께서 우리에게 맡겨 주신 역사적 사명이며, 종교인으로서의 과제임을 명심해야 합니다.

결혼은 신성하고 아름답습니다. 기쁨과 환희는 가장 깊고 편한 하나님의 복이요 선물입니다. 그러나 부부 관계가 늘 좋을 수만은 없습니다. 때론 갈등과 위기가 찾아옵니다. 부부 관계에서도 변화가 찾아옵니다. 우리 모두는 위기와 갈등 속에 있는 두 부부의 관계를 도와주어야 합니다. 그들이 행복하고 의미 있는 관계로 나아갈 수 있도록 화해와 평화의 조력자가 되어야 합니다. 가정과 한국 사회를 구하는 중차대한 사명 앞에 우리는 섰습니다. 미래가 우리 앞에 있습니다. 창조가 우리를 이끌어갑니다. 다함께 용기를 가지고 힘차게 나아갑시다. 강하고 담대하게 전진합시다.

2006.11.21, 국회의원회관 대강당

---

1) 2005년 통계청 인구동태조사

동거기간	0~4년	5~9년	10~14년	15~19년	20년 이상
이혼율(%)	25.9	22.2	18.4	14.8	17.8

2) 민법 제4편 친족 제2장 호주와 가족.
3) 1위가 미국, 2위는 벨기에, 그리고 3위가 우리나라였습니다.
4) 통계청, 조이혼율 통계(2001~2005년)

구분	단위	2005	2004	2003	2002	2001
조이혼율	천 명	2.6	2.9	3.5	3.0	2.8

복의 근원 되신 하나님

창세기 12:2

"내가 너로 큰 민족을 이루고 네게 복을 주어 네 이름을 창대케 하리니 너는 복의 근원이 될찌라"(창 12:2)

우리 민족은 복 받기를 좋아합니다. 그래서 새해가 되면, "새해 복 많이 받으세요"라고 인사를 합니다. 선물도 복조리, 복쌈 등을 합니다. 주머니와 보자기에도 '복'(福)자를 새깁니다. 그리고 아이들이 날리는 연에도 '복'(福)자를 새겨 날립니다. "첫 새벽 문을 열면 오복이 들어온다.", "장맛이 단 집에 복이 많다.", "이가 고르게 난 사람은 복이 많다.", "입이 크면 먹을 복이 많다." 등 '복'과 연결된 속담도 많습니다. 이처럼 우리 민족은 복을 좋아하고, 복 받기를 원합니다. 그러나 지난 역사를 돌이켜 보면, 수난과 고난으로 얼룩진 부분이 많습니다. 우리 민족의 역사는 예수님을 영접하면서, 새롭게 변화되었습니다. 근대화의 격동기를 지나며, 주님의 몸 된 교회는 번영의 등불이 되었습니다.

일제 강점기만 해도 북한 지역은 남한 지역보다 잘 살았습니다. 공장의 4분의 3이 북한 지역에 밀집되어 있었습니다. 그러나 오늘날은 하나님을 잘 믿고 교회가 많은 남한이 북한보다 훨씬 잘 삽니다. 2004년 통일부의 자료에 따르면, 국민총소득(GNI)이 북한에 비하여 남한이 32.8배나 높습니다.[1] 이러한 경제수치는 신앙생활이 얼마나 중요한지를 잘 가르쳐 줍니다. 이 시간에 하늘의 복과 땅의 복을 함께 받는, 복의 비결을 배웁시다.

첫째로 하나님께서는 복의 근원이 되십니다. 복 주시는 분이 바로 하나님이십니다. 주님께서 모세에게 내려주신 십계명 중, 제2계명은 이렇게 기록되어 있습니다. "너를 위하여 새긴 우상을 만들지 말고 또 위로 하늘에 있는 것이나 아래로 땅에 있는 것이나 땅 아래 물속에 있는 것의 아무 형상이든지 만들지 말며 그것들에게 절하지 말며 그것들을 섬기지 말라" (출 20:4~5). 우리에게 복 주시는 분은 눈에 보이는 어떠한 사물이나 사람이 아닙니다. 우리에게 복 주시는 분은 바로 하나님이십니다.

인생의 길과 방향을 잘 잡아야 합니다. 예수님께서 우리의 길과 진리와 생명 되십니다(요 14:6). "나는 부활이요 생명이니 나를 믿는 자는 죽어도 살겠고 무릇 살아서 나를 믿는 자는 영원히 죽지 아니하리니 이것을 네가 믿느냐" (요 11:26). 예수님 안에 영생의 복이 있습니다. 아브라함은 복의 길과 방향을 잘 알았습니다. 복 주시는 분이 바로 주님이심을 잘 알았습니다. 말씀에 순종하며 산 아브라함 역시 복의 근원자가 되었습니다. 함께 예배드리는 우리 모두가, 아브라함과 같은 복의 근원자들이 되길 진심으로 축원합니다.

유럽과 북미의 OECD 선진 국가들의 종교를 살펴보면, 한결같이 기독교 국가들입니다. OECD 국가들 가운데 국내총생산(GDP)이 가장 큰 나라는 단연 미국입니다. 무려 11조 6천억 불로 유럽연합 15개국의 국내총생산을 합한 금액보다 많습니다.[2] 그러한 미국의 종교 비율을 보면 개신교인 수가 56%, 그리고 가톨릭교인 수가 28%입니다. 국민 전체에서 기독교인이 차지하는 비율이 무려 84%나 됩니다. 영국, 프랑스, 독일 등 유럽 선진국도 기독교인의 비율이 전체국

민에서 모두 70%를 넘습니다.[3] 그러나 우리나라는 개신교와 가톨릭 교인수를 합해도 30%를 못 넘습니다.[4]

예수님 잘 믿으면, 물질의 복이 우리를 찾아옵니다. 그렇다고 물질의 복만이 신앙의 절대적인 기준은 아닙니다. 그러나 우리 모두가 주님 잘 믿고, 주님 말씀에 순종하면, 영혼과 육신의 풍요함이 자연스럽게 찾아옵니다. 주님께서 바로 복의 근원자 되십니다. 복의 근원되시는 주님을 열심히 믿읍시다. 그리고 우리 모두 하늘과 땅의 복의 주인공들이 됩시다.

둘째로 주님을 잘 믿으면, 고난까지도 유익이 됩니다. 로마서 8장 28절에 "우리가 알거니와 하나님을 사랑하는 자 곧 그 뜻대로 부르심을 입은 자들에게는 모든 것이 합력하여 선을 이루느니라." 주님을 열심히 믿으십시오. 그리고 주님을 뜨겁게 사랑하십시오. 그러면 주님께서는 환난과 고난도 복으로 바꾸어 주십니다.

남미의 개척자들은 황금을 찾아 나섰습니다. 그러나 북미의 개척자들은 신앙의 자유를 위해 영국을 출발했습니다. 그들은 주님을 더욱 신실하게 믿기 위해 목숨을 건 항해를 시작했습니다. 결과는 정반대로 나타났습니다. 신앙을 위해 북미로 간 사람들은 신앙과 함께 물질의 복도 받았습니다. 그러나 황금을 찾아 남미로 간 사람들은 황금도 신앙도 모두 잃어버렸습니다.

1620년 102명의 청교도가 신앙의 자유를 위해 영국을 출발했습니다. 여기에는 35명의 아이들이 포함되어 있었습니다. 폭풍과 항해의 위험을 이겨내고, 그들이 탄 배가 미국에 도착하였습니다. 육지에 상륙하여 무릎을 꿇고 기도합니다. 무사히 인도하여 주신 하나님께 감사의 기도를 올렸습니다. 그러나 연이어 무서운 추위가 몰아닥쳤습니다. 다음 해 4월 봄이 되기까지 무려 40명 이상이 겨울을 못

넘기고 무덤에 묻혔습니다. 그러나 여기에서 절망하지 않았습니다. 신앙을 포기하지 않았습니다. 인디언

대서양을 건너는 메이플라워호   감사의 기도를 드리는 청교도

들이 그들에게 옥수수 경작법과 물고기 잡는 법을 가르쳐 주었습니다. 가을에 감격의 첫 추수감사예배를 50여 명의 청교도와 90여 명의 인디언이 함께 드렸다고 합니다.

때로 험난한 폭풍과 같은 고난과 환난이 찾아올 수 있습니다. 그러나 신앙의 닻을 내리면, 폭풍과 같은 어려움도, 능히 이길 수 있습니다. "두려워 말라 내가 너와 함께함이니라 놀라지 말라 나는 네 하나님이 됨이니라 내가 너를 굳세게 하리라 참으로 너를 도와주리라 참으로 나의 의로운 오른손으로 너를 붙들리라"(사 41:10). 주님께서 우리의 편이 되어 주십니다. 결코 우리를 홀로 놔두지 않습니다. 주님의 오른손으로 우리를 붙들어 주십니다. 만민이 우러러보는 존귀한 자리로 우리를 세워주실 줄 분명히 확신합니다. 어떠한 고난과 역경도 우리를 쓰러뜨리지 못합니다. 주님을 믿는 굳건한 신앙으로, 승리하는 용사들이 됩시다.

셋째로, 주님께서는 우리를 분명히 책임져 주십니다.

첫 추수감사예배

개척 당시 청교도들이 세운 교회

초대 대통령 조지
워싱턴이 선서한 성경책

부시 대통령이 성경에 손을 얹고 선서하는 장면

하나님께서는 우리뿐 아니라, 후손들까지 복으로 책임져 주십니다. 창세기 22장 17절을 보면, 하나님께서는 아브라함에게 "내가 네게 큰 복을 주고 네 씨로 크게 성하여 하늘의 별과 같고 바닷가의 모래와 같게 하신다"는 복된 말씀을 주셨습니다. 주님께서 아브라함에게 주신 복이 바로 우리 모두의 복입니다. 당시에 아브라함의 눈앞에는 약속의 언약으로 얻은 이삭 한 명밖에 없었습니다. 그러나 전능하신 여호와 하나님께서는 아브라함 이후 믿음의 후손들을 바라보시며 약속해 주셨습니다.

신앙의 사람은, 눈에 보이는 세계만을 추구하는 사람이 아닙니다. 눈에 보이지 않는 영원의 세계, 하늘의 세계를 볼 수 있는 영안이 우리에게 있습니다. 히브리서 11장 1절에서 3절에 "믿음은 바라는 것들의 실상이요 보지 못하는 것들의 증거니 선진들이 이로써 증거를 얻었느니라 믿음으로 모든 세계가 하나님의 말씀으로 지어진 줄을 우리가 아나니 보이는 것은 나타난 것으로 말미암아 된 것이 아니니라." 보이지 않는 세계까지도 주관하시며 다스리시는, 전능하신 하나님의 능력을 믿는 주의 백성들이 됩시다.

불과 400년 전 초라한 청교도들이 대서양을 건널 때만 해도, 오늘날의 미국과 같은 초강대국이 되리라고는 누구도 생각지 못했습니다. 그러나 신앙으로 시작하고 믿음으로 땅을 일구니, 후손들이 엄청난 복을 받았습니다. 초대 대통령 조지 워싱턴의 전통을 이어받아,

저들은 성경에 손을 얹고 대통령 취임선서를 합니다. 주님을 제일로 여기고, 주님 우선으로 살아야 합니다. 복의 무한한 원천이 되시는 주님께서 우리의 삶과 우리의 후손들을 분명히 책임져 주십니다.

감리교회 교인인 미국의 조지 부시 대통령이 2005년 1월 20일 미국 의회 앞에서 행한 취임연설이 신앙적으로 매우 인상 깊었습니다. 그 취임연설의 일부를 소개합니다.

"아메리카의 중요한 관심과 가장 깊은 우리의 신앙이 이제 하나가 되었습니다. 우리가 이 땅에 첫 발을 내디딘 그 날에, 이 땅의 모든 사람들이 정의롭고, 존귀하며, 무한한 가치가 있음을 선언하였습니다. 바로 우리 안에 하늘과 땅의 창조자이신 하나님의 형상이 있기 때문입니다."

우리 마음의 문을 두드리는 예수님

제자들과 동행하시는 예수님
(엠마오 도상)

우리 안에는 무한한 능력이 있습니다. 우리 모두 "하나님의 형상"(창 1:27)대로 지음 받은 거룩한 존재입니다. "할 수 있거든이 무슨 말이냐 믿는 자에게는 능치 못할 일이 없느니라"(막 9:23)는 주님의 음성이 우리의 심령을 두드립니다. 주님께서 우리의 모든 삶을 주관하십니다. 예수님은 우리를 모두 복된 길로 인도하시는 주십니다. 우리 모두의 삶 속에, 하늘과 땅의 복이 풍성히 채워지기를 간절히 소망합니다.

2006.12.3, 총력전도주일 특별설교

---

1) 남북한 명목 국민총소득(GNI) 비교

	북한(A)	남한(B)	비율(B/A)
국민총소득	208	6,810	32.8 배

(2006년 통일부 기준, 단위: 억달러)

2) 주요 국내총생산(GDP) 비교

	미국	유럽연합 (15개국)	영국	프랑스	독일	대한민국
국내총소득	11,679	11,090	1,881	1,828	2,360	1,005

(2004년 OECD 통계 기준, 단위: 10억불)

3) 주요 선진국 기독교인 비율

	미국	영국	프랑스	독일	대한민국
기독교인비율(%)	84	80	82	72	29

(2006년 대한민국 외교통상부 통계 기준)

4) 우리나라 주요 종교 비율

	불교	개신교	가톨릭
종교별 비율(%)	22.8	18.3	10.9

(2005년 대한민국 통계청 통계 기준)

존 웨슬리의 생애와 신학

"그러므로 하늘에 계신 너희 아버지의 온전하심과 같이 너희도 온전하라"
(마 5:48)

I. 존 웨슬리의 생애

역사란 과거의 사건이면서, 동시에 현재의 모습을 반영하며, 미래를 향한 문을 열어 준다. 이것은 영국 캠브리지 대학의 교수인 E. H. 카의 역사관이 반영된 표현이다. 존 웨슬리의 생애는 오늘날 감리교회의 원형이며, 미래를 향한 감리교회의 비전이다.

1. 존 웨슬리의 어린 시절

감리교회의 창시자인 존 웨슬리(John Wesley)는 1703년 6월 17일 성공회 사제인 사무엘 웨슬리와 경건한 어머니 수산나의 15번째 아들로 태어났다. 웨슬리가(家)의 뿌리를 연구하는 역사가들에 따르면, 웨슬리의 선조들은 수백 년 동안 학식, 경건, 도덕, 시문학, 음악, 그리고 충성심과 기사도 정신을 탁월하게 갖추고 국가와 교회와 사회를 지켜온 하나님의 사람들이었던 것으로 평가된다.

존 웨슬리의 아버지 사무엘과 어머니 수산나는 청교도 전통의 기독교 신앙을 지닌 가문이었다. 그러나 아버지 사무엘이 성공회로 전향한 후, 교리의 문제로 사무엘과 수산나는 종종 가정에서 갈등을 빚기도 하였다. 어머니 수산나는 매우 강직한 신앙과 자녀에 대한 엄격하고도 교양 있는

사무엘　　　　　수산나

교육으로 감리교 역사 속에서 무척 유명하다. 수산나 여사는 자녀들을 교육함에 있어 세 가지 원리의 철저한 규칙을 강조하였다. 첫째는 규칙의 철

저한 준수이고, 둘째는 철저한 통제성이며, 셋째는 빈틈없는 기민성이다. 수산나에게 받은 어린 시절의 교육은 이후 존 웨슬리의 감리교 운동에 지대한 영향을 주었다.

1709년 엡워스 사제관의 화재는 존 웨슬리가 평생 하나님의 부르심에 대한 철저한 소명의식을 지니게 하는 전기가 되었다. 이 화재에서 존은 구사일생으로 살아남게 되었다. 화재의 정확한 원인이 밝혀지지는 않았지만, 불만을 품은 교구민들이 방화하였을 것이라는 역사가들의 추측이 있었다. 이 화재 사건을 통해, 웨슬리는 평생 스스로를 "타다가 남은 부지깽이"로 부르며, 하나님의 은혜를 확신하였던 것이다.

2. 옥스퍼드에서의 경건운동

옥스퍼드대학교, 크라이스트 처치칼리지

18세기 초 영국의 종교적 상황은 합리주의가 모든 종교 분야에 깊이 침투해 있었다. 합리주의는 기독교를 도덕 체계에 불과한 것으로 평가하였다. 18세기 말 영국은 농업국가에서 공업국가로 전환될 산업혁명의 전야이기도 하였다. 이러한 산업혁명의 영향 역시 기독교에 미치는 합리주의의 영향을 가속화시켰다. 그러나 18세기 초는 경건한 복음주의 운동이 영국에서 일어나는 시기이기도 하였다. 특히 윌리엄 로오는 합리주의적인 기독교인 "이신론"에 반대하며, 존 웨슬리의 신앙에 지대한 영향을 미쳤다.

존 웨슬리는 1720년 옥스퍼드대학교의 크라이스트 처치칼리지에 입학하여 1724년에 인문학 학사를 받고, 1725년 9월 19일에는 영국 성공회 감독 포터에 의해 "집사" 목사(deacon, 디컨) 안수를 받게 된다. 존 웨슬리는 1726년 3월에 옥스퍼드대학교 링컨칼리지의 교수(Fellow, 펠로우)로 선발되고, 1728년에는 "장로" 목사(elder, 엘더) 안수를 받아서 영국 성공회의 사제로 임명된다.

이 시기에 장차 영국을 변화시킬 감리교 운동의 씨앗이 웨슬리의 삶에 뿌려지게 되었는데, 그것이 바로 영적 일기 쓰기와 독서였다. 1725년 4월 기록되기 시작한 존 웨슬리의 영적 일기는 그의 신앙과 신학, 그리고 초기 감리교 운동의 모습을 알 수 있는 귀중한 문헌이다.

1729년 11월에 시작된 옥스퍼드의 신성클럽(Holy Club, 홀리 클럽)은 성서읽기, 금식과 기도, 전도와 선교를 위해 존 웨슬리가 그의 동생 찰스, 모간, 커크햄 등과 조직한 모임으로 감리교 운동의 효시가 된다. 당시 옥스퍼드의 사람들은 이들을 "규칙쟁이"(Methodist, 메도디스트)라 불렀고, 이것은 후일 감리교회의 명칭이 된다.1735년에는 위대한 복음 설교가 조지 휫필드가 "신성클럽"에 가입하였다. 조지 휫필드는 이후 존 웨슬리와 결별하였지만, 미국의 영적 각성 운동에 지대한 영향력을 행사하였다.

3. 조지아 선교시대

웨슬리 형제는 1735년 10월 미국 조지아 선교를 떠나게 된다. 항해 중 폭풍을 통해 목격한 모라비안 교도의 침착한 태도와 경건은 존 웨슬리의 신앙에 깊은 영향을 주게 된다. 이들 모라비안 교도는 1467년 독일에서 시작된 개신교 운동으로 성서의 권위, 개인구원, 십자가의 구속을 강조하는 신앙공동체이다.

존 웨슬리는 조지아의 선교 활동을 통해 가난한 사람, 아이들, 그리고 인디언들의 교육과 구제에 힘썼다. 그는 평신도 지도자를 임명하고, 즉흥적 설교와 즉흥적 기도를 예배에 도입하여 예배의 갱신을 시도하였다. 그러나 유럽에서 이주한 현지인들과 인디언들과의 어려운 관계, 소피아 홉키 양과의 결혼 좌절 등으로 1737년 12월 2일 발의 먼지를 털고 조지아를 떠나게 되었다.

4. 회심 이후 감리교운동

1738년 2월 1일 영국에 도착한 후 모라비아 교도의 지도자인 피터 빌러와 친분을 쌓으며, 믿음으로 의롭게 된다는 복음적 진리에 깊은 관심을 가지게 되었다. 1738년 5월 24일 저녁 8시 45분, 올더스게이트 거리의 조그마한 집회에서 존 웨슬리는 뜨거운 경험을 하게 된다.

그날 저녁에 나는 올더스게이트 가에 있는 기도모임에 별로 가고 싶은 마음이 없었으나 참석했다. 거기서 어떤 사람이 루터의 로마서 강해 서문을 읽고 있었다. 밤 8시 45분, 그 낭독자가 우리가 그리스도를 믿을 때 하나님께서 우리 마음에 변화를 가져오시는 일을 묘사하는 말을 듣는 중에 나는 내 마음이 이상스럽게 뜨거워짐을 느꼈다. 나는 내가 그리스도를 참으로 믿고 있음을 느꼈고 구원을 위해서 그리스도만을 의지한다고 느꼈다. 그리고 주께서 내 모든 죄를 없이 하였다는 확신이 생겼고 나 같은 자의 죄를 다 사하시고 죄와 죽음의 법에서 나를 구원해 주셨음을 확신하게 되었다. (존 웨슬리 "회심의 날 일기" 중에서)

오늘날의 올더스게이트 거리

회심 후에 존 웨슬리는 모라비안 교도들을 더욱 깊이 알기 위해, 독일로 2주간 여행을 하며 진젠도르프 백작을 직접 만나보고, 1738년 10월 런던으로 돌아왔다. 모라비안 교도에게 존 웨슬리는 많은 도움을 받았으나, 웨슬리는 모라비안 교도의 경건이 너무도 주관적이며, 진젠도르프 개인이 지나치게 숭배된다고 생각하여 완전한 모라비안 교도가 되지는 않았다.

거룩한 체험을 한 웨슬리는 1739년 4월 1일 브리스톨에서 산상수훈강해로 야외설교를 시작하였고, 그의 야외설교는 영국 전역에 놀라운 성령 체험의 물결을 일으켰다. 초기 감리교 모임이라 할 수 있는 신도회(Society, 소사이어티)는 1739년 7월 11일 웨슬리와 휫필드에 의해 브리스톨에서 시작되었다. 영국 성공회 예배와 중복되지 않도록 모임 시간이 신중하게 결정되었고, 예배와 친교, 기도와 교육이 신도회에서 행해졌다.

1742년에는 웨슬리의 부흥운동을 뿌리내리고 성장하게 하는 "속회" (Class, 클래스)가 조직되었다. 약 12명 단위로 구성된 속회는 1명의 속장을 세워 매주 금요일에 모여서, 영적 생활을 점검하고 성경말씀을 공부하며 기도와 교제를 나누는 소그룹 운동이었다. 속회에서는 2~3개월마다 시험을 치러 회원자격을 부여했으며 "충고와 견책"이 이루어지는 철저한 신앙훈련이 실시되었다. 존 웨슬리는 감리교 운동의 평신도 지도자들에게 그의 "신약성서 주해"와 "표준 설교"를 깊이 강독하게 함으로 감리교 운동의 교리적 기준으로 삼게 하였다. 속회는 새 회당의 빚을 갚기 위해 결성되기 시작하였으나, 감리교회를 성장시키는 중요한 조직이 되었다. 속회는 1777년 런던 씨티로드에 봉헌된 "웨슬리예배당"(Wesley's Chapel)의 기초가 되기도 하였다.

1744년 6월 파운더리에서 웨슬리 형제와 다른 네 명의 성직자, 그리고 네 명의 평신도 설교자들이 모인 가운데 최초의 연회가 개최되었다. 연회에서는 믿음과 의인(義認, 의롭다고 인정하다), 확신과 성화에 관한 교리와 감리교 운동의 규율과 조직, 지도자의 역할 등이 주된 의제가 되었다. 1767년 런던 연회, 1770년, 1777년, 1786년의 브리스톨 연회, 1787년의 맨체스터 연회로 이어

"웨슬리예배당"의 내부 모습

져 나가면서 감리교회는 크게 부흥하였고, 존 웨슬리는 잉글랜드, 스코틀랜드, 아일랜드 등 영국 전역을 순회하며 전도하여 감리교 운동의 범위를 확장시켰다. 그러나 존 웨슬리는 감리교회가 영국 성공회에서 분리되는 것을 원하지 않았다. 1767년 뉴욕에서 미국 최초의 감리교회가 창립된 후, 1776년 미국이 독립했을 때 15,000여 명의 감리교회 신자가 있었으며, 존 웨슬리는 이들의 성만찬과 세례를 위해 1784년 토마스 콕 박사를 미국 감리교회의 초대감독으로 임명하였다.

웨슬리 회심기념 동판과 초상(64세)

1791년 3월 2일 오전 10시 존 웨슬리는 선교사업과 구제 사업을 위해 모든 사재를 다 쓰고, "가장 좋은 것은 하나님이 우리와 함께하심일세"라는 고백 후에 시티 로드에서 운명하였다. "온 세계는 나의 교구다"라는 말을 몸소 실천한 존 웨슬리는 평생 5천 마일을 돌며 전도하고, 54,400여 회의 설교를 하였으며, 135,000여 명을 전도하여 예수님을 믿도록 결신시키며, 500여 명의 순회전도자를 길러내었다.

II. 존 웨슬리의 신학(이론)

1. 웨슬리 신학의 네 가지 원천

첫째, 성경은 웨슬리 신학에서 기독교 교리를 위한 가장 중요한 원천이요, 표준이 된다. 웨슬리는 "모든 일에서 우리 주 예수 그리스도의 복음을 옷 입기 위해" 1725년부터 자신을 "한 책의 사람"으로 선포한 이후, 1730년에는 "성경 외에는 어떠한 책에도 관심을 두지 않겠다고" 선언하였다. 감리회의 신앙 전통에 따르면, 성경의 저자들은 성령의 감동하심에 힘입어 예수 그리스도로 말미암아 하나님께서 세상과 화해하게 된 사실을 증언한다. 웨슬리 신앙 전통 속에서 "성경은 구원에 필수불가결한 원천이요, 믿음과 실행의 참된 법도와 안내이며, 모든 믿음에 대한 해석의 진실성과 신빙성을 측정하는 기준"이 된다.

둘째, 웨슬리는 신앙에 대한 이해를 깊이 있게 하기 위하여 교회의 전통을 매우 중요하게 여겼다. 다음은 웨슬리가 미국으로 선교를 떠난 항해 중인 1735년 10월 21일(화) 일기의 한 부분이다.

새벽 4시에서 5시까지는 우리 각자의 개인기도 시간으로 했고, 5시에서 7시까지는 함께 성경을 읽었는데, 우리 자신의 이해에만 의존하지 않으려고, 초대 교회의 문헌들과 세심하게 비교하며 연구하였다.

웨슬리는 기독교 공동체의 유산으로 내려오는 전통, 특별히 초대 교부들과 영국교회의 전통을 존중하고 이러한 전통을 하나님의 말씀과 뜻을 이해하는 참고 자료로 활용하였다.

셋째, 웨슬리는 성경적 진리의 증거를 일상적 삶의 체험과 결부된 상식적인 지식에서도 찾았다. 웨슬리는 하나님께서 부여하신 이성의 빛 아래 진리를 추구하였으며, 이성을 통해 알게 된 것을 믿게 하는 힘을 성령의 역사로 인정하였다. 웨슬리가 말하는 이성이란, 하나님이 주신 인간의 영혼이 지닌 능력으로 사물을 이해하며, 사리의 옳고 그름을 판단하며, 이것을 언어(생각의 언어를 포함)로 표현하는 과정을 의미한다.

넷째, 웨슬리는 체험적 신앙을 우리 주 예수 그리스도를 통해 주시는 하나님의 자비에 대한 확실한 신뢰이며 성령의 내적 증거와 외적 열매를 통해 주어지는 하나님의 은혜라고 했다. 올더스게이트에서 마음이 뜨거워지는 체험, 곧 종교적 경험을 한 웨슬리는 경험이란 성경적 진리를 확증할 수 있는 시험장으로 인식하였다. 이러한 종교적 경험은 "성령 안에서 의로움과 평화와 기쁨"으로 나타나는 것을 의미한다.

웨슬리에게 있어서 성경은 기독교 신앙의 핵심이 계시되어 있는 권위의 원천이 된다. 전통은 성경과 함께 기독교 신앙의 건전성을 조명하여 준다. 신앙 경험은 성경의 진리를 확증하며 신앙에 놀라운 활력을 불어 넣어 준다. 그리고 이성은 성경의 진리를 이해하며 판단하고, 이것을 합리적으로 표현하는 중요한 수단이 된다. 웨슬리는 성경, 전통, 이성, 경험, 이 네 가지 신학적 원천의 조화와 균형을 강조한다.

2. 웨슬리의 구원론

첫째, 선재적 은총(혹은 선행 은총)이란 구원의 과정 중 칭의(稱義)의 앞선 단계로서, 하나님의 행위가 항상 앞선다는 것을 의미한다. 이러한 선재적 은총의 사상은 빌립보서 2장 13절에서 찾아 볼 수 있다.

"너희 안에서 행하시는 이는 하나님이시니 자기의 기쁘신 뜻을 위하여 너희로 소원을 두고 행하게 하시나니" (빌 2:13)

웨슬리는 이 구절을 다음과 같이 설교하였다.

"하나님께서는 당신과 함께 일하십니다. 그러므로 당신은 구원을 위한 거룩한 사역을 하는 것입니다. 만약 주님께서 구원을 위한 사역을 하지 않으신다면, 당신 자신을 위한 구원의 사역은 불가능한 것입니다." ("우리 자신의 구원을 이룸" 에 관한 웨슬리의 설교문)

웨슬리의 설교는 구원 사역에 하나님의 앞선 은혜의 중요성을 강조하여 주고 있다.

둘째, "회개" 란 주 예수 그리스도 안에서 죄인 된 자신을 인식하고 주님 앞에 겸허한 자세로 참회의 심정을 내어 놓는 것을 의미한다. 이것을 존웨슬리는 "감리교인의 원리" 에서 보다 구체적으로 설명하고 있다.

따라서 인간은 의인되기를 기대하기 전에 겸허하고 참회해야 하며 상하고 통회하는 마음을 가지는(즉 자기 안에 형성된 그리스도를 지녀야 하는) 것이 옳고 당연하다. 따라서 이 참회와 통회의 역사는 성령의 역사이다. (존 웨슬리의 "감리교인의 원리" 중에서)

웨슬리는 인간 본성의 전적인 타락을 강조한다. 이러한 웨슬리의 인간 이해는 "여호와께서 사람의 죄악이 세상에 관영함과 그 마음의 생각의 모든 계획이 항상 악할 뿐임을 보시고" 라는 창세기 6장 5절의 말씀에서 기초한 것이다. 인간을 전적으로 타락한 존재로 이해하였던 웨슬리는 그러한 인간 본성 안에 "선을 향한 거룩한 충동"이 있음도 확신하였다. 웨슬리는 "회개"의 원인이 되는 "선을 향한 인간의 거룩한 충동"을 선재하는 하나님 의 은총과 성령의 살아 있으신 현존으로 이해한 것이다. 이것은 그 당시 장로교인들이 보지 못했던 웨슬리의 독특한 통찰이요, 이해라 할 수 있다. 따라서 인간이 회개할 수 있는 것은 그 역시 하나님의 선행적 은혜에 따른 결과라 할 수 있다.

셋째, 칭의(稱義, 의롭다 일컬음)에 관하여 웨슬리는 그의 설교, "우리 자신의 구원을 이룸에 대하여"에서 아래와 같이 설명한다.

> 칭의라 함은 우리가 죄책으로부터 구원을 받아 하나님의 사랑으로 복 귀하게 됨을 의미하는 것이다.(존 웨슬리의 "우리 자신의 구원을 이룸 에 대하여" 설교 중에서)

그리고 이러한 칭의의 과정에서 웨슬리는 그리스도에 대한 믿음의 중심성을 매우 강조한다. 결국 "칭의"의 중심에서 빛나는 사실은 "예수 그리스도의 구원 사역"인 것이다. 웨슬리는 "신앙으로 얻는 칭의"(1746년)라는 그의 설교에서 이러한 그리스도 중심의 구원 사역을 로마서 4장 5절 말씀을 근거로 설명한다. "일을 아니할찌라도 경건치 아니한 자를 의롭다 하시는 이를 믿는 자에게는 그의 믿음을 의로 여기시나니(롬 4:5)." 결국 칭의는 예수님께서 모든 인류를 위해 죽임을 당하신 그 십자가의 공로로, 그러한 사실을 믿는 우리 모두가 용서함 받는다는 예수 그리스도의 객관적 구원 사건에 근거한 것이라 할 수 있다.

넷째, "신생"이란 "거듭남" 혹은 "중생"이라는 말로 표현되기도 한다. "신생", 곧 "거듭남"이란 성화의 첫 단계이며, 성화와 함께 발생하는 것으로 "하나님께서 우리의 생명을 이끄실 때 하나님께서 영혼 안에서 역사하시는 위대한 변화를 의미"하는 것이다. 다음은 웨슬리가 1760년에 한 "신생, 곧 거듭남"의 설교문의 한 부분인데, 웨슬리는 요한복음 3장 7절, "내가 네게 거듭나야 하겠다 하는 말을 기이히 여기지 말라"는 말씀을 "신생"

의 근거 구절로 삼았다.

신생은 '예수 그리스도 안에서 새로운 피조물'이 되었을 때 전능하신 하나님의 영으로 모든 영혼 안에 일어나는 놀라운 변화입니다. 신생은 의와 참된 성결 속에 '하나님의 형상을 따라 새로워지고', 세상에 대한 사랑이 하나님께 대한 사랑으로, 교만이 겸비로, 거친 마음이 온유한 마음으로, 미움 시기 악의가 모든 인류에 대한 신실과 온유와 희생적인 사랑으로 변화될 때 일어나는 변화입니다. (존 웨슬리의 "신생" 설교 중에서)

칭의(稱義, 의롭다 일컬음)에서 사역의 중심에는 단연 "예수 그리스도의 구속 사건"이 위치한다. 반면 "신생"의 과정에서 빛나는 불꽃은 단연 "성령의 역사"이다. 니고데모와 예수님의 대화는 이것을 보다 분명히 보여준다.

"니고데모가 가로되 사람이 늙으면 어떻게 날 수 있삽나이까 두 번째 모태에 들어갔다가 날 수 있삽나이까 예수께서 대답하시되 진실로 진실로 네게 이르노니 사람이 물과 성령으로 나지 아니하면 하나님 나라에 들어갈 수 없느니라." (요 3:4~5)

다섯째, "성화"란 웨슬리에 따르면, "우리가 죄의 권세와 뿌리로부터 구원을 받아 하나님의 형상으로 회복됨"을 의미하는 것이다. 웨슬리의 성화에 대한 이해는 1739년 9월 12일 일기에 분명히 나타나 있다.

성화란 인간의 영혼 안에 있는 하나님의 생명이라는 것을 나는 믿는다. 성화란 신적 본성에 참여하는 것(벧후 1:4)이며, 그리스도께서 안에 있는 마음(빌 2:5)이며, 우리를 창조하신 그분을 따라서 하나님의 형상을 우리 마음에 갱신하는 것(골 3:10)이라고 나는 믿는다.

결국 성화란 "그리스도의 장성한 분량에까지 자라는 것"이며 "하늘 아버지가 거룩하듯이 우리도 거룩해지는 것"으로, 신자의 삶 속에서 일어나는 실제적인 변화와 은혜 속에서의 지속적인 성장을 의미하는 것이다.

여섯째, "완전"은 웨슬리 신학 사상의 꽃이다. 웨슬리 신학 사상의 꽃인 "완전"을 한마디로 다시 표현한다면, 그것은 바로 "하나님의 사랑"이다. 다음은 완전에 대한 웨슬리 자신의 답변이다.

그리스도인의 완전이란 무엇인가? 우리의 마음과 생각과 뜻과 힘을 다하여 하나님을 사랑하는 것이다. 이것은 악한 성품과 사랑에 역행하는 것이 영혼 속에 잔재하지 아니하고 모든 생각과 말과 행동이 순수한 사랑으로 지배되는 것을 의미한다. (존 웨슬리의 "그리스도인의 완전" 중에서)

존 웨슬리의 완전에 대한 이해는 그가 동생 찰스 웨슬리와 함께 1752년 출판한 찬송시의 내용을 요약한 다음의 글에서 보다 분명하게 제시된다.

(1) 그리스도인의 완전은 하나님과 우리 이웃에 대한 사랑으로서 모든 죄로부터의 구원을 뜻한다는 것, (2) 이것은 신앙으로만 받는다는 것, (3) 그것은 순간적으로, 한 순간에 주어진다는 것, (4) 우리가 그것을 기대하는 시간은 임종 시가 아니라 매 순간이며, 지금이 허락된 시간이고 지금이 구원의 날이라는 것이다. (존 웨슬리의 "그리스도인의 완전" 중에서)

Ⅲ. 존 웨슬리의 신학 (실천)

1. 웨슬리와 전도

기독교대한감리회 선교국 통계에 따르면, 1997년부터 2005년까지 연평균 1.6%의 성장률을 기록하고 있다. 우리나라 감리교 전체를 보았을 때, 대략 해마다 2만 명 정도의 교인들이 평균적으로 증가하였다고 볼 수 있다. 그러나 2005년도 통계청 자료에 따르면, 우리나라 전체인구 4천 7백만 중, 기독교(개신교) 인구가 차지하는 비율은 18.31%로, 불교 인구 22.8%에 비해 낮다. 아직까지 전도를 위한 우리의 노력이 더욱 요청되고 있음을 알 수 있다.

전도는 예수 그리스도께서 우리에게 주신 중단 없는 사명이다. "너희는 가서 모든 족속으로 제자를 삼아 아버지와 아들과 성령의 이름으로 세례를 주고 내가 너희에게 분부한 모든 것을 가르쳐 지키게 하라. 볼찌어다 내가 세상 끝날까지 너희와 항상 함께 있으리라(마태복음 28:19~20)." 감리회의 창시자 존 웨슬리는 88세를 살며, 5천마일(지구전체 길이의 4분의 1)을 50년 넘도록 전도를 위해 다녔고, 135,000명을 전도하여 결신시켰다. 그는 예수 그리스도의 지상 사명을 충성스럽게 실천한 주님의 충복(忠僕)인 것이다. 그렇다면 웨슬리로 하여금 열정적으로 전도하게 하고, 전도의 결실을 낳게 한 비결은 무엇인가?

첫째로, 웨슬리는 "성령의 확신"을 믿었다. 성령께서는 웨슬리에게 하나님의 자녀 됨, 예수님의 사랑하심, 죄 사함 그리고 하나님과의 화해됨을 증거하였던 것이다. 이와 같은 성령의 확신은 하나님께서 웨슬리와 함께하심의 가장 분명한 증거가 되었던 것이다. 웨슬리는 하나님과 동행하며 일평생 전도하였다.

둘째로, 웨슬리는 전도를 위한 조직을 구성하였다. 그는 조직이 전도에 방해가 되어서는 안 된다고 보았다. 웨슬리는 미국 선교지에서 안수 받은 목사의 요청에 따라, 콕 목사를 미국 선교지로 파송하고, 애즈베리를 안수하게 하였다. 이와 같은 조치는 영국 성공회에서는 반대하는 조치였다.

그러나 웨슬리는 전도를 위해 조직 운영에 있어 개방적이며 신축성 있는 태도를 취하였다.

셋째로, 웨슬리는 전도와 신앙 교육을 항상 병행하였다. 환언하여 "교회 밖으로 나가는 선교"와 함께 "교회 안에서의 신앙 교육"을 함께 강조하였던 것이다. 웨슬리는 전도와 신앙교육을 통해 교회의 질적이며 양적인 부흥을 도모하였던 것이다. 웨슬리가 강조한 감리회의 전도 운동은 불신자를 교회로 인도하여, 불신자를 성경의 사람으로 교육하여, 그들을 통해 세상을 하나님 나라로 변화시키는 사회 개혁의 의지라 할 수 있다.

넷째로, 웨슬리의 전도 운동은 "속회 운동"의 결정판이다. 감리회의 신앙 운동에서 속회의 중요성은 아무리 강조해도 지나치지 않다. 속회에서 가장 중요한 것은 평신도의 역할이다. 웨슬리는 말씀의 교육과 실천을 위해 속회를 조직하였다. 책임 있는 평신도 지도자들은 지속적인 전도를 통해 속회를 부흥시켰고, 속회의 부흥은 새로운 속회를 낳게 하였다. 감리회가 건강하게 부흥하기 위해, 속회의 부흥은 필수적인 것이다.

다섯째, 웨슬리는 전도에 있어 매우 포용적인 태도를 견지하였다. 그의 전도 대상자는 가난한 자, 병든 자, 집 없는 자, 감옥에 있는 자 등 모든 소외계층을 포괄하였다. 웨슬리의 전도운동은 당시 영국 사회에 매우 큰 파장이 되었다. 사회가 돌보지 않는 이들을 웨슬리는 주님의 품에서 양육하였던 것이다.

전도는 해도 되고 하지 않아도 되는 선택의 문제가 아닌, 주님의 제자라면 반드시 해야 하는 절대적 사명이다. 전도는 교회의 부흥은 물론, 이 사회를 변화시킬 수 있는 가장 혁신적인 사회개혁운동이다. 웨슬리의 전도 운동이 당시 영국을 변화시킨 역사적 유물로만 남아서는 안 된다. 웨슬리의 전도운동은 오늘날 우리나라의 교회와 사회에 새로운 활력을 불어넣는 진정한 의미의 교회 부흥과 사회 혁신의 운동이 되어야 한다.

2. 웨슬리의 재물관

존 웨슬리는 그의 평생 설교와 저술을 통해 많은 돈을 벌었다. 연간 수

입이 1,400파운드를 넘은 적도 있었다. 그러나 웨슬리는 자신을 위한 사용에는 연간 28파운드만을 사용하고, 나머지는 모두 구제 기금으로 사용하였다. 그는 나의 모든 돈은 하나님께 속해 있다고 믿었다. 웨슬리는 신자들이 소득의 100%를 하나님이 지시하는 대로 사용할 수 있어야 한다고 설교하였다.

돈에 대한 웨슬리의 실제적인 지침은 첫째, "벌 수 있는 한 최선을 다해 벌라"이다. 둘째, "할 수 있으면 최선을 다해 저축하라"이다. 셋째, "줄 수 있다면 최선을 다해 나누어라"이다. 웨슬리는 헌금 생활이 십일조에서 시작된다고 하였다. 그는 십일조를 하지 않는 사람에게 "당신은 의심할 여지없이 당신의 마음을 황금에 두고 있다"고 말하였다. 크리스천의 헌금은 십일조에서 끝나서는 안 된다.

웨슬리는 재물 사용에 대한 네 가지 성서적 원칙을 제시한다. 첫째는 "당신 자신과 가족들을 위해 필요한 것을 공급하라(딤전 5:8)"이다. 웨슬리의 아버지 사무엘은 가난한 교회의 목사였다. 어린 시절에 웨슬리는 자신의 아버지가 빚 때문에 감옥에 갇히는 것을 보았다. 그래서 어렵고 힘들게 사는 것이 어떤지를 알 수 있었다. 둘째는 "우리가 먹을 것과 입을 것이 있은 즉 족한 줄로 알 것이라(딤전 6:8)"이다. 만족함을 알아야 한다는 것이다. 만족함은 감사의 생활에서 비롯된다. 감사할 때, 돈이 주는 유혹에서 승리할 수 있다. 셋째는 정직하게 거래하고 빚을 지지 말라고 권고하였다. 넷째는 잉여 자금은 다른 사람의 필요를 위해 사용하라고 설교하였다.

웨슬리는 돈을 사용하는 방법에 대해 질문을 던진 바 있다. 첫째, 이 돈을 사용함에 있어서 나는 나 자신이 이 돈의 주인인 것처럼 행동하고 있는가, 아니면 주님의 돈을 맡은 사람처럼 행동하고 있는가? 둘째, 하나님께서는 의의 부활 때에 내가 쓰는 이 돈으로 인해 나에게 상을 주실 것인가?

1791년에 그가 죽었을 때, 그의 유서에 언급되어 있는 돈은 그의 주머니와 옷장 서랍에 남겨져 있는 동전들뿐이었다. 웨슬리는 평생 부유하게 살 수 있었다. 그러나 그 돈으로 자신만을 위해 산 것이라 아니라, 이웃을 위해 살았다. 웨슬리는 돈에게 지배당하지 않고 돈을 지배하며 살 수 있는 신앙의 통찰을 제시해 주고 있다. 돈의 소유는 하나님께 있다. 우리는 돈을 관리하는 주님의 청지기이다. 내가 지금 사용하는 이 돈으로 하늘에서 큰 상을 받을 수 있어야 한다.

3. 웨슬리와 성령 체험

1738년 5월 24일 저녁 8시 45분, 올더스게이트 집회소에서의 존 웨슬리의 성령 체험은 감리회 역사의 최고봉에 위치한다. 웨슬리의 성령 체험은 그가 속해 있던 성공회와 감리회의 결정적인 차이를 보여 주는 신학적 기준이 된다. 20세기 웨슬리 연구의 대가인 앨버트 아우틀러 박사는 성공회에서 강조하는 "성서", "전통", "이성"의 삼중구조에 성령 체험을 "경험" 차원에서 정립한 것이 바로 웨슬리의 공헌이라고 주장한다. 따라서 성서, 전통, 이성, 경험, 이 네 가지가 감리회의 근본적인 신학적 기준으로 자리 잡게 된 것이다.

웨슬리는 올더스게이트에서의 성령 체험을 성서, 전통, 이성과의 지속적인 조명을 통해 감리회의 예배 속에 정착하였다. 웨슬리는 성공회와 장로교에서는 찾아볼 수 없는 야외 설교, 즉흥 기도, 순회 설교, 속회, 그리고 찬양의 열정을 예배의 순서 속에 도입하여 예배에 참된 활력을 불어넣었다. 오늘날 교회 부흥에 큰 역할을 담당하고 있는 찬양 사역과 열린 예배의 기원을 우리는 웨슬리의 "성령 체험"에서 발견할 수 있다.

웨슬리에게서 "성령 체험"은 하나님의 계시에 대한 결정적인 내적 증거가 된다. 웨슬리는 "성령 체험"을 하나님께서 사람의 마음속에서 강력하게 일하시는 증거라고 하였다. "성령 체험"은 하나님을 아는 지식, 예수 그리스도를 아는 지식, 하나님 나라에 대한 지식을 증대시킨다고 하였다. 웨슬리는 교회의 역사 속에서 간과되어왔던 성령에 대한 이해를 교회의 제도 속에 정립한 목사이며 신학자이다. 웨슬리는 성령께서는 성도에게 영적 생명을 나눠주며, 크리스천들이 하나님의 형상을 회복할 수 있도록 의와 평강과 기쁨과 행복을 주시는 분이라 설교하였다.

웨슬리의 "성령 체험"은 교리에 갇혀 있는 "성령론"이 아니다. 목회를 통해 살아 숨쉬는 성도들에게 생명을 주는 지금 이 순간에 역사하시는 하나님의 숨결이다. 웨슬리의 신학과 실천 속에 살아 숨쉬는 "성령 체험"은 하나님께 대한 순종과 이웃을 향한 섬김으로 나타난다. 웨슬리의 "성령 체험"이 한국감리교회를 흥분시키는 부흥의 원동력으로 새롭게 이해되고 실현될 때, 한국의 감리교회는 하나님의 나라에 보다 가까이 다가가게 될 것이다.

2006.11.10, 마포지방 등급사경회

참고문헌

- 기독교대한감리회 교육국 편,『사경회 총서 특별반 2년급, 말씀과 함께』서울: 기독교대한감리회 홍보출판국, 2002.
- 기독교대한감리회 선교국, "선교현황 1997~2005,"〈www.kmcmission.or.kr/business/sub01_01.php〉.
- 김외식, "웨슬리 예배,"「세계의 신학」제2호 (1989): 36~48.
- 김진두,「웨슬리 이야기 (2) 웨슬리 가의 뿌리」,〈www.kmctimes.com〉.
- 알버트 아우틀러 (김기철 역), "웨슬리의 4가지 신학적 기준,"「세계의 신학」제31호 (1996): 211~230.
- 알버트 아우틀러, "존 웨슬리의 성령론과 영성 이해,"「세계의 신학」제30호 (1996): 210~227.
- 윌리스턴 워커,『기독교회사, 제4판』송인설 역, 서울: 크리스찬다이제스트, 1993.
- 장종철, "수산나 웨슬리, 규칙적 생활교육 강조,"〈www.kmctimes.com〉.
- 조영준, "웨슬리와 전도: 우리는 무엇을 그에게서 배워야 할 것인가?"「세계의 신학」제33호 (1996): 234~243.
- 존 웨슬리,『그리스도인의 완전』이계준 역, 서울: 전망사, 1994.
- 존 B. 캅 저,『은총과 책임』심광섭 역, 서울: 기독교대한감리회 홍보출판국, 1997.
- 찰스 E. 화이트, "돈에 대한 웨슬리의 교훈과 실천,"「세계의 신학」제35호 (1997): 236~241.
- 테오도르 런연,『새로운 창조 : 오늘의 웨슬리 신학』김고광 역, 서울: 기독교대한감리회 홍보출판국, 1998.
- 통계청, "행정구역(구시군)/성/연령/종교별 인구(2005년)," 〈http://kosis.nso.go.kr/cgi-bin/sws_999.cgi〉.

다섯 · **모든것이
하나님의
은혜입니다**

한서교회 주보에 매주 게재한 교인들의 간증문

봉사의 결실

김인환 장로

 봉사란 교회를 위해서 시간을 드리고, 재능을 드리고, 소유를 드림으로써 맡은 바 책임을 다하는 것을 말합니다. 우리는 각자의 재능과 소질에 따라서 교사로서, 찬양대원으로서, 또한 여러 가지로 각 분야에서 열심히 봉사하고 있습니다. 이러한 각자의 봉사활동이 모여서 교회가 유지되고 발전하고 있는 것입니다.

지난 부활주일에 전교인이 각 조별로 부활 란을 준비하여 지역별로 나누어 전달하며, 전도 활동을 하면서 이를 준비하는 과정이나 전달하는 과정에서 누구 한 사람 싫어하는 기색 없이 기쁨 마음으로 행사에 참석하는 것을 보고 많은 감동과 감사하는 마음을 느낄 수 있었습니다. 우리의 작은 봉사활동이지만 우리 스스로는 하나님께 큰 점수를 받았을 것이고, 그 행사를 통해서 단 한 사람의 영혼이라도 구원이 되었을 때, 이 얼마나 놀라운 결실이 되겠습니까?

우리에게 맡겨진 사명을 다할 때 작은 정성이라도 우리가 모르는 사이에 큰 역사가 만들어져 가고 있으며, 또한 이러한 우리의 노력을 주님께서는 크나큰 상급으로 갚아 주시려고 항상 준비하고 계십니다. 저는 지금까지 교회의 많은 활동 중에서 주로 성가대원으로 봉사하였는데 이것이 나의 인생 방향을 바꾸어 놓았으며, 주님의 복을 받는 결과를 낳았습니다.

저는 대학 4년 동안 그 흔한 모임이나 행사에 관계없이 휘경동 소재 교회에서 성가대원으로 열심히 봉사하다가 졸업 후 ROTC로 군복무를 마치고 6월말 제대하였습니다. 그 당시에는 시기적으로나 계절적으로 취직하기가 너무 힘들어 내가 원래 계획한 일은 많은 시간을 기다려야 했습니다. 그러나 주님께서는 이미 저의 직장을 준비하고 계셨습니다. 다름 아닌 내가 4년간 다니던 교회의 장로님 중 큰 회사의 회장님께서, 나의 재능에 관계없이 교회에 열심히 봉사하는 것만 봐도 다 알 수 있다고 하시면서 당장 그 회사 무역부에 특채로 입사를 시켜 주신 것입니다. 그리하여 국내외적으로 많은 것을 배우고 경험하여 그것을 바탕으로 독립하여 오랜 기간 그 직종에 종사할 수 있었으며, 안정된 교회생활도 할 수 있었습니다.

이 얼마나 감사한 일입니까? 우리가 작은 일에도 충성되고, 교회를 위하여 열심히 봉사하면 주님께서는 이미 그에 상응하는 상급을 다 준비하고 계십니다. 만일 우리가 아무것도 봉사하는 것 없이 교회만 출석한다면 얼마나 무의미한 교회생활이 되겠습니까?

특별히 젊은 청년들이 여러 가지로 열심히 봉사하는 것을 볼 때, 우리 한서교회의 미래는 무척이나 밝고 희망찰 것임을 확신합니다. 다 같이 주님께 감사드리며 맡은 바 책임을 다하여 많은 결실을 맺는 우리가 될 것을 기도드립니다.

"지극히 작은 것에 충성된 자는 큰 것에도 충성되고, 지극히 작은 것에 불의한 자는 큰 것에도 불의하니라(눅 16:10)." (2006.4.23)

전도는 하면 된다! 우리도 할 수 있다!

손영애 장로(주사랑전도대 부장)

2006년 4월 3일(월) 오전 9시경, 주사랑전도대원 10명은 부광교회 전도세미나에 참석하기 위하여 교회에 모였습니다. 담임목사님의 기도로 출발하기 위해 차에 올라탔을 때, 나는 마음속으로 이번 교육으로 하나님께서 가장 기뻐하시는 전도의 결실을 꼭 맺을 수 있기를 간절히 기도하였습니다.

부광교회 입구에 들어섰을 때, 웅장한 예배당의 전경이 눈에 들어왔습니다. 저는 부광교회의 모든 시설과 환경 등을 보며 참 활기찬 교회라는 인상을 받았습니다. 모든 교육 스케줄을 교역자들께서 분담하여 직접 진행해 주셨습니다. 내용 자체가 매우 성의가 있고 실질적이었으며 재미있게 전도할 수 있는 내용이었습니다. 우리는 오전 10시부터 저녁 8시까지 교육과 실습으로 알찬 시간을 보냈습니다. 전 대원들에게서 큰 만족감을 엿볼 수 있었습니다.

우리는 각자 아파트 전도, 노방 전도, 지하철 전도 등 실질적인 경험을 하였습니다. 나는 다섯 명이 한 조가 되어 지하철을 타고 다니면서 힘차게 하나님 말씀을 전하는 일을 하였습니다. 나같이 용기 없는 사람이 어떻게 이런 말씀을 전할 수 있었는지…. 하나님의 도움을 받지 않고는 있을 수 없는 일이라 생각했습니다. 나뿐만 아니라 참여한 모든 전도실습생들이 같은 체험을 하였다고 고백하며 기뻐하였습니다. 이 일로 우리는 할 수 있다는 자신감을 얻었습니다.

부흥한 교회를 보면 다음과 같은 특징이 있었습니다. 첫째, 전도대

조직이 전 교회 전 교인화 되어 있었습니다. 둘째, 담임목사님 중심으로 모든 교역자들과 전 교인이 한 마음 한 뜻으로 단합되어 있었습니다. 셋째, 전도교육과 훈련이 체질화되어 있었습니다. 넷째, 전 교인이 전도에 대한 열정이 뜨거웠습니다. 다섯째, 전도조직이 평신도 책임 중심으로 구성되어 있었습니다. 전도용품, 전도대 구성, 모든 행정까지도 평신도가 앞장서서 헌신, 헌금, 헌물로 자원하여 진행하고 있었습니다. 여섯째, 전도하는 날은 전도를 담당한 조의 전 대원이 참여하며, 교회에서는 기도 대원들이 열정적인 기도의 뒷받침을 해 주고 있었습니다.

이를 절호의 찬스로 삼아, 우리 교회에서 부활절 부활 란 나누기를 시작으로 '새 생명 탄생 전도대'를 구성한 것은 하나님께서 가장 기뻐하시는 일이자 하나님의 뜻인 줄 믿습니다. 담임목사님의 기도와 우리도 할 수 있다는 자부심으로 장로님들께서 이끄는 10개 조의 전도대를 통하여 전 교인이 하나가 된다면, 우리 교회도 크게 부흥될 줄 믿습니다. 하나님께서 우리에게 많은 새 생명들을 보내 주실 줄 믿고 감사를 드립니다. (2006.4.30)

모든 것이 하나님의 은혜입니다!

송숙자 집사

저는 한서교회에 올해 3월에 등록한 새신자입니다. 제가 한서교회에 와서 느낀 은혜를 함께 나눔으로 "하나님께는 영광"이 되고, "성도들과는 신앙적 은혜의 교제"가 되길 원합니다. 인천에서 합정동으로 이사를 오면서

교회를 정해야 했는데, 바로 정하지를 못해 기도를 하였습니다. 그러던 중 합정동에 위치한 어느 교회를 나가게 되었습니다. 3주를 나갔는데 아이들이 적응을 하지 못하였고, 저 역시 마음의 문이 열리지 않아 뿌리를 내릴 교회를 찾게 되었습니다.

본 교회 첫 출석은 3월 첫 주의 3부 예배를 드리게 되었을 때인데, 담임목사님의 설교 말씀을 듣는 순간 간절히 소망하던 말씀의 은혜를 받게 되었습니다. 막힌 심령에 은혜의 단비가 내렸습니다. 저는 '내가 신앙의 뿌리를 내려야 할 교회가 바로 여기구나' 생각하고 마음의 결정을 내렸습니다. 지금까지 제가 한서교회를 나오면서 정말 많은 것을 느꼈습니다.

첫째로 우리 한서교회는 말씀이 살아 있는 교회로서 담임목사님을 통해 들려오는 말씀은 잠자던 영혼을 깨워주셨고 제게 큰 기쁨과 소망이 되고 있습니다.

둘째로 은혜와 사랑이 충만한 교회로서 속회를 통하여 서로서로 미소로 인사하며 좋은 말씀으로 권면하는 마음들을 볼 수 있었습니다. 이 소중한 마음들을 통하여 마음에 감사의 눈물이 맺혔습니다.

셋째는 한 생명을 천하보다 귀하게 여기는 사명 있는 교회로서 새신자들을 한 사람이라도 놓치지 않고 붙들어 주며, 심방을 하며 가정에 적절한 은혜의 말씀을 주심으로 평안과 기쁨을 얻게 하셨습니다.

넷째는 기도도 끊이지 않는 교회입니다. 특히 새신자 양육을 위해 수고하시는 저를 담당하신 권사님께서는 어떤 때는 전화로 기도를 해 주셨는데, 그렇게 큰 힘이 되었습니다. 전화로까지 기도해 주시는 모습을 보면서, 우리 한서교회가 기도가 끊이지 않으므로 하나님께서 기뻐하시는 교회라는 것을 알게 되었습니다.

부족하지만 저를 귀한 한서교회에 보내 주신 하나님께 감사드리며 말씀으로 기도로 권면으로 붙들어주시는 목사님 그리고 권사님들께 감사를 드립니다. 그리고 전도에 많은 관심을 갖고 힘쓰시는 우리 한서교회에 하나님께서 분명 수많은 영혼들을 보내 주시리라 믿습니다. 저는

행복합니다. 은혜의 보금자리요, 주님의 몸 된 교회인 한서교회의 사랑
과 믿음의 공동체 가족이 되었음을 너무 감격 감사하여 더욱 충성을 다
짐합니다.(2006.5.7)

순종과 겸손이 최고입니다!

박경례 권사

 간증문을 쓰라는 연락을 받았을 때, 마음이 망설여지
고 걱정이 되었습니다. 그러나 주님께 영광이 되고 주님
을 자랑하는 일이라 믿어져 쓰기로 하였습니다. 저는 20
여 년 전부터 위궤양으로 고통을 받아왔습니다. 그러다 7
년 전에는 배가 너무 아파서 강북삼성병원에 가서 검사를 해 보았더니,
팥알만 한 것이 위에 보인다고 하여, 병원에서 조직검사까지 받았습니
다. 어느 날 철야기도 때였습니다. 그날 담임목사님께서는 아픈 부위를
잡고 기도하라고 말씀하셨습니다. 담임목사님께서 저의 머리에 손을 얹
고 기도해 주실 때, 저는 아픈 배를 부여잡고 주님께 간절히 매달렸습니
다. 순간순간 감동이 넘치며, 큰 은혜가 제 안에 밀려왔습니다. 놀라운 영
적 변화가 저를 통해 일어나는 것이었습니다. 그런 후 위장의 통증이 많
이 가시는 변화가 일어났습니다. 일 년 뒤 병원에 가서 다시 검사를 받았
습니다. 일 년 전에 위에 보였던 것이 이제는 보이지 않는 것이었습니다.
하나님께서 병든 저의 몸을 고쳐주셨습니다. 우리 하나님께서는 담임목
사님을 통해 역사하셔서 저를 치료하여 주신 것입니다. 하나님께 영광을
돌립니다. 주님께 찬양을 올립니다.

그 이후로 이 부족한 사람에게 주님께서는 한서교회 여선교회 총회장이라는 큰 직분을 주셨습니다. 여선교회 총회장은 한서교회 여선교회 회원 약 500명에서 600명의 최고지도자입니다. 그때만 해도 건강이 완전히 좋아진 것은 아니었습니다. 외출하였다가 집에 오면 누워 있던 적이 많았고, 김치나 커피와 같이 자극적인 음식은 전혀 입에 댈 수 없었습니다. 이러한 상태에서 도저히 여선교회 총회장과 같은 큰 직분을 감당할 용기가 나질 않았습니다. 그때에 담임목사님께서는 저에게 용기를 주시며 기도해 주셨습니다. 여선교회 총회장의 직분을 맡고 제 나름대로 최선을 다해 열심히 하려고 봉사도 하고, 매 시간 빠지지 않고 정규집회며 새벽기도회도 적극 참석하였습니다. 그런데 그 과정에서 놀라운 일이 일어났습니다. 전에는 먹지 못하였던 김치도 먹을 수 있게 되었습니다. 커피도 마실 수 있게 되었습니다. 많은 사람들이 더 젊어졌다고 이야기를 하였습니다. 머리가 빠져서 걱정이 많이 되었는데, 솜털 같은 검은 머리가 새롭게 나오는 것을 보았습니다. 주님께 충성하기 위해 열심히 일하다 보니, 하나님을 뜨겁게 만나게 되고, 매순간 말씀의 은혜를 받다 보니, 하나님께서 이 부족한 사람에게 건강을 주시는 은혜를 입게 된 것입니다. 무엇보다 감사한 것은 이전과는 다른 삶을 살게 되었습니다. 저 자신만을 생각하던 마음에서 변화되어, 자나 깨나 주님 생각, 자나 깨나 교회 생각, 자나 깨나 성도 생각으로 '내가 어떻게 하면 더욱 주님을 간절히 섬길까' 하며, 주님 중심의 생각을 하게 되었습니다.

작년 늦가을 교회 김장을 할 때의 일입니다. 김장은 여선교회 총회장을 마무리하는, 교회의 제일 큰일이었습니다. 밭에서 배추를 뽑고 교회에 왔는데, 너무도 힘이 들었습니다. 마음속에 원망과 불평이 생기기 시작했습니다. 그러던 중 허리를 삐끗하였는데, 도무지 아픈 허리를 펼 수가 없었습니다. 교회 지하예배실에 와서 기도를 하였습니다. 기도를 마치고 지하예배실의 문을 열고 계단을 올라갔습니다. 한 발 한 발 떼는 그 자체가 고통이었습니다. 계단 난간의 스텐파이프를 잡고 기다시피 올라갈 때였습니다. 담임목사님께서 사무실에서 나오시다가 저의 모습을 보셨습니다. 계단에서 아픈 허리를 부여잡고 담임목사님께 안수기도를 받았습니다. 안수기도를 받고 나자 마음에 평안이 찾아오며, 기쁨이 생겼습니다. 저도 모르게 일어나서 기쁜 마음으로 가볍게 집으로 걸어갔습니다. 하나님께서 저의 아픈 몸을 고쳐주신 것입니다. 전에 퇴행성관절염으로 고통 받던 성도가 몸이 나았다고 간증하는 것을 들었을 때, 확실히 믿지 못하였습니다. 그런데 제가 직접 경험하고 저의 몸이 낫게 되니, 그 모든 일이 사실로 믿어지게 되었습니다. 우리 교회 성도님들 중에는 육신의 질병에서 치유 받은 신앙의 간증들, 그리고 갖가지 문제에서 해결받은 성도들이 너무도 많습니다. 우리 교회는 주님께서 아픈 병자를 치료하여 주셨던 베데스다의 연못, 그리고 가나의 혼인 잔칫집과 같이 급박한 문제를 해결 받는 은혜의 장입니다. 초대교회와 같이 신유의 역사가 지금도 뜨겁게 살아 역사하는 기적의 현장이 바로 우리 한서교회라고 확신합니다. 강단에서 흐르는 담임목사님의 말씀을 통해 많은 성도들이 주님의 크신 은혜를 체험하고 감격하며 기뻐합니다. 이 귀한 교회에서 은혜와 기쁨으로 권사로 봉사하는 사명을 주신, 좋으신 우리 주 하나님께 모든 영광을 올립니다.(2006.5.21)

치료의 하나님, 기적의 하나님께 영광을 올립니다!

강영선 집사

간증문을 쓰려 하니 부족한 저는 간증문을 쓸 용기도 자신도 생기질 않았습니다. 그러나 저에게 베풀어 주신 기적 같은 불치병의 치료의 체험을 많은 분들에게 알려서 주님께 영광을 돌려야겠다는 생각이 들어 용기를 내어 간 증문을 씁니다. 8년 전에 저는 장모님과 아내에게 전도를 받고 한서교회에 등록하여 다니게 되었습니다. 그 당시에는 신앙의 열정도 없고, 주님을 뜨겁게 만나지 못하여, 6년이라는 긴 세월을 마치 시계추와 같이 교회에 다니게 되었습니다. 그러던 어느 날 갑자기 몸이 불편해서 강북삼성병원에 입원하게 되었습니다. 20여 일 넘게 입원을 하여 치료를 받았는데도, 병에 차도가 보이질 않고, 점점 심해졌습니다. 병원에서는 병의 원인을 제대로 알지 못하여 치료가 안 된다는 말을 하였습니다. 불안과 초조와 두려운 마음이 저를 엄습하였습니다. 담임목사님께서 심방을 오셨습니다. 몸이 아프고 미래에 대한 두려움으로 가득 찬 저는 주님께 매달릴 수밖에 없었습니다. 담임목사님께서 저의 머리에 손을 얹고 안수기도를 해주셨습니다. 마음의 평안이 저를 찾아왔습니다. 주님께서 저를 책임져 주실 것이란 믿음이 솟아나기 시작하였습니다. 불안과 초조한 마음이 조금씩 사라지고, 저의 심령에 소망의 빛이 스며들기 시작하였습니다.

이후 서울아산병원으로 옮겨 치료를 받았습니다. 그곳에서도 별다른 방법이 없다고 하였습니다. 한 달 동안 영양제와 물 그리고 식사도 못한 채 침대 생활만 하였습니다. 그러던 중 문득 '이대로 죽을 수만은 없다'는 생각이 들었습니다. "하나님! 간절히 간구하오니 저의 병을 고쳐주시옵소서. 하루라도 빨리 퇴원하여 주님께 칭찬받기 위해 주님의 일을 열심히 하겠습니다. 저를 위하여 기도하시는 모든 가족과 담임목사님과 성도들의 기도에 응답해 주세요."라고 부르짖어 기도하였습니다. 담임목사님께서 병원으로 심방을 또 오셨습니다. "모든 것을 주님께 맡겨 버리라."고 말씀해 주셨습니다. 그리고 저의 아픈 몸을 부여잡고 기도해 주셨습니다. 그 말씀에 저는 결단을 하였습니다. "저의 몸도 마음도 이제는 주님의 것입니다. 사는 것도 죽는 것도 주님께 맡기겠습니다." 그리고 퇴원을 하였습니다. 병이 나아서 퇴원을 한 것이 아니었습니다. 주님께 이 생명을 맡기고 퇴원한 것입니다. 이후 하나님께서는 저를 변화시켜 주셨습니다. 주일예배, 수요예배, 금요심야기도회, 크로스웨이 성서대학, 그리고 새벽기도회에 빠짐없이 참석하였습니다. 그리고 찬양대, 새가족양육부, 교회의 각종 신앙 프로그램에 기쁜 마음으로 적극 참여하였습니다.

매 순간 저는 성령의 역사를 체험하였습니다. 금요심야기도회 시간 담임목사님께서 저의 머리 위에 손을 얹고 기도하여 주실 때, 주님의 치료의 손이 저의 영혼을 붙잡고 계신다는 확신에 눈물 흘리며 감사의 기도를 올렸습니다. 하나님의 치료의 손길이 저의 온 몸을 휘감는 것만 같았습니다. 병에 대한 근심과 걱정과 염려가 물러갔습니다. 주님께서 저를 치료해 주시고 저를 고쳐 주신 것입니다. 변화된 삶이 저를 찾아왔습니다. 열심히 기도하고, 열심히 전도하였습니다. 결혼 전에도 저는 원인 모를 병으로 생과 사의 길에 있을 때에 하나님의 은혜로 살아난 적이 있습니다. 결혼하고 한 동안 아내가 임신이 되지 않아 마음고생도 하였습니다. 그러나 주님께서는 예쁜 딸 '민주'를 저에게 선물로 주셨습니다. 아버님께서 돌아가시고 어머님께 우울증이 생겨서 여러 가지로 걱정이 많았습니다. 그런데 어머님께서 한서교회에 나오셔서 기쁨으로 신앙생활을 하시면서, 그 우울증도 치료가 되었습니다. 예배 시간마다 들려주시는 담임목사님의 은혜의 말씀, 그리고 심방하실 때마다 저희 가정을 위해 해주시는 담임목사님의 간절한 기도가 무척이나 큰 힘이 되었습니다. 이를 통해 우리 가족은 놀라운 치료와 기적의 은혜를 매순간 입게 되었던 것입니다. 사람으로 할 수 없는 일을 하나님께서는 해 주셨습니다. 모든 영광을 오직 하나님께만 올립니다.(2006.5.28)

항상 함께하시는 하나님의 은혜

지순용 장로

병약한 몸이었지만, 건강하게 생명을 연장해 주신 분은 하나님이심을 믿고 찬양합니다. 지금까지 3남매를 키우며, 남편 박갑철 권사를 내조하며, 열심히 교회를 섬겼습니다. 과거에 저는 협심증, 위장병, 저혈압, 만성맹장염, 늑막염, 신장결석 등 종합적인 병에 걸려 제 몸을 가누기조차 힘든 형편으로, 밥을 제대로 소화시키지 못해 죽을 먹고 살아야 하는 허약한 몸이었습니다. 지금부터 9년 전, 담임목사님께서 본 교회에 부임하신 지 1년여가 지난 어느 금요심야기도회 시간에 저의 머리에 손을 얹는 순간, 성령께서 저의 몸을 치유하시는 신령한 영적 체험을 할 수 있었습니다. 저는 그 이후에 지역장으로, 여선교회 회장으로, 그리고 여선교회 총회장으로 열심히 봉사할 수 있는 큰 은혜를 입었습니다. 마포지방 여선교회 연합회장, 서울연회 여선교회 부회장으로 대외적으로도 활발하게 봉사하게 되었습니다. 지난해에는 부족하기 이를 데 없는 저에게 장로의 반열에 오르게 하는 주님의 은혜와 성도들의 사랑을 입게 되었습니다. 모든 영광을 나를 치료하시고 세워주신 하나님 아버지께 올립니다.

우리 교회는 은혜와 사랑이 넘치는 교회입니다. 담임목사님께서는 권위적으로 교인을 대하시지 않고, 마치 친구와 같이 다정다감하게 따뜻한 사랑으로 성도들을 돌보십니다. 병든 자에게 손을 얹고 안수기도 하시면, 금방 돌아가실 것같이 아프시던 우리 교회의 노인 권사님들과 집사님들께서 병석에서 일어나 교회에서 열심히 신앙생활하시는 기적과 같은 일들을 저는 여러 차례 직접 목격하고 체험하였습니다. 아주 먼 거리일지라도 성도들의 장례식이나 결혼식에도 담임목사님께서 항상 직접 집례하시는 모습을 보면서, 우리 성도들을 향한 사랑이 얼마나 크신지를 항상 느끼고 있습니다. 저의 손자 준형이가 어렸을 때의 일입니다. 열만나면 항상 중이염을 앓았는데, 한 번은 세브란스 병원에서 전신마취를 시키고 수술을 하라고 하는데, 수술한다 할지라도 회복의 가능성은 50%도 안 된다고 하더군요. 저는 도저히 아홉 살짜리 손자를 수술시킬 수 없어, 그냥 데리고 와서 하나님께 모든 것을 맡기고 기도하기로 하고, 아이를 데리고 담임목사님께 갔습니다. 담임목사님께서는 고열로 고통 받는 준형이를 안고 기도를 해주셨습니다. 그리고 놀랍게도 준형이의 병이 기적적으로 치유되었습니다.

우리 준형이만 주님께 고침 받은 것이 아닙니다. 교회 근처에 사는 박 집사님의 다섯 살짜리 손자가 어느 병원에서 의료사고를 당하여, 서울대학병원 중환자실로 급히 옮기게 되었습니다. 산소호흡기로 생명을 연명하는 식물인간 같은 아주 심각한 상태였습니다. 병원에서도 힘들다고 하였습니다. 그러나 담임목사님께서는 하나님께서 분명 기적을 베풀어 주실 것이라 말씀으로 위로하면서, 그 아이의 병실로 가서 안수기도 해 주시고, 집회시간마다 그 아이를 위해 모든 성도들과 함께 중보기도 하였습니다. 그리고 기적이 일어났습니다. 점점 그 아이가 소생하는 것이었습니다. 두 달 후에 그 아이가 믿지 않는 부모의 손을 잡고 온전히 회복되어, 주일 대예배시간에 교회에 나온 것입니다. 기적의 하나님을 찬양합니다. 치료의 하나님께 영광을 올립니다.

제가 1년 전에 귀에 있는 달팽이관에 이상이 생겨 몸의 중심을 제대로 잡지 못하는 병에 걸려 고생할 때에도, 담임목사님의 안수기도와 온 성도들의 중보기도로 기적같이 몸이 회복되어 건강하게 교회에 나와 주님의 일을 하고 있습니다. 지금은 자녀들의 권유로 공기 좋은 산본 지역으로 이사를 와서 살고 있어 비록 몸은 교회와 멀리 떨어져 있지만, 저의 마음은 항상 한서교회 담임목사님 그리고 성도님들과 함께 있습니다. 교회가 멀어도 주일을 성수하고 있고, 수요 집회에도 빠지지 않고 열심히 예배드리고 있습니다. 이렇게 건강 주신 하나님께 영광을 돌립니다. 항상 사랑으로 기도해 주시는 담임목사님, 그리고 부교역자님들과 온 교우들께 감사드립니다. 이 생명 다할 때까지 죽도록 충성하다가 하나님 부르실 때, 잘했다 칭찬받는 주님의 필요한 일꾼이 되고자 최선을 다해 일하고 열심을 다해 기도하며 전도하겠다고 다짐해 봅니다. 할렐루야, 아멘!(2006.6.4)

항상 기뻐하라 이는 그리스도 예수 안에서 너희를 향하신 하나님의 뜻이니라

김영순 권사

 먼저 하나님께 감사와 영광을 돌립니다. 저는 지혜도 지식도 부족한 연약하기 이를 데 없는 사람입니다. 그러나 저의 짧은 간증이 하나님께는 영광이 되고, 천국을 향해 함께 걸어가는 신앙 안에서 한서의 믿음의 공동체 가족이 된 우리 모두에게 영적 삶의 도움이 되었으면 합니다. 저는 1984년부터 신앙생활을 했다고 하지만 교회에서 방황하기도 했다가 나가기도 했다가 들쑥날쑥 신앙생활을 했습니다.

저는 한서교회를 오기 전에는 많은 어려움 속에서 광야의 삶처럼 원망하며 불평만 하였습니다. 신앙생활을 한다고 하는데도 삶에 어려운 문제가 임하면 불평과 불만으로 늘 마음이 불편한 가운데 지냈으며, 평안이란 나와 상관없는 두 글자처럼 생각하면서 낙심과 홀로 말 못할 괴로움으로 번민하여 밤잠을 이루지 못할 때가 많았습니다. 그러므로 어떤 때는 소화불량에 걸려 고통을 겪고 온 세상 근심과 걱정을 혼자 떠맡은 사람처럼 무겁게 세상을 살았습니다.

그러던 저에게 한서교회는 저의 인생의 변화가 임하게 하였습니다. 담임목사님께서 주일마다 외치는 말씀으로 영적인 힘을 크게 갖게 되었고, 성경공부(크로스웨이)를 통해 순종의 삶을 배웠고, 한서교회 성도들의 뜨거운 사랑 속에 가나안 천국을 체험할 수 있었습니다. 비록 물질은 잃었을지 몰라도 우리 온 식구가 주님 안에서 건강하고 평안함으로 늘 감사했습니다. 그런데 우리의 인생은 파도와도 같다고 할까요. 저희 가정에 산더미 같은 파도가 다시 밀려 왔습니다. 남편(故 전계근)이 치주염으로 심하게 부어서 회사에도 가지 못하고 혼자 스스로 진통제를 먹으며 고생했습니다. 열로 인하여 혈관이 약해진 데다 술을 마셨고 그 후유증으로 인해 뇌출혈을 일으켰습니다. 결국 혼수상태에 빠져 응급실에 실려 갔습니다.

그날 새벽 2시 담임목사님께서 남편에게 세례를 주셨습니다. 90% 사망이라고 진단이 내려졌지만 온 성도가 새벽 철야 시간마다 남편 전계근 성도의 이름을 부르며 애통하며 기도했습니다. 그때 저희 가족은 남편의 생명을 1년 7개월 동안 연장시켜 주시는 하나님의 놀라운 구원의 역사를 체험했습니다. 정말 무섭고 두려웠습니다. 가장으로서 울고 있을 수만은 없었습니다. 저는 말씀에 의지했습니다. 저희 담임 목사님 말씀을 들으면서 평안을 누리고 찬양 속에 힘을 얻었습니다. 저는 하나님께 빚진 자로서 하나님과 여러분께 물질로 기도로 위로로 많은 사랑을 받았습니다. 6월 죽어가는 한 영혼을 전도하기 위해 우리 교회가 새생명 탄생을 위한 발대식을 가졌습니다. 많은 열매가 맺혀질 것을 믿고 기도합니다. 예수님의 이름과 권세와 능력을 믿고 성령님의 도우심으로 전도의 열정을 품고 나아가기 원합니다. 저희 가족에게 힘이 되어주신 목사님과 성도 여러분께 깊은 감사를 드립니다.(2006.6.11.)

합력하여 선을 이루시는 하나님의 은혜

제주도 속회지도자 세미나를 다녀와서

박명옥 권사

"우리가 알거니와 하나님을 사랑하는 자 곧 그의 뜻대로 부르심을 입은 자들에게는 모든 것이 합력하여 선을 이루느니라."(롬 8:28)

속회지도자 세미나를 다녀온 후, 금요일 오전, 우리 교회 김순애 권사님의 간증(CBS방송)을 인터넷으로 듣고 있는데, 교회에서 연락이 왔다. "담임목사님께서 이번에 다녀온 소감과 간증을 쓰라고 부탁하셨습니다."라는 내용이었다. "네, 순종하겠습니다." 하고 수화기를 놓는 순간 나도 모르는 감격과 잔잔한 기쁨이 내 가슴을 가득 메웠다. '이번에 같이 갔던 46명의 일행이 모두 나름대로의 간증과 느낌이 다 있으실 텐데, 하필이면 왜 '나'일까? 아니야! 매도 먼저 맞으면 편하다고 나의 조그만 간증이 하나님께 영광 돌리고, 이 칼럼을 보는 이가 은혜를 받는다면'하는 생각에, 먼저 두 손 들고 하나님께 "주님, 나의 오른팔을 붙들어 주소서, 나의 마음에 은혜를 부어 주소서."라고 간구하였다. 본 교회 속회지도자 일행은 모두 새벽부터 설레는 마음으로, 우리나라의 제일 큰 섬, 제주도에 가게 된다는 들뜬 마음으로 교회에 모여 해외에라도 여행 나가는 기분이 되어, 인천공항에 도착하였다. 구용회 집사님의 인솔 하에 비행기 티켓을 받아들고 검색대를 지나, 우리를 태우고 갈 비행기에 올라타니, 비행기는 서서히 움직여 상공을 날기 시작하였다. "우와! 떴구나!" 했더니, 약 1시간 비행 후에 아쉽게 제주 공항에 도착하였다. 쾌청하고 맑은 날씨가 먼저 우리를 반기었다.

담임목사님의 도착 감사기도가 있은 후, 제주도 태생인 가이드가 제주의 사투리말로 반긴다. "먼 길 오시느라 폭삭 속았수다(먼 길 오시느라 수고 많으셨습니다)." 제주방언에 한바탕 웃음이 터져 나왔다. 연수원으로 가는 길이 멀어, 중간 중간에 있는 관광지를 돌아보았다. 깨끗하고 좋은 날씨 속에 이곳저곳을 둘러보고, 삼삼오오 사진도 멋지게 찍어가면서, 틈틈이 하임이(양은미 지휘자님의 딸)의 재롱을 보고 또 웃고, 어느덧 감리교 여선교회회관 연수원에 도착하였을 때는 우리의 몸이 모두 지친 상태였다. 방 배정을 받고 곧바로 예배실에 모여 모두 숙연하게 하나님께 감사 기도를 드린 후, 우미리 부목사님의 찬양과 율동인도로 많은 은혜를 받았다. 황명희 전도사님의 사회로 개회예배가 시작되었으며, 연이어 담임목사님의 말씀이 너무나도 은혜롭게 더욱 새롭게 마음에 와 닿았다. 합심기도와 안수기도, 찬양이 이어졌고, 우리는 벌써 성령에 사로잡혀 둘씩둘씩 돌아가며 짝을 지어 위해서 기도하기 시작하였다. 서로를 눈물로 위해서 기도하는 모습에서 우리는 하나님의 한 자녀임을 깨닫게 되었고, 가슴과 가슴 맞닿는 감격의 사랑과 억누를 수 없는 하나님의 크신 은혜를 다시 한 번 느끼며, 내가 한서교회의 교인이 된 것이 자랑스럽게 또 자부심이 강하게 임했다. 기쁨과 감격의 은혜 체험으로 밤이 가는 줄 모르고 기도가 계속되었다.

제주도 속회지도자 세미나의 첫날밤은 은혜와 성령의 밤 그 자체였다. 교회에서 항상 듣기에 익숙하였던 담임목사님의 말씀이 그날은 더욱 새롭게 마음에 다가왔던 것이다. 그날의 말씀과 찬양, 그리고 주님께 마음껏 드렸던 기도는 나의 영혼에 새로운 힘이 되었다. 성령님의 은은하면서도 감동적이며 감격적인 에너지가 나의 영혼을 울리는 것만 같았다. 그날 밤의 은혜와 감격을 가슴에 품고 나는 방으로 돌아와 개골개골 개구리의 노랫소리에 어느덧 꿈나라로 단잠을 자게 되었다. 이튿날 일찍 일어나 아침 7시에 두 개의 조가 합하여 한방에 모여서, 여교역자님들의 인도로 아침경건 기도회를 마치고 연수원에서 준비한 아침식사를 맛있게 먹은 후 버스에 합승하여 둘째 날 관광을 하였다. 토고와의 축구경기, 대한민국이 이겼단다. "어머나!" 게다가 소중천 권사님께서 그 비싼 한라봉 5상자와 회도 사 오셔서 우리는 또 한 번 즐거웠다. 관광하고, 은혜 받고, 남이 해주는 밥 먹다 보니 집에 가기가 싫은 사람이 있었는지, 떠나는 아침에 바람이 불면서 비가 주룩주룩 내린다. 제주도 날씨는 13번 바뀐다고 하여 우리가 비행기 탈 때는 비가 그치기를 바라며 제주공항에 도착하였는데, 비행기가 결항되어 대합실이 초만원이다.

우리를 태우고 갈 비행기가 상공을 선회하다가 착륙을 할 수 없어서 인천공항으로 돌아갔단다. "어쩌나! 하는 수 없이 다시 연수원에 가야 하나?" 고민하던 차, 구용회 집사님의 재치 있는 움직임으로 다음날 아침 10시 20분 비행기를 예약하였다. 그리고 여선교회 연수원은 공항에서 너무 멀어, 2~3분 거리의 가까운 관광호텔도 저렴하게 곧바로 예약하였다. 나는 재빨리 사랑하는 남편에게 전화로 이 사실을 알렸다. "여보! 우리가 우천관계로 못 가게 되었어요. 그런데 당신이 관광호텔 숙박비를 내 주셨으면 하는데, 어떠세요?" 뜻밖에 남편은 "그렇게 해요."라고 말하였다. 그 말을 듣자 너무나도 고마워 나는 서기로 수고하시는 권주경 권사에게 즉시 이 사실을 알렸다. 우리는 호텔 측의 배려로, 수요예배(오후 7:30~8:30)를 또 다른 은혜와 감격과 감동 속에 드릴 수 있었다. 우리가 전혀 생각지 못했던 은혜를 주님께서는 담임목사님의 말씀을 통해 폭포수와 같이 부어 주셨던 것이다. 예배 후에 담임목사님께서는 우리에게 자유 시간을 주셨다. "우리 담임목사님, 역시 멋지셔!" 많은 사람이 호텔에서 잠을 자고 눈을 떠보니 다행히 비는 내리지 않았으나 흐린 날씨였다.

"주여! 감사합니다. 이번에는 저희도 가족이 기다리는 서울로 가고 싶어요. 비행기가 잘 떠서, 잘 도착할 수 있게 도와주세요."라고 기도하였다. 서울에 도착하니, 교회에서 25인승 버스 1대와 12인승 승합차 3대로 마중을 나와 우리를 반기었다. 한서교회! 우리 교회에 무사히 도착한 것을 감사하며, 모두 지하예배실에 모여 담임목사님께서 들려주시는 "모든 것이 합력하여 선을 이루신 하나님의 은혜"라는 제목의 말씀에 다시 한 번 가슴 깊이 하나님의 크신 은혜를 느꼈다. "그래! 맞아, 맞아, 하나님 아버지! 감사합니다. 아버지! 충성할게요."라고 다시 한 번 다짐하였다. 우리는 받은 사명 감당하기 위해 모두 흩어져서 자기 가족이 기다리는 집으로 향했다. 감사합니다.(2006.6.18, 6.25)

믿음대로 되리라

유기순 권사

"우리가 다 그의 충만한 데서 받으니 은혜 위에 은혜러라."(요 1:16)

할렐루야! 존귀와 영광을 받으시기에 합당하신 하나님께 영광과 찬송을 돌립니다. "하나님이 세상을 이처럼 사랑하사 독생자를 주셨으니 이는 저를 믿는 자마다 멸망치 않고 영생을 얻게 하려 하심이라(요 3:16)." 십자가에 달려 돌아가신 독생자 예수 그리스도께서는 병들어 죽을 수밖에 없는 저의 영혼을 구원하여 주셨습니다. 고통과 아픔과 저주 속에서 건져주신 예수 그리스도를 찬양합니다. 2003년 5월, 저는 과로와 정신적인 피로로 육신에 이상이 오기 시작하였습니다. 어느 날 잠에서 깨어보니 말이 잘 되지 않으며, 입술에 감각이 없고, 침이 흘러내리면서 먹은 것이 흘러나오는 것이었습니다. 너무도 놀라서 한방 병원을 찾아갔습니다. 의사의 진찰 결과, 얼굴에 마비가 왔다는 충격적인 소식을 접하였습니다. 당뇨혈당 수치도 380을 넘었습니다. 점점 쇠약해지면서, 온몸의 통증으로 견딜 수가 없었습니다. 몸이 아프니 기도가 제대로 나오지를 않았습니다. 어느 금요심야기도회 시간에 주님께 나의 몸을 내어 맡기며 뜨겁게 기도하였습니다. 담임목사님의 안수 기도를 받고 나자, 마음에 평안이 찾아왔습니다. 큰 병원을 찾아가서 정밀진단을 받아 보니, 당뇨, 혈압, 갑상선, 심장, 목과 허리디스크, 궤양성 관절염, 위궤양, 근육통 등으로 저의 육신은 병약한 상태 속에 있었습니다. 항상 드리던 새벽기도회는 물론, 몸이 아파서 주일 예배도 못 드리는 날도 있었습니다.

저는 아플 때마다 "그가 찔림은 우리의 허물을 인함이요, 그가 상함은 우리의 죄악을 인함이라. 그가 징계를 받음으로 우리가 평화를 누리고 그가 채찍에 맞음으로 우리가 나음을 입었도다."라는 이사야 53장 5절의 말씀을 외우면서, 고통을 참고 주님께 기도하며 매달렸습니다. 담임목사님께서는 병 낫기를 위해 노력하는 저를 위해 집중적으로 안수 기도를 해 주셨습니다. "자녀가 잘 되고, 믿음대로 될 지어다."라는 담임목사님의 축복 기도가 저의 영혼에 울려 퍼졌습니다. 간절히 매달리는 저의 영혼에 성령님께서 임재하셨습니다. 주님께서 쏟아 부어 주시는 치료의 광선이 저의 육신을 치료해 주셨습니다. 생수의 강물이 영혼에 넘치면서, 영혼과 육신에 평안이 찾아왔습니다. 넘치는 기쁨과 감격 속에 새로운 신앙생활을 하게 되었습니다. 자녀들도 주님을 잘 섬기고, 질병으로 고통 받던 저의 몸도 깨끗이 나았습니다. 이 모든 복을 내려 주신 하나님 아버지의 크신 은혜에 진심으로 감사드립니다. 주님께서 우리 가정에 부어주신 크신 은총은 그 무엇으로도 갚을 길이 없습니다. 저는 우리 가정이 누리는 복은 한서교회 담임목사님께서 저희 가족을 위해 해 주신 중보기도의 응답임을 분명히 확신합니다. 몸이 아프거나 괴로움 속에 있는 분이 계시다면, 주저하지 마시고 주님께로 나오십시오. "내가 주는 물을 먹는 자는 영원히 목마르지 아니하리니 나의 주는 물은 그 속에서 영생하도록 솟아나는 샘물이 되리라(요 4:14)."고 말씀하신 예수 그리스도께서는 우리의 모든 질병을 깨끗이 치료해 주시고, 모든 문제의 근원을 해결해 주십니다. 만물을 창조하시고 섭리하시는 하나님께 존귀와 영광을 돌립니다.(2006.7.2)

삶에 대한 애정

김정균 권사

 저희 부친께서는 한학자로 상투 쓰시고, 갓 쓰시고, 하얀 도포 입으시고, 행진까지 치시며, 항상 정장차림으로 지내신 분이셨습니다. 이처럼 완고한 가정에서 태어난 제가 하나님을 섬기며 예수 그리스도를 믿는다는 것은 상상할 수 없는 기적이었습니다. 저를 아는 주변 사람들도 한결같이 놀라운 일이라고 말합니다. 그러한 저를 하나님 앞에 인도한 사람은 큰딸 김미경이었습니다. 큰딸이 호주로 이민을 가게 되었습니다. 먼 이국으로 딸을 떠나보내는 아비의 마음이 몹시 아쉬웠습니다. 걱정하는 저의 마음을 알아차린 듯 이민 가기 전 어느 날, 큰딸이 와서 "아버지, 걱정 마시고 하나님 앞에 저희를 위하여 기도하여 주세요. 그러면 비록 우리가 호주에 살더라도 하나님께서 모든 어려운 일을 다 해결해 주세요."라고 말하며, 하나님 앞에 나가 예배를 드리자고 강권하여 전도하는 것이었습

니다. 큰딸의 권고를 받은 후, 저와 저의 아내, 그리고 큰딸과 사위는 1996년 12월 29일 한서교회 오전 11시 예배에 참석하면서 신앙의 길을 시작하게 되었습니다. 그 후 오늘에 이르러서는 주님을 더 일찍이 모시고 섬기지 못한 아쉬움이 너무도 많습니다.

부끄러운 고백이지만 저는 교회에 다니면서도 하루에 담배를 한 갑 반 정도 피우는 골초였습니다. 교회에 갈 때는 양치질을 하고 다니면서 늘 죄책감을 느꼈습니다. 그런데 지금부터 9년 전 어느 날 갑자기 담배를 끊게 되었습니다. 지금 생각하면, 우리 하나님께서 저의 건강이 좋지 않아서 강권적으로 담배를 끊게 하셨던 것 같습니다. 담배를 끊는 게 뭐 그리 큰일인가 생각하는 분이 계실지 모릅니다. 그러나 저에게 있어 이 일은 생사를 가늠할 정도로 중요한 문제였습니다. 43년 동안 즐겨 피우던 담배를 아무 고통 없이 단번에 끊게 된 것은 전적으로 주님의 크신 은혜였습니다. 기쁨과 감격 속에서 살던 저는 2004년 7월 10일경 위암 판정을 받고 수술을 받으려 할 때, 담배를 오래 피운 탓으로 기관지와 폐기능이 약하여 마취주사를 맞을 때 회생하기가 어렵다는 이야기를 들었습니다. 가족의 걱정으로 바로 수술에 들어가지 못하고, 15일 동안 폐 기능에 대한 치료를 한 다음 위암 수술을 받을 수 있었습니다. 하나님께서는 담배를 끊게 하셔서 위암 수술을 준비케 하셨던 것입니다. 미리 담배를 끊었기에 망정이지, 만약 그때 담배를 끊지 않았다면, 위암 수술 자체가 불가능할 뻔 했습니다. 새 생명을 얻게 된 것은 하나님의 명령에 따라 그때 금연을 하였기 때문입니다. 만약 제가 하나님을 섬기지 않고 예수님을 믿지 못하였다면, 새로운 삶도 얻지 못하였을 것이고, 저는 벌써 이 세상 사람이 아니었을 것입니다. 저에게 새 생명을 허락하신 주님께 감사와 찬양을 드립니다.

수술을 받고 10개월이 지날 무렵, 저는 담당의사로부터 청천벽력과 같은 소식을 접하게 되었습니다. 암이 재발하여 전이되었다는 것입니다. 많이 살면 10개월 빠르면 6개월 정도 살 수 있으니, 주변을 정리하고 죽음을 준비하라는 무서운 시한부 사형선고를 받았습니다. 죽음의 공포와 절망이 저의 온 영혼을 어둡게 짓눌렀습니다. 그날 저녁(2005년 9월 어느 금요일이었습니다), 제 1남선교회 속회를 마치고 금요심야기도회에 참석하여, 담임목사님께 안수기도를 받았습니다. 안수기도를 받는 순간, 마음이 한결 가벼워지면서 전이된 암이 다 낫게 될 것이라는 확신에 사로잡혔습니다. 그날 밤 저는 매우 큰 감동을 받았으며, 그날 부른 복음성가 "이제 내가 살아도 주 위해 살고 이제 내가 죽어도 주 위해 죽네 / 하늘 영광 보여주며 날 오라 하네 할렐루야 찬송하며 주께 갑니다 / 그러므로 나는 사나 죽으나 주님의 것이요 사나 죽으나 사나 죽으나 / 날 위해 피 흘리신 내 주님의 것이요"의 곡조가 내 가슴에 사무쳐 큰 소망의 위로를 받았습니다. 하나님 계신 천국에 가는 것이 더 행복할지 몰라도, 저는 이 땅에서 사랑하는 처자식과 더 살고 싶었습니다. 그래서 하염없이 많은 눈물을 그날 밤에 흘렸습니다. 존경하는 성도 여러분! 그날 이후, 좋으신 우리 하나님께서는 그 무서웠던 시한부 사형선고를 깨끗이 씻어주셨습니다. 담임목사님의 안수기도로 무거운 병에서 기적과 같이 치유되어 건강을 다시금 찾게 된 것입니다. 저를 치료하여 주시고 고쳐주신 우리 하나님의 크신 은혜에 큰 감사와 영광을 돌립니다.(2006.7.9)

나중 시작한 자가 먼저 되기 위하여

안기철 집사

 저에게는 91세 되신 노모 임순희 권사님(충남 대천 명동감리교회)이 계십니다. 저희 집에 1년에 3~4회 오시면, 항상 "예수님 좀 믿어라" 말씀하셨습니다. 저는 그때마다 "예"라고 대답은 하였지만, 건설현장에서 사업자로 일을 하느라 쉽게 교회에 나가지 못했습니다. 그러던 어느 날 갑자기 어머님 생각이 났습니다. 저의 나이가 벌써 60이 넘었구나 하는 생각이 들었습니다. 이제 어머님께 효도도 하고, 예수님 믿어 천국 갈 준비를 해야지 하는 생각에 나를 위해 항상 기도하는 사랑하는 아내 이임분 권사에게 이끌려 한서교회에 첫 발을 디디게 되었습니다. 처음 교회 와서 신앙생활을 할 때에는 열심을 내지 못하였습니다. 그런데 담임목사님의 권고로 2004년도에 크로스웨이 성서대학 3기생으로 입학하여 담임목사님께 성경말씀을 직접 지도받으면서, 신앙과 삶에 변화가 찾아왔습니다. 전에는 희미하였던 구원에 대해 확신이 분명해지기 시작했고, 주일 대예배 시간에 담임목사님께서 들려주시는 말씀이 큰 은혜로 저에게 와 닿았습니다. 말씀을 들으면 저도 모르는 용기와 힘이 생깁니다. 그리고 전도의 꿈도 생겼습니다. 비록 많은 태신자들을 전도하지 못했지만, 2004년부터 1년에 한 영혼을 전도하여 지금은 저를 통해 2명의 태신자가 예수님을 영접하는 은혜도 주셨습니다.

작년 어느 주일날 설교 시간에 담임목사님께서 "먼저 된 자가 나중 되고 나중 된 자가 먼저 된다"는 말씀을 해 주셨습니다. 비록 늦게 신앙생활을 시작하였지만, 먼저 된 이들보다 더 잘 할 수 있을 것이란 신앙의

욕심이 생겼습니다. "나중 된 자가 먼저 되기 위해서는 무언가 다른 점이 있어야 하겠구나"하는 마음에서, 신앙의 구체적인 실천 목표를 정하였습니다.

첫째 : 집회(예배) 참석, 1년에 300회 이상

둘째 : 성경상고, 1일 10장 이상

셋째 : 새벽기도, 1주일 4회 이상

넷째 : 일천번제, 예배참석 시마다(3년 1개월)

다섯째 : 전도, 1년에 1명 이상

목표를 정해 놓고 실천하고자 하니, 쉬운 일이 아니었습니다. 그러나 예배 시간에 열심히 참석하다 보니, 약속도 예배 있는 날은 피해서 다음으로 미루게 되었습니다. 재물에 대한 저의 생각에 변화가 찾아왔습니다. "네 보물이 있는 곳에 네 마음이 있다(마태복음 6:21)"는 주님의 말씀이 마음에 깊이 새겨졌습니다. 주시는 분도 하나님이시며, 가져가시는 분도 하나님이십니다. 모든 것이 주님 것입니다. 비록 많은 돈은 아니지만, 2008년까지 달성을 목표로 지난 해 12월 초부터 일천번제 헌금을 시작하였습니다. 주님께 물질을 드리는 기쁨을 지속적으로 이어갈 수 있게, 주님께서 물질의 복을 저에게 부어 주실 줄 믿습니다. 몸이 아플 때도 예전에는 하나님을 부르지 않았는데, 지금은 몸이 아프면 하나님을 더욱 간절히 찾게 됩니다.

금년 부활절에 예수님께서 우리의 죄를 대신해서 십자가에 못 박히셨다는 담임목사님의 말씀에 큰 은혜를 받았습니다. 다음 날, 새벽기도회를 나오는데, 갑자기 옆구리가 아파오며 고통이 매우 심했습니다. 아내 이임분 권사와 함께 새벽기도회는 나왔지만, 옆구리의 고통으로 가만히 앉아 있을 수가 없어서 뒤의 의자에 앉았습니다. 하나님께 "피 묻은 주님의 손으로 안수해 주셔서 저를 고쳐 주십시오."라고 간절히 기도하였습니다. 예수님의 십자가에서의 고통을 생각하고 집에 가서 있었는데, 슬며시 아픈 옆구리가 낫는 것입니다. 주님께서 저의 아픈 옆구리를 치료하여 주신 줄 믿습니다. 새벽기도회에 참석하여 항상 하는 기도가 있습니다. "하나님 아버지, 오늘도 지켜주시는 가운데 무사함을 감사합니다. 저희에게 믿음 주시고 건강 주시어서 주님 전에 나와 기도와 찬송으로 하나님께 영광 돌림으로 하루를 시작하게 하여 주셔서 감사합니다. 오늘도 죄 범하지 않게 지켜주시고 실수하지 않게 도와주십시오. 예수님의 이름으로 기도합니다. 아멘." 새벽기도를 드리고 하루를 시작하면, 하나님께서 모든 것을 지켜주신다는 믿음이 생기게 되어, 하루를 평안히 지내게 됩니다. "네 시작은 미약하였으나 네 나중은 심히 창대하리라(욥 8:7)" 하신 말씀을 믿고 열심히 기도하며 노력하고 있습니다. 이제 와서 생각하니 일찍이 예수 믿고, 젊었을 때 헌신하며 봉사하지 못한 것이 후회스럽습니다. 늦게라도 저에게 믿음 주시고 사명 주신 하나님께 감사드리며, 사명 감당할 수 있는 모든 조건 함께 주실 줄 믿고 더욱 감사드립니다. 이 생명 다하도록 죽도록 충성할 것을 다짐합니다. (2006.7.16)

광명을 선물로 주신 좋으신 하나님

원희숙 권사

 모든 존귀와 영광을 우리 주님께 드립니다. 저는 3년 전 "초자체출혈"이라는 안과 진단을 받았습니다. 수술을 하지 않으면 실명하는 안과 질환입니다. 의사의 말에 의하면 수술하여도 시력을 찾을 수 있을지는 장담하기 어렵다고 하였습니다. 세 번에 걸쳐 입원과 수술, 그리고 퇴원을 거듭하였습니다. 수술 후에 안경을 쓰고, 0.2라는 시력이 나왔습니다. 지금도 눈의 절반(아래 부분)은 안 보이는 상태입니다. 밑에가 잘 보이지 않기 때문에 보는 시야가 좁아 잘 넘어집니다. 저는 눈의 조리개가 인공 조리개라서 눈의 피로가 빨리 옵니다. 그래서 햇빛을 피하기 위해 짙은 색의 선글라스를 쓰고 다니거나 모자를 쓰고 다닙니다. 비록 잘 넘어지고, 쉽게 피로해지는 눈이지만, 무엇인가를 볼 수 있다는 그 자체만으로도 저는 하나님께 감사를 드리며 살고 있습니다.

사실 저는 전에 다니던 교회에서 10여 년 전에 크로스웨이 성경공부를 했기 때문에, 제4기 크로스웨이 성경공부 모집에는 등록을 하지 않았습니다. 좋지 않은 시력이 핑계가 되었습니다. 그런 저에게 담임목사님께서는 귀로 듣기만 해도 되니, 다시 공부를 시작하라고 말씀하셨습니다. 담임목사님께서는 성경의 내용을 알기 쉽게 그림으로 설명해 주셨습니다. 성경의 내용이 어렵지 않고 재미가 있어 쉽게 이해되었습니다. 담임목사님께서 크로스웨이에 나오는 성경 구절을 전부 쓰라는 숙제를 내주셨습니다. 졸업할 때에 검사를 하신다고 하셨는데, 몹시 걱정이 되었습니다. 왜냐하면 저는 돋보기를 써야 겨우 성경책의 글씨가 보이는데, 그 많은 성경 구절을 어떻게 써야 할지 염려가 되었던 것입니다. 눈이 가물거리고, 글씨가 움직여서 성경을 읽고 쓰는 과정 그 자체가 고통이었습니다. 그때마다 "하나님 아버지, 지금 성경을 읽고 쓰려고 합니다. 아버지! 말씀을 읽고 쓰는 동안에 눈의 피로를 모르게 더욱 더 맑은 눈으로 성경을 읽고 쓰며 말씀에 깨우치게 하여 주십시오" 하고 기도하였습니다. 주님께서는 저의 기도에 응답하여 주셨습니다. 불가능할 것만 같던 성경 말씀을 읽고 쓰는 일을 할 수 있었습니다. 말씀을 읽고 쓰는 동안에 거듭나는 은혜의 체험도 하였습니다. 어렵게만 생각되었던 담임목사님께 가까이 갈 수 있는 계기가 되었습니다. 여러 성도님들과도 믿음 안에서 교제할 수 있는 은혜의 시간이 되었습니다.

지난해 연말 마지막 금요심야기도회 시간이었습니다. 담임목사님께서 "오늘 이 밤 성령의 역사가 일어날 것이라는 감동이 있다"고 말씀하시면서, 그 은혜가 여기에 있는 누군가에게 일어날 것이라 말씀하셨습니다. 담임목사님의 말씀을 들었을 때, 제 마음에 욕심이 생겼습니다. "하나님, 그 은사를 제가 받게 해 주십시오. 간절히 바랍니다"하고 기도를 했습니다. 저는 20여 년 전에 저혈압으로 쓰러진 적이 있습니다. 그때에 뇌출혈이 되어, 항상 머리가 무겁고 아픈 가운데 있었습니다. 그날 심야 기도회 당시에도 머리가 심하게 아프고 구토증상이 있어서 병원에 MRI 촬영을 예약해 놓은 상태였습니다.

저는 믿음으로 기도하며, 은혜 가운데 찬양하고, 간절한 마음으로 담임목사님의 안수기도를 받았습니다. 아픈 머리가 씻은 듯이 나았습니다. 그 당시는 찬송을 부르며 기도를 하느라 머리가 아팠던 것도 잊어버리고 있었습니다. 집에 와서 잠을 자고 난 뒤에 아침에 눈을 뜨니 머리가 개운한 것이었습니다. 구토 증상도 없어졌습니다. 그날 밤 치유의 주인공이 바로 저였다는 것을 알게 되었습니다. 그리고 시력도 0.2가 더 좋아졌습니다. 담당 의사는 시력이 좋아질 수가 없는데 좋아졌다고 몇 번이나 다시 눈 검사를 하였습니다. 교정시력이 0.2에서 0.4로 기적과 같이 향상된 것입니다. 그 순간 저는 제 입으로 고백하였습니다. "하나님, 감사합니다. 제 눈의 불편함을 잊지 않으시고 시력을 좋게 해 주시니 정말로 감사합니다." 담당주치의는 대부분의 환자들이 수술을 하여도 점차로 시력이 나빠져서 결국에는 실명하는데, 원희숙 씨는 정말 이상하다고 말하였습니다. 이 얼마나 놀랍고 감사한 일인지 모릅니다. 저를 한서교회로 인도해 주신 것을 감사드리며, 놀라운 역사를 체험케 하신 하나님 아버지께 감사를 드립니다. 우리 주 예수 그리스도를 더욱 더 찬송합니다.(2006.7.23)

임마누엘의 주님께 감사와 찬양을 올립니다!

오선화 집사

저는 믿지 않는 가정에서 6녀 1남 중 넷째 딸로 태어나, 공부 잘하고 매사에 모범적인 딸로 인정받으며 순탄한 어린 시절과 청년기를 보냈습니다. 믿는 가정에 시집을 가서 교회를 다니고 있던 큰언니의 전도로 대학 1학년 때 교회에 나가게 되었지만, 하나님이 누구신지 예수님께서 왜 십자가에 달리셨는지 아무런 깨달음도 없었고 열정도 없는 상태에서 형식적인 신앙생활을 했습니다. 그런 형식적인 신앙생활도 잠시, 저는 결혼과 함께 이런저런 이유로 교회에 나가지 않게 되었고 부족할 것 없는 행복한 생활 속에서 하나님과 점점 더 멀어지고 있었습니다. 그런 가운데 생후 15개월이 지나도 걷지를 못하던 큰딸아이를 데리고 경희의료원을 찾아가 여러 가지 검사를 한 결과 경직성 뇌성마비라는 청천벽력과도 같은 말을 듣게 되었습니다. 믿을 수도, 인정할 수도 없어 아이에게 집중하며 인간적인 모든 노력을 다하였지만 남은 건 눈물과 한숨 그리고 죽고 싶다는 마음뿐이었습니다.

그때부터 새벽마다 아픈 마음을 안고 교회 성전에 엎드려 기도하기 시작했습니다. 죽은 자도 살리신다는 주님께서 내 딸을 고쳐달라고 기도하며 매달렸습니다. 하지만 주님께서는 딸아이를 고치시기 전에 제 마음을 먼저 어루만지시고 고치시기 시작하셨습니다. 이제 내 안에 들어와 계시는 주님께서는, 딸아이가 내 딸이 아니라 주님의 딸임을 깨닫게 하셨고 나와 내 가정을 구원하시기 위한 사랑의 선물임을 깨닫게 하셨습니다. 고통과 절망 가운데 흘렸던 그 많은 눈물이 감사와 기쁨의 눈물로 변

하였습니다. 그래서 저는 이렇게 주님께 고백했습니다. "아버지, 제 딸을 고쳐주시지 않아도 좋아요. 이대로도 감사해요. 하지만 제가 주 안에서 누리는 이 기쁨을 딸아이도 누릴 수 있게 동행해 주시고 믿음의 뿌리를 깊게 내리게 해주세요." 주님께선 딸아이와 언제까지나 동행해 주시겠다는 확신을 주었고, 때가 되면 그 병도 고쳐주신다는 약속도 주셨습니다. 저희 가족 모두는 그 약속을 굳게 믿고, 담임목사님의 안수를 사모하며 금요심야예배에 열심히 참석하고 있습니다.

저는 금요심야예배를 매번 감격 가운데 드리고 있습니다. 찬양을 통하여서 천국잔치에 참여한 듯한 감격을 맛보며, 말씀을 통하여서 깨달음과 힘을 얻고, 담임목사님의 안수기도를 통하여서 많은 은사와 은혜를 체험하고 있습니다. 또한 자유로운 기도시간을 통해 주님과 깊게 교제하며 그 크신 사랑에 감사하고 있습니다. 그리고 크로스웨이 성서대학 1기생으로 입학하여, 말씀을 공부하며 신앙생활의 체계를 다지게 되었습니다. 믿음의 귀가 열리면서, 설교 말씀을 들을 때, 마음에 은혜가 되며 감동이 커지게 되었습니다. 특히, 성경 말씀을 쓰는 숙제는 성경 말씀을 읽는 것과는 다른 큰 은혜가 되었습니다. 이처럼 은혜의 생활로 딸아이로 인한 고통의 멍에에서 해방되어 평강의 시간들을 보내게 된 즈음부터, 남편의 사업은 실패에 실패를 거듭하고 있었습니다. 여러 차례의 사업 실패 뒤에도 다시 무언가를 시작할 수 있는 발판을 만들어 주셨는데, 2005년 7월에 맞은 사업장 부도는 도저히 재기할 수 없는 물질의 고통 속으로 저희 가정을 몰고 갔습니다. 지갑에 겨우 천 원짜리 한두 장으로 며칠씩을 보내기도 하였습니다. 하나님의 뜻을 깨닫기 위해 날마다 눈물로 기도했습니다. 만약 저 혼자였다면, 그 어려움을 견디지 못했을지도 모릅니다. 그때 무척이나 많은 분들이 함께해 주셨습니다. 담임목사님께서는 마치 친정아버지처럼 저희 가정의 아픔을 함께 아파하시며, 주님 바라보며 끝까지 승리하기를 권면하시고 위로해 주셨습니다. 어떤 권사님은 쌀을 팔아 배달해 주셨고, 어떤 집사님은 손수 담은 김장김치를 한 아름 덜어다 주셨고, 또 반찬거리를 날라 주신 분들, 힘들 때마다 함께 기도하자며 손을 맞잡아 주신 분들, 그 사랑과 도움은 이루 헤아릴 수 없습니다.

때로는 도움을 받는 저의 손이 부끄럽기도 했지만, 주님께서 왜 그런 시간들을 저와 저희 가정에 있게 하셨는지 이제는 알 것 같습니다. 이 시간들을 오래도록 기억하며 저 또한 그렇게 사랑하고 섬기는 자가 되라고 말씀하시고 계심을 깨달으며 감사하고 있습니다. 무엇보다도 감사한 건 남편이 기도하는 사람으로 변하였다는 것입니다. 평생 한 번도 해보지 않았던 험한 일들을 해내며 겸손해지고, 주님을 붙들고 믿음을 키워가는 듬직한 가장이 되었습니다. 그리고 저는 그 힘든 시간 속에서 기도하며 저를 향한 주님의 또 다른 계획하심을 깨닫고 신학공부를 시작하게 되었습니다. 순종하기 힘든 상황에서 순종하며 나아갔더니, 주님께서는 저로 하여금 공부할 수 있는 모든 여건을 마련해 주셨습니다. 감리교신학대학교 신학대학원에 합격하게 해주셨고, 그 많은 등록금도 고마우신 권사님을 통해 해결 받게 해주셨습니다. 그리고 고마우신 성도님들을 통해 학업에 필요한 교재비까지도 풍족하게 채워주셨습니다.

여호와 이레! 우리 주님께 다시 한 번 감사와 영광을 돌려드립니다. 신학대학원에 입학하여 처음 3~4월은 과중한 학업과 육체적인 한계로 매우 힘이 들었습니다. 그러나 아무리 힘이 들어도 집에 돌아가며 교회에서 30분 이상 기도하고, 아침에는 성경말씀을 4장 이상 꾸준히 읽으면서 신학 공부를 하게 되니, 신앙의 단계가 한층 성숙하는 깨달음을 얻게 되었습니다. 이렇게 6학기를 보내고 나면, 하나님께서 들어 쓰실 만한 준비된 사람이 되어 지도자로 섬길 수 있을 것이라는 확신을 갖게 되었습니다. 요즘 저와 남편은 밤새워 시간 가는 줄 모르고 주님의 은혜에 대해 이야기합니다. 그리고 우리가 품고 가야 할 가난하고 상처받은 이웃들에 대해서 마음과 생각을 나누고 있습니다. 교회 가기를 그 무엇보다도 즐거워하는 큰딸아이, 의료선교사의 꿈과 비전을 품고 기도하는 작은딸아이를 바라보며 저와 저희 가정을 들어 쓰시기 위해 연단하시고 친히 함께하셨던 사랑 많으신 우리 주님께 감사와 찬양을 드립니다.(2006.7.30)

아름다운 전도의 열매

김환규 집사

저는 크로스웨이 성서대학 제4기생으로 입학하여, 하나님을 의지하고 공부하는 중에 개인택시를 받게 되는 복을 받았습니다. 그리고 심야기도회에서 아픈 왼쪽 무릎도 고침 받게 되었습니다. 저의 간증이 하나님께 영광이 되고, 모두에게 힘이 되길 바랍니다. 사촌 형님이신 김석규 권사님과 형수님 박경례 권사님의 전도로 아내 윤은숙 집사가 먼저 교회에 나오고, 그 후 저도 교회에 나오게 되었습니다. 항상 50세가 되면 교회에 나가야지 생각은 하였는데, 하나님의 사랑으로 묵묵히 옆에서 지켜봐 주신 두 분 권사님의 도움에 힘입어 교회에 더 일찍 나온 줄 믿습니다.

IMF로 장사를 그만 두고, 영업용택시를 몰았습니다. 신앙생활을 하며 하나님 앞에 매달리게 되었고, 교회생활에 익숙지 못하여 시키는 대로 열심히 하였더니, 어려움을 이겨낼 수 있는 힘이 생겼습니다. 예배시간에 설교 말씀을 들으면, 조급함도 없어지고 마음에 평안이 찾아왔습니다. 영업용택시를 그만두고, 개인택시를 준비하는 두 달의 공백 기간(금년 6~7월)에 교회의 모든 예배와 행사에 적극 참석하였습니다. 그 기간에 왼쪽무릎이 많이 아파서 걷는 운동도 제대로 하기가 어려웠습니다. 금요 심야기도회에 나와서 기도할 때에, 담임목사님께서 저의 머리에 손을 대시며 안수기도를 해 주시는 순간, 발끝에서 뜨거운 기운이 쭉 올라오기 시작하며, 온 몸 전체로 그 기운이 확산되는 것이었습니다. 그러면서 저의 아픈 무릎이 깨끗이 고침 받는 치유의 순간을 기적적으로 체험하였습니다. 저를 치료하여 주신 예수 그리스도 우리 주님께 감사와 찬양을 올립니다.

이제 다음 달이면 제4기 크로스웨이 성서대학을 졸업합니다. 성경공부를 하면서 가장 큰 기쁨은 개근을 하게 된 것입니다. 주위에서 지켜봐 주시는 분들께 실망을 안겨드리지 않기 위해 더욱 열심히 공부하였습니다. 무사고 3년이 되어야 개인택시 자격이 되는데, 무사고 2년을 채우고 1년이 남았을 무렵, 담임목사님께서 크로스웨이 성서대학에 입학하여 말씀을 공부하라 하셨습니다. 순종하는 마음으로 성경공부를 하게 되었고, 말씀을 체계적으로 접하게 되었습니다. 이스라엘의 임금 다윗의 일대기를 배우며 큰 은혜를 받았습니다. 다윗이 열심히 하나님을 믿으니, 나라가 넓어지고 재산도 많아지고, 많은 백성들이 하나님을 믿게 되었습니다. 성만찬과 세례가 얼마나 중요한지도 깨닫게 되었습니다. 무엇보다 십자가야말로 영생으로 건너가는 다리임을 알게 되었습니다. 그래서 핸드폰 고리에 십자가를 달고 다닙니다. 주님의 크신 은혜와 신앙선배님들의 격려와 기도에 힘입어 개인택시를 받는 복을 얻게 되었습니다. 개인택시가 나온 2006년 8월 12일 교회에 제일 먼저 몰고 와서 담임목사님의 축복 기도를 받았습니다. 앞으로 개인택시하면서 예수님을 열심히 전하고 예수님을 세상에 자랑하며, 담임목사님의 목회에 적극 협력하여 교회의 일꾼으로 최선을 다할 것을 약속드립니다. (2006.8.13)

고난 속에서 희망을 찾아

한은이 권사

저는 초등학교 6학년 때부터 한서교회를 다녔습니다. 친정 식구들도 교회의 각 부서에서 충성 봉사하며 열심히 신앙생활을 하였고, 저 역시 중고등부를 마치고 청년부에 올라가 초등부 교사와 할렐루야 찬양대를 하며 봉사하였습니다. 그러던 중에 당시 청년부 회장을 하며 유년부 교사로 봉사하던 남편 박승종 권사를 만나 결혼하게 되었습니다. 결혼 후 시부모님의 교회를 사랑하시는 마음과 담임목사님을 섬기시는 믿음의 실천을 통해 신앙의 귀한 배움을 얻게 되었습니다. 그리고 시부모님의 가르침과 교훈이 자녀들을 키우는 데, 주 예수님 안에서 믿음과 소망 그리고 사랑의 밑거름이 되었습니다.

2005년 8월경, 담임목사님의 권면으로 저희 부부는 함께 크로스웨이 성서대학 4기생으로 입학하게 되었습니다. 일주일에 한 번 출석하는 것이었지만 처음에는 부담스러웠습니다. 그러나 매주 성경공부를 하면 할수록, 그 시간을 사모하는 마음이 더욱 깊어짐을 깨달을 수 있었습니다. 담임목사님과 모닝커피 한 잔으로 시작되는 좋은 분위기 속에서 스승과 제자의 만남을 통해 하나님의 말씀과 인생의 깊이를 배우게 되었습니다. 어찌나 그 시간이 은혜롭던지 그 감동은 이루 말할 수 없습니다. 성경공부는 "하나님께는 순종으로, 이웃을 향해서는 섬김으로" 다가가야 한다는 신앙의 깊은 진리를 간결하게 요약하여 주었습니다. 예수님께서 베드로의 발을 씻겨 주셨던 것처럼, 스스로 종이 되어 신앙의 삶 속에서 실천하였을 때에 기쁨도 두 배, 은혜도 두 배가 됨을 깨닫게 되었습니다. 뿐만 아니라, 주일 설교 말씀을 들을 때에도, 선포되는 말씀이 심령 속에 큰 은혜와 감동이 되었습니다. 속회 인도할 때에도 큰 도움이 되어 속도원들과 함께 더욱 풍성한 은혜를 나누는 시간이 되었습니다.

은혜의 삶 속에서 살아가던 중, 저희 시아버님이신 박헌칠 권사께서 갑자기 체중이 감소되고 감기 증상으로 기침 가래가 오랫동안 멈추지 않아 종합검진을 받게 되었습니다. 왼쪽 폐에 혹이 세 개쯤 보인다며 폐암 같다는 진단결과를 받게 되었습니다. 너무 갑작스러운 일이라 저희 가정은 큰 걱정과 염려를 하게 되었습니다. 일산에 있는 국립암센터에서 기본적인 검사를 하고, 폐의 종양을 떼어내는 조직 검사를 했는데, 세 번씩이나 반복해서 죽은 세포만 검출되었던 것입니다. 살아 있는 세포가 검출되어야 폐의 종양이 양성인지 음성인지를 알 수 있는데, 죽은 세포만 계속 검출되어서 도무지 병명이 정확하게 나오지를 않았습니다. 일주일이 흐른 후에 다시 조직검사를 하였습니다. 그런데 또 죽은 세포가 검출되었다는 담당의사의 진단결과를 접하게 되었습니다. 남편과 저는 병원에서 차를 타고 집에 오는 길에 한마디 말도 없이 답답한 마음으로 집에 도착하였습니다. "모든 가족이 그렇게 간절히 기도하는데, 왜 이런 일이 우리에게 생기는 것일까?" "이번 일을 통해 하나님께서 우리 가정에 주시고자 하는 메시지는 무엇일까?" 이런저런 생각으로 뒤척이다 잠이 들었는데, 꿈속에서 마현숙 사모님을 뵙게 되었습니다. 놀라서 눈을 떠 보니 꿈이었습니다. 시계를 보니 새벽 다섯 시가 넘은 시간이었습니다. 잠이 오질 않아 거실에 나갔더니, 시어머님께서 깨어 기도하고 계셨습니다. 어머님께 꿈 이야기를 해 드렸더니, "꿈에 목사님을 만나면 예수님이고, 사모님을 만나면 천사님인겨. 하나님께서 사모님을 통해 너에게 보여주신겨"라고 말씀해 주셨습니다.

꿈에서 사모님을 만나고 며칠이 지난 후, 시아버님의 검사결과를 확인하기 위해 병원에 갔습니다. 담당 의사의 말이 종양의 크기가 5㎝ 정도나 크게 자랐는데, 살아 있는 세포가 검출되지 않았다는 것입니다. 서울대학병원으로 옮기든지, 수술을 해서 아는 방법밖에 없다는 의사의 말에 우리 부부는 망설이지 않을 수 없었습니다. 주님을 믿고 의지하는 마음으로 저희 부부는 수술을 결정하였습니다. 결국 시아버님께서 입원하신지 70일이 지나서야 "늑막암"이라는 진단결과를 받게 되었습니다. 그러한 현실 앞에 우리 부부는 감사드릴 수밖에 없었습니다. 처음에는 가망이 없다던 "폐암 말기"로 알았다가, 그래도 그보다는 좀 나은 "늑막암"이었고, 항암치료도 가능하다고 하기에 저희 가족들은 희망을 볼 수 있었습니다.

그러던 중, 제가 평소와는 다르게 무리를 해서였는지 2년 전에 무릎 연골 제거 수술 받았던 부위에 갑자기 걷지도 못할 정도의 통증이 며칠 계속되었습니다. "아니, 시아버님이 저렇게 병상에 누워 계신데 어쩌라고… 하나님, 하나님"하고, 그냥 하나님만 불렀습니다. 낙심이 되어서가 아니라, 하나님의 도우심이 절박하였기 때문입니다. 이틀 후에 남편과 함께 전에 수술했던 병원을 찾았습니다. 먼저 MRI 촬영을 하고 담당의사 선생님을 만났습니다. 그런데 뜻밖에도 2년 전 수술했던 그대로 염증 없이 깨끗하다는 것입니다. 오히려 연골이 조금 생성되었다고 말하며, "연골이식" 수술을 권하였습니다. 만약 지금 수술하지 않고 무릎을 방치해 두면, 관절에 무리가 와서 염증이 생기고, 퇴행성관절염으로 발전하면 걷지도 못하니 지금 수술해야 한다는 진단결과였습니다. 암으로 고생하시는 시아버님을 생각하며, 수술의 결정을 못 내리고 망설이던 중에, "고난 중에 주님을 보라, 예수 그리스도를 믿는 참된 신앙인은 위기 속에서 희망과 생명을 찾는 사람입니다"라는 담임목사님의 주일설교말씀에 큰 은혜를 받았습니다.

저는 여러 날을 기도하며 수술을 결정하게 되었습니다. 담임목사님의 특별하신 기도와 많은 성도님들의 중보기도에 힘입어, 지난 7월 10일 수술을 잘 끝내고, 회복이 빨라 창립주일예배에 참석할 수 있게 되었습니다. 그리고 크로스웨이 성서대학도 졸업할 수 있게 되었습니다. 이와 같은 어려움 속에서도 저희 부부가 신앙을 지키며, 충실하게 남편은 사업을 발전시킬 수 있었던 것은 다윗이 실천한 "한 하나님, 한 성전"의 크로스웨이 성서원리를 한서교회에서의 신앙생활을 통해 구현하였기 때문인 줄 믿습니다. 그리고 한서교회를 평안한 푸른 풀밭으로 잘 치리하여 주신 담임목사님과 묵묵히 환한 미소로 담임목사님을 내조하신 마현숙 사모님, 그리고 담임목사님의 목회를 잘 보필하시며 웃음으로 우리를 맞아주셨던 장로님들의 자상한 미소가 큰 힘이 되었기 때문인 줄 믿습니다. 지금까지 저희 가정을 위해 베풀어주신 담임목사님과 성도님들의 사랑에 진심으로 감사드립니다. 시아버님이신 박헌칠 권사님의 조속한 쾌유를 위해 더 많이 기도해 주시기를 부탁드립니다. 그 큰 사랑 잊지 않고, 더욱 주님의 몸 된 교회를 섬기는 일에 최선을 다하겠습니다. 모든 영광을 오직 주님께만 올립니다.(2007.8.20, 9.3)

성경 말씀의 세계와 인생의 깊이

김인숙 장로

할렐루야! 하나님의 크신 은혜에 진심으로 감사드립니다. 저는 일 년 동안 담임목사님께 성경말씀을 지도받고, 지난주에 제4기 크로스웨이 성서대학을 수료하게 되었습니다. 2004년 여름, 제3기 크로스웨이 성서대학 신청을 하고 교육을 받았지만, 직장에서의 인사이동으로 매일 늦게까지 업무를 하게 되어, 중도에서 공부를 포기해야만 했습니다. 2005년 여름에 다시 4기 크로스웨이 성서대학에 신청을 해서 일 년 동안 열심히 성경말씀을 공부하여 수료하게 되니 그 감동이 남다릅니다.

저는 지하 예배실에서 수요일 저녁마다 함께 공부하였던 4기 동기생들의 말씀 사모함에 큰 감동을 받았습니다. 그들 모두가 각자 바쁜 일이 있었음에도 하나님의 말씀 공부에 우선순위를 두었습니다. 말씀에 대한 열심과 정열이 교회 부흥에 밑거름이 될 줄 믿습니다. 평소에 저는 배움에 대해서 매우 열린 마음을 가지고 있습니다. 배움의 기회가 있으면, 몸이 피곤해도 시간을 내는 노력을 합니다. 이런 마음을 품게 된 것은 여고 시절의 경험에서 비롯된 것입니다. 고등학교를 다니던 시절, 학과공부가 끝나면, 입시를 위한 보충수업이 있었습니다. 저는 학과공부를 다 알고 있다고 생각하여 보충수업에 참석하지 않고, 개인적으로 공부를 하였습니다. 그러나 학습의 효과는 혼자 공부한 저보다 보충수업에 참여한 학생들에게서 더 높게 나타났습니다. 나중에 안 사실이지만, 다수와 함께 공부한 이들이 더 높은 학습효과를 얻을 수 있었던 것입니다. 크로스웨이 성서대학을 수료하면서, 일 년 동안 함께 성경말씀을 공부하였던 4기 동기생들과의 나눔과 교제가 큰 추억으로 남습니다.

직장에서 소그룹 성경공부 활동을 통해 말씀을 공부하고 있지만, 담임목사님께 배우는 크로스웨이 성경공부는 매우 다른 말씀의 세계를 경험케 해 주었습니다. 우선 그림을 통해 배우기 때문에, 말씀에 쉽게 접근할 수 있었습니다. 그리고 성경의 말씀과 신학의 체계, 그리고 담임목사님의 목회와 삶의 경험이 녹은 신앙교육의 장이 되었습니다. 하나님은 누구이신가? 죄란 무엇인가? 그리고 주님께서 이 땅에서 하신 일은 무엇인가? 이와 같이, 깊고 오묘한 진리의 세계를 담임목사님과 함께하는 성경공부를 통해 간단하고 명료하게 알 수 있었습니다. 크로스웨이 성경공부는 장로의 직분을 감당하는 저에게는 매우 유익한 시간이었습니다. 하나님께 순종하며 이웃을 섬기는 삶이야말로 주님의 은총을 받을 수 있는 최선의 길임을 믿습니다. 성경공부를 통해 배운 말씀의 지혜와 지식을 통해, 더욱 주님의 몸 된 교회를 섬기는 일에 최선을 다할 것을 다짐합니

다.(2006.9.10)

크로스웨이 성서대학을 추억하며

신정숙 권사

부족한 제가 일 년 동안의 크로스웨이 성서대학 모든
과정을 마칠 수 있게 인도하여 주신 하나님께 감사드립니
다. 그리고 신앙의 길로 이끌어주시며 지도하여 주신 담
임목사님과 모든 성도들께 감사를 드립니다. 사실 처음에
는 교역자님들과 성도님들의 권유로 마지못해 크로스웨이 성서대학에
등록하였으나, 오히려 이제는 감사한 마음이 가득합니다.

한서교회 창립 멤버로서 신앙의 연륜은 37년에 이르지만, 성도로서
의 덕목을 제대로 갖추지 못한 교인에 지나지 않았습니다. 교회활동이나
성도의 교제를 회피하였고, 오직 찬양만이 하나님이 주신 달란트라 생각
하고 찬양대에서만 봉사하였습니다. 그러나 크로스웨이 성경공부를 통
해 하나님과 나, 그리고 성도간의 관계를 정립하면서, 하나님께서 저에
게 원하시는 것이 무엇인지, 또 하나님의 사랑에 내가 어떻게 응답해야
하는지를 배우게 되었습니다.

믿음은 멈추어 있지 않습니다. 날로, 날로 성화로 가는 길목에 있는
줄 믿습니다. 담임목사님을 통해 주님을 향한 신앙을 바르게 정립하게
되고, 성도의 교제의 소중함을 가슴으로 느끼며 저의 신앙은 진일보하였
습니다. 그리고 종강야외예배 또한 잊을 수 없습니다. 후텁지근한 늦은
오후, 그 우중 속에서도 텐트 안에는 사랑이 있고, 자연이 있고, 음식을

나누면서 하나님의 찬미소리가 넘치는 모습은 아름다운 한 폭의 정경으로 남아 있습니다.

주님 안에서 말씀훈련을 허락하신 무한하신 능력의 하나님께 영광과 감사와 찬양을 올립니다. 크로스웨이 성서대학에서의 공부를 통해 얻은 귀한 지혜로 하나님께 온전한 순종을 드리며, 이웃을 향한 섬김의 삶을 살기에 최선을 다하겠습니다. 돌이켜 생각해 보면, 믿음 안에서의 고통은 기쁨의 계기가 되었습니다. '오늘 우리가 하나님 밖에 있었다면 행복했을까?' 마음 속 깊이 자문해 보며, 주님께서 주신 기회, 주님께서 주신 시간을 통해 더욱 깊이 예수님을 만날 수 있기를 소원합니다.

시간과 여건과 결단의 마음을 주신 하나님께 진심으로 감사드립니다. 옆에서 도와주신 교역자님들과 성도님들께 감사드립니다. 끝으로 일 년의 기간 동안 큰 지혜와 가르침으로 신앙의 깊은 깨달음을 주신 담임목사님께 감사드립니다. 하나님께 영광을 돌리며, 이웃을 섬기는 삶에 최선을 다할 것을 다짐합니다. (2006.9.17)

환난 속에서 얻은 신앙 교훈

황재희 집사

2004년도에 크로스웨이 성경공부를 하라는 제안을 처음 받았을 때 집도 멀고 직장도 다녀야 했기 때문에, 시간이 없다는 이유로 권유를 거절했습니다. 그러나 간절한 권유에 힘입어 크로스웨이 성경공부를 다시금 시작하게 되었습니다. 직장에 갔다가 집에 오면 몸이 피곤하여, 저녁공부 하러 가려고 하니 자꾸 불평이 나왔습니다. 마음을 추슬러 공부를 해야 하는데 심신이 피곤하여 그렇게 하질 못했습니다.

얼마 후, 저는 다리가 부러지는 사고를 당했습니다. 엑스레이를 찍어 보니까 발뒤꿈치부터 발목까지 뼈가 부러졌는데 발뒤꿈치가 깨지면서 뼈 조각 하나가 뒤꿈치 발의 살 속에 깊이 박혀 있었습니다. 의사가 이런 경우는 드문 경우라고 하시면서, 우선 깁스를 해서 뼈를 붙이고 나서, 걸을 때 아프면 수술을 해야 하는데, 큰 병원에 가서 수술을 해야 한다고 했습니다. 앞이 캄캄해져서 의사 선생님께 수술을 하면 발이 어떻게 되냐고 물었습니다. 의사 선생님은 "안 좋지요, 깊게 째어 수술할 때 주위의 살을 자르기도 해야 하기 때문에 좋지 않지요"라고 말씀하셨습니다. 저는 갑자기 고민이 생겼습니다. 원래 안 좋은 다리를 다쳤으니 걷지 못하면 어떻게 하나 두려움도 생겼습니다.

문제는 그것뿐이 아니었습니다. 제가 직장 생활을 하여 생계를 꾸려나가야 하는데 직장도 못 다니고, 더구나 우리 아이가 고등학교 입학을 한 시점이었기 때문에 학비도 걱정이었습니다. 그래서 하나님께 매달려 기도하기 시작했습니다. 기도한 지 보름이 지났을 때, 응답이 왔습니다. 가든 호텔에서 우리 아이 장학금을 1년 동안 주겠다고 연락이 왔습니다. 2달 후에는 깁스를 풀었는데, 의사가 걸어 보라고 해서 걷는데 아프지가 않았습니다. 담임목사님과 지역장인 김준분 권사님 그리고 주위의 많은 권사님들이 기도해 주셔서 기적으로 일어났습니다. 또 적은 금액이지만 하나님께서 물질을 허락해 주셔서 어려움 없이 생활을 할 수 있었고 감사하게도 하나님의 복으로 자녀 학비도 그 해에는 차고 넘치도록 받을 수 있었습니다.

저는 다시 건강이 회복되어 크로스웨이 성경공부를 재수했는데 담임목사님의 말씀을 들으면서, 목사님의 목회가 얼마나 힘든지도 알게 되었고, 담임목사님과 교역자들을 위해 성도로서 부족하지만 더 많이 기도로 목회에 힘이 되어야겠다고 결심하였습니다. 더불어 성경 공부하는 성도들과 교제하는 시간도 가질 수 있어서 더욱 즐거웠습니다. 하나님 앞에서 제가 한서교회 성도됨이 무척이나 자랑스럽습니다. 무엇보다 크로스웨이 성경공부를 통해서 주님의 뜻대로 더욱 열심히 살아야겠다는 결심을 하게 되었기 때문입니다. 저는 비록 여러 가지 어려움이 있지만, 우리 가정에 부어주실 주님의 사랑을 생각하며 감사하고 있습니다. 열심히 기도하며 인내하고 충성하는 마음자세로 주님께 영광 돌리기 위해 최선을 다하겠습니다.(2006.9.24)

중국 운남성 묘족대교회 봉헌식 선교방문기

강성수 권사

　　　　　2006년 9월 11일 중국 운남성 묘족대교회와 이족교회의 봉헌식에 참석하기 위해 담임목사님 내외분과 손영애 장로님 그리고 저를 포함하여 14명의 중국선교단이 인천국제공항을 출발하였습니다. 4시간 정도 비행기를 타고 중국 운남성 곤명시에 저녁 12시경에 도착하였습니다. 우리는 여장을 풀고 주님께 감사의 예배를 드렸습니다. 큰 감격과 은혜의 시간이었습니다. 다음날 아침 일찍 우리 중국선교단은 현지 조선족 선교사님의 안내로 일본 스즈키사에서 제작한 소형승합차를 탔습니다. 해발 2,400m 고지에 위치한 묘족들이 사는 마을을 향해 비포장도로를 올라갔습니다.

　　3시간쯤 차를 타고 가니 묘족들이 사는 마을이 보이고 찬송 소리가 들리기 시작하였습니다. 묘족 원주민들은 한국에서 온 손님들을 맞이하기 위해 마을 입구부터 두 줄로 늘어서서 찬송을 부르며, 우리 선교단을 환영하였습니다. 저는 그분들의 뜨거운 환영에 깊은 감동을 받았습니다. 우리 교회의 지원으로 건축된 묘족대교회의 모습이 시야에 잠혔습니다. 깨끗한 외관, 하얀색 벽돌로 세워진 아름다운 교회였습니다. 그 마을에 있는 건축물 중에 가장 크고 웅장하며 돋보였습니다. 창문은 아치형식으로 되어 있었고, 깨끗한 유리가 끼워져 있었습니다. 한국에서 교회를 세워 준 고마운 분들이 온다는 소식을 듣고, 주변 여러 마을의 묘족 주민들이 묘족대교회의 봉헌식에 참석하기 위해 모였다는 현지선교사님의 말을 들었습니다. 햇볕에 그을린 검붉은 묘족 원주민의 피부는 그들이 사는 흙의 색깔을 그대로 보여주는 것 같았고, 현지선교사의 말에 따르면 이들 중 대부분의 사람은 교회에 오기 위해 집에서 2~3시간 정도를 걸어와야 한다고 합니다.

저는 그분들의 신앙 열정에 큰 감동을 받았습니다. 그리고 저 자신의 부족함을 깨닫게 되었습니다. 드디어 봉헌식 예배가 시작되었습니다. 찬양대에서 울려 퍼지는 메시야 합창은 천상의 목소리와 같았습니다. 하나님께서는 그분들에게 천상의 목소리를 선물로 주신 것 같았습니다. 드디어 담임목사님의 설교시간이 되었습니다. 조선족 현지선교사님이 통역을 하였습니다. 교회 안 가득 묘족 원주민들이 운집하였습니다. 대략 300에서 400명의 묘족원주민들이 자리를 매웠고, 예배당 안에 들어오지 못한 사람들은 교회 입구에 서서 담임목사님의 말씀을 한마디라도 놓치지 않기 위해 깊은 사모함으로 들었습니다. 조선족 현지선교사님도 성령의 충만한 은혜에 감동되어 통역을 하셨습니다. 담임목사님께서 "하나님께서 계신 하늘에서 가장 가까운 산꼭대기에 세워진 묘족대교회에서 시작된 복음의 열기가 중국 대륙 전역으로 퍼지는 선교의 불꽃이 될 줄 믿습니다"라고 강하게 주님의 복음을 선포하자 교회 안의 모든 사람들이 뜨거운 성령의 역사에 감동되었습니다. 초대 교회에 역사하셨던 성령의 은혜가 바로 이 자리에서 재현되는 그 감동의 현장에 저는 서 있었던 것입니다.

묘족대교회의 봉헌식에 참석한 중국선교단 일행은 저녁에 루쵄 지역에 와서 휴식을 취하였습니다. 다음 날인 2006년 9월 13일(수)에 이족교회의 봉헌식에 출발하기 위해 우리 일행은 아침 일찍 숙소를 출발하였습니다. 경사가 가파른 비포장 길을 올라가다 보니 우리 일행이 탄 3대의 차량 중 한 대가 고장이 났습니다. 두 대의 차량으로 이족교회로 이동해야 할 것인지, 아니면 루첸으로 귀환해야 할 것인지, 둘 중 하나를 결정해야 했습니다. 담임목사님께서는 루첸으로 귀환할 것을 명하셨습니다. 돌이켜 보면, 그때 담임목사님께서 현명한 판단을 내리셨다고 생각합니다. 만약 무리를 해서 이족교회로 이동하였다면, 더 큰 사고가 발생할 수 있었을 것입니다. 그러나 비록 선교일정은 예정보다 늦춰졌지만, 차량을 수리하면서 휴식을 취할 수 있어서, 중국선교단을 재정비할 수 있는 계기가 되었습니다.

차량을 수리한 우리 일행은 이족교회를 향해 다시 출발하였습니다. 산악으로 난 좁은 길을 여러 시간 이동한 후에 드디어 이족교회에 도착하였습니다. 이족원주민들이 마을에서 500m 정도 걸어 나와서 우리 선교단 일행을 환영하였습니다. 붉은색 모자를 쓴 검붉은 피부색의 이족 여인들은 박수를 치고 찬양을 부르며 우리 일행을 반겼습니다. 이족교회는 어제 방문하였던 묘족대교회의 3분의 1 정도 크기의 자그마한 교회였습니다. 그러나 교회의 외관은 하얀색으로 깔끔하게 지어져 있었고, 붉은색 마감재를 사용하여 화려하게 장식되어 있었습니다. 교회 안에 들어가 보니, 높이 30cm, 길이 1m 정도의 붉은색 앉은뱅이 의자가 좌우로 20여 개씩 놓여 있었습니다. 마치 어린 시절 초등학교 앞의 매점에서 군것질할 때 앉았던 그런 의자들이었습니다. 잠시 후 봉헌예배가 시작되었습니다. 20여 명의 찬양대가 아름다운 목소리로 감사의 찬양을 하였습니다. 곡조와 가사는 몰라도, 그들의 마음만은 하나님을 진정으로 찬양함을 깨달을 수 있었습니다.

담임목사님의 설교시간이 되었습니다. 조선족 현지 선교사님이 통역을 맡았습니다. 담임목사님의 말씀이 이어질 때마다, 이족 원주민들은 아멘으로 화답하였습니다. 성령의 큰 은혜가 예배당 안을 휘감았습니다. 설교 말씀 후에 이족 원주민의 대표가 나와 감사의 인사를 전했습니다. 자신들에게 교회를 지어주어서, 예배를 드릴 장소를 마련해 주어서 감사하다는 인사였습니다. 저는 우리의 조그마한 물질이 하나님을 통해 귀하게 사용되는 것을 직접체험하고 많은 눈물을 흘렸습니다. 정말 은혜가 넘치는 하루였습니다. 중국 선교 방문을 통해 겪은 은혜의 간증은 무척이나 많습니다. 그러나 제가 준비한 중국 선교의 간증은 여기에서 마치려 합니다. 선교 여행의 기회를 주신 하나님께 진심으로 감사드립니다. 그리고 좋은 여건을 마련해 주신 담임목사님과 장로님들께 감사드립니다. 이번 중국 선교지 방문에 남자로서는 담임목사님과 저만 참석을 하였습니다. 남자 장로님들께서 함께 참석하시면 더 큰 은혜가 될 것이란 아쉬움이 있었습니다. 저는 선교 방문을 통해 중국뿐 아니라 세계 각지의 어려운 나라에 우리 교회가 중심이 되어 선교를 하는 꿈을 품게 되었습니다. 이 꿈을 위해 더욱 열심히 기도하며, 맡겨진 사명에 최선을 다하겠습니다.(2006. 10. 1, 10. 8)

예수 그리스도의 향기

이은옥 권사

 먼저 저희 가정을 주님의 자녀로 삼아주심을 감사드립니다. 저희는 1994년 6월에 하던 사업의 실패로 망원동으로 이사를 오게 되었습니다. 6개월 정도만 살다가 해외로 이사 갈 준비를 하기 위하여 망원동으로 이사를 왔습니다. 그러나 하나님의 뜻은 저희 부부의 생각과는 전혀 다르게 역사하셨습니다.

저희 부부는 교회를 정하지 못하고 성산동, 서교동, 망원동 지역에 있는 수없이 많은 교회들을 찾아다니며 주일예배를 드렸습니다. 그러던 중 시어머님 이종월 권사께서 새벽기도 하시던 한서교회를 알게 되어, 1996년 12월 어느 주일예배를 드리던 그날에 어머님과 저희 부부는 담임목사님의 설교말씀에 많은 감동과 은혜를 받았습니다. 그래서 한서교회에 등록하기로 작정하던 중 특별히 최정자 집사님을 만나게 되어 따뜻한 사랑의 권면을 받아 1997년 1월에 한서교회에 등록하였습니다. 주님께서는 저희 가정을 사랑하셔서 은혜로운 한서교회를 통하여 망원동 이곳에 뿌리를 내리게 하셨고, 많은 복된 길로 인도해 주셨습니다.

그러던 중 2004년 12월 16일 사랑하는 외아들 가람이가 군 입대를 하였습니다. 창원이라는 먼 곳까지 데려다 주고 오는 길이 왜 그리도 멀던지 눈물과 한숨으로 집에 도착하여 아들 방에 들어가 많은 눈물을 흘렸습니다. 몇 날을 가슴앓이하며 음식을 먹어도 소화가 안 되고 일이 손에 잡히지 않아, 몇 날 며칠을 그렇게 무겁게 지내는 중, 어느 날인지 심야기도회(금요일 저녁 9시)에 참석하여 하나님께 간절한 통곡의 기도를 하였습니다. "하나님, 창원은 너무 멀어요. 한두 시간 거리 정도에 배치 받게 해 주세요"하며 기도할 때, 담임목사님께서 안수 기도를 해 주시는데, 마음이 편해졌습니다. 그리고 확신이 임했습니다. 그러더니 정말 2시간 거리인 태안에 있는 부대로 배치 받게 되어서 PX병으로 편안하게 주님의 은혜 가운데 군 생활을 잘 하고 있습니다. 그리고 벌써 올해 12월 15일에 전역을 앞두고 있습니다. 때때로 "내가 하나님을 믿지 않았더라면, 힘들고 어려울 때마다 어떻게 살았을까"하는 생각이 들 때면, 무척이나 감사합니다. 내게는 의지할 수 있는 주님이 계시기에 걱정이 없습니다. 또 부족하지만 하늘찬양단의 책임자로 주께서 세워주시어 마음껏 찬양으로 하나님께 영광 돌리게 하심을 항상 감사드립니다. 일거리를 주신 하나님께 감사하며, 시시때때로 은혜를 충만히 우리 교회에 내려주시는 하나님께 감사와 영광을 돌립니다. 항상 예배에 참여할 때마다 감격 감사의 은혜가 임하지만, 최근 올해 10월 20일 일일영성수련회를 통하여 하나님의 큰 뜻을 깨닫고 큰 힘을 얻게 하셨습니다. 주방에서 2교구 지역 장님들과 점심 준비를 하고 조금 늦게 대예배실에 올라가서 찬양을 부르는데, 마음이 열리지가 않고 가슴만 답답해서 속이 상했습니다. 그런데 이상하게 담임목사님께서 말씀을 선포하시는데, 그 말씀이 가슴 속에 깊이 감동이 되면서 은혜가 되었습니다. 이제 저희 가정이 하나님 말씀대로 순종하며 살아가길 작정합니다. 주여, 예수 그리스도의 향기를 나타낼 수 있는 가정이 되게 하소서. 아멘.(2006.10.29)

순종의 열매

김준분 권사

　　　　　　주님께 감사와 영광을 돌립니다. 임마누엘 찬양대의 대원으로, 주일 이른 아침 가운을 입을 때의 감격은 말로 표현할 수 없습니다. 지금부터 8년 전인 1998년에는 허리가 너무나 아파서 주위 분들께서 밥을 먹여 줄 정도로 많이 아팠습니다. 그 해에 담임목사님께서 여선교회 연합회장의 사명을 감당토록 격려와 용기를 낼 것을 말씀으로 권면해 주셨습니다. 저는 몸이 많이 아팠기에 담임목사님의 말씀을 받아들이기가 매우 어려웠습니다. 그러나 담임목사님께서 우리 교회에 1996년에 부임하시고, 그 이후에 겪으신 많은 시련들을 옆에서 지켜보았기에 "순종이 제사보다 낫다"는 담임목사님의 말씀을 순종할 수밖에 없었습니다. 순종하였을 때 기적의 역사가 일어났습니다.

주님께서는 여선교회 연합회장의 직무를 감당하기에 충분한 건강을 저에게 주셨습니다. 아프던 허리가 점차 낫게 되었습니다. 연합회장의 직무도 은혜 안에 무사히 감당할 수 있었습니다. 주님께서는 자손들이 믿음 안에서 형통함을 얻게 되는 복을 주셨습니다. 큰 딸이 오랫동안 아이를 갖지 못했습니다. 차마 다른 교회를 다니는 큰 딸의 잉태를 위해 기도해달라는 말이 나오질 않았습니다. 그러나 담임목사님과 사모님께서는 저와 큰 딸을 만나시면, 길거리든 시장이든 어디서든지 딸의 머리에 손을 얹으시고, 잉태의 복을 달라고 간절히 기도해 주셨습니다. 그 간절한 기도에 힘입어, 잘생기고 영특한 손자 형민이가 태어나게 되었습니다. 둘째 딸도 목회자와 결혼하여 미국에서 목사님의 내조자로 최선을 다하고 있습니다. 아들도 6년 동안의 이태리 유학을 무사히 마치고, 지금은 국내에서 오페라 활동을 하고 있으니, 이 모두가 순종의 열매로 얻은 하나님의 크신 복인 줄 믿습니다. 주님께 영광을 돌립니다.

저희 가정은 큰 집이어서 항상 제사가 있었습니다. 권사의 직분으로 제사를 지낸다는 것이 주님께 송구스러웠지만, 가정의 평화를 위해 어쩔 수 없었습니다. 2004년 가을, 그해에는 추석이 주일이었습니다. 심야기도회 시간에 성령님의 감동으로, 제사 문제를 두고 눈물로 간절히 기도하였습니다. 다음 날 아침 남편 이장부 집사가 올해부터는 제사를 추도예배로 바꾸자는 말을 하였습니다. 하나님께서 저의 기도에 놀랍게 응답하여 주신 것입니다. 주님의 섭리하시는 역사가 자상하심을 새삼 느끼게 되었습니다.

지금 한서교회에서 신앙생활 하는 저는 너무도 행복합니다. 만약 담임목사님께서 그 큰 어려움을 이겨내지 못하셨다면, 지금 한서교회는 어떻게 되었을까? 주님께 기도하시며 인내하심으로 그 멸시와 천대를 이겨내셨기에, 지금 우리가 주님의 은혜 안에서 평안하게 신앙생활을 하는 줄 믿습니다. 저는 어려움과 시험이 올 때마다 담임목사님의 겸손과 인내를 생각하며, 더욱 간절히 주님께 매달리며 기도합니다. 우리 한서교회는 더욱 크게 부흥할 것입니다. 모든 성도가 하나님께 영광을 돌리며, 주님께서 기뻐하시는 아름다운 한서교회를 담임목사님을 중심으로 하여 섬기고 있습니다. 저 역시도 전도하는 일에 더욱 열심을 내고, 주님 오실 그날까지 맡겨진 사명의 완수를 위해 최선을 다하겠습니다.(2006.11.5)

환난과 시련, 그리고 임마누엘의 기쁨

권주경 권사

 주께서 가장 좋은 길과 방법으로 저의 삶을 인도하여 주심을 확실히 그리고 분명히 믿습니다. 건강, 물질, 영적 침체로 최근 많은 어려움을 겪고 있지만, 하나님의 계획이 있으실 것이란 믿음이 생기고, 그래서 모든 것을 주님께 맡기고 나니, 마음의 평안이 찾아왔습니다. 담임목사님께서 새벽기도회 시간에 더러 안수기도를 해 주시면, 나도 모르게 놀라운 힘이 솟아나 기도하며 감사 감격과 기쁨의 역사가 임할 때가 많이 있습니다. 그리고 주일 대예배 시간에도 설교말씀을 통해 큰 은혜와 감동을 받고 힘과 용기를 얻기에 시련과 환난의 삶이 임하더라도 오히려 영적으로는 큰 성장을 하였습니다. 지금은 오직 하나님의 은혜로 감격 속에서 살아가고 있습니다. 최근 금요심야기도회(저녁 9시) 시간에 머리가 갑자기 심하게 아프며 온몸이 쑤시기에 몸을 가누기가 힘든 적이 있었습니다. 담임목사님 설교가 끝나면 빨리 집에 가야겠다고 생각했습니다. 그런데 담임목사님께서 "오늘 저녁에 성령님의 역사가 어떤 성도께 일어날 것입니다"라고 말씀하셨습니다. 그 말씀이 꼭 저를 두고 하시는 것 같아서, 저는 더욱 더 사모하는 심정으로 은혜를 사모하였습니다.

그래서 설교가 끝나고도 달아나지 않고 찬양하며 부르짖어 기도하는 중 담임목사님의 안수기도를 받았습니다. 심야기도회 시간에 온몸이 쑤시고 참을 수 없던 통증이 씻은 듯이 사라졌습니다. 그리고 송곳으로 찌르는 것처럼 아프던 두통도 거짓말한 것처럼 집에 가면서 깨끗이 다 나았습니다. 2001년에 정기 종합검진을 받았는데, 자궁근종이라는 진단이 나왔습니다. 두 해 지나고 2003년에 다시 검사를 해 보니, 2년 전에 있었던 자궁근종이 사라졌다는 것입니다. 간절히 주님께 매달리며 기도하고 안수기도를 받았는데, 그러한 과정을 통해 사라졌다는 믿음이 저에게 생겼습니다. 저의 몸과 마음을 치료해 주시고 고쳐 주시는 주님께 영광을 돌립니다. 2005년 1월에서 2월 사이, 온전히 일주일을 금식하며 기도한 적이 있습니다. 성령님께서 일주일을 금식하라는 감동을 주셨습니다. 21일 동안 한 끼씩 금식하기로 마음먹었습니다. 그러나 성령님께서는 온전한 금식으로 인도해 주셨습니다. 집에서 찬양하고 기도하며 금식기도를 하였습니다. 새벽기도회도 나가며 금식기도를 하였습니다. 지금 생각해 보면, 담임목사님과 성도들의 중보기도가 큰 힘이 되었습니다.

작년에 병원에 입원해 있을 때에도, 담임목사님께서 병상에 있는 저를 위해 기도해주시는 꿈을 꾼 적이 있습니다. 병원으로 심방 오신 성도들께서 말씀해 주시는데, 새벽기도회 시간마다 중보기도해 주셨다는 말씀을 전해 주셨습니다. 주님 안에서의 영적인 교통하심이 담임목사님과 성도들의 기도를 통해 이루어졌던 것입니다. 김준분 권사께서 여선교회 연합회장을 하실 때에 저는 총무로 여선교회의 일을 한 적이 있습니다. 그때에는 인간적인 생각으로 열심만을 내었습니다. 교회의 일은 주님을 바라보며, 기쁨과 감사한 마음으로 해야 함을 이제야 알게 되었습니다. 인간적인 생각이 영적인 생각으로 변화된 것입니다. 사람을 바꾸시고 만들어 가시는 하나님의 깊고 오묘하신 솜씨에 감사를 드립니다. 저는 순종이 복의 열쇠임을 의심치 않습니다. 환난과 시련을 통해 저를 연단시키시며 하나님의 사람으로 만들어 가시는 주님께 찬양과 영광을 돌립니다. 예수님께서 기뻐하시는 삶을 살기 위해 더욱 최선을 다해 맡은 바 사명에 충성을 다하겠습니다.(2006.11.12)

일천번제의 복

박정선 권사

 저의 간증이 주님께는 영광이 되기를 바랍니다. 친정 어머님을 통해 기독교 신앙을 알고 배우며 자랐습니다. 항상 목회자를 대접하고, 어려운 생활에서도 주님께 헌금 바치는 일에 최선을 다하셨던 어머님의 신앙은, 저에게 가장 큰 자산입니다. 어머님처럼 신앙의 중심과 지조를 지키며 살겠노라 마음 깊이 다짐해 보지만, 너무도 부족합니다. 주님께서는 저를 남편 소동섭 집사와 결혼하여 믿음의 가문에 며느리로 보내주시고, 한서교회와 같은 복된 성전에서 신앙을 이어가게 하시며, 견고한 신앙의 소유자이신 두 형님, 권주경 권사님 그리고 복금순 권사님과 동서의 연을 맺게 해 주셨습니다. 어렵고 힘들 때, 형님들과 함께 드리는 중보의 기도는 큰 힘과 용기가 됩니다. 그래서 두 형님과 함께하는 중보기도모임을 "삼겹줄"이라 이름 하였습니다. "삼겹줄은 쉽게 끊어지지 아니하느니라"는 전도서 4장 12절의 말씀에서 그 이름을 따온 것입니다.

결혼하고 넉넉지 못한 경제 여건이었지만, 주님을 바라보며 일천번

제를 시작하였습니다. 제 나름대로 정성을 다했던 일천번제가 끝났을 때, 주님께서는 놀라운 복을 부어 주셨습니다. 바이올린 레슨 의뢰가 초등학교, 문화센터 등에서 들어오는데, 시간을 조정할 정도로 많은 일을 주셨습니다. 그리고 일천번제를 드리는 기간 중에도 저의 가정의 형편으로는 사기 어려운 수려한 디자인과 고가의 옷을 남편 친구를 통해 공급해 주시는 신기한 체험도 하였습니다. 그때 저에게 부어주셨던 주님의 복을 잊지 않기 위해, 그 옷들을 아직까지 보관하고 있습니다. 주님께서는 두 아들 재권이와 재환이에게도 큰 복을 주셨습니다. 재권이가 어렸을 때, 열경기가 심했습니다. 병원에서 많은 검사를 하였는데, 이상이 없다는 것입니다. 오히려 재권이의 머리가 너무 좋다는 것입니다. 아이들과 저녁마다 가정예배를 드리며, 지금 잠언의 말씀을 쓰게 하고 있습니다. 믿음의 가정에서 순종하며 자라가는 두 아이를 바라보며, 신앙의 비전을 품습니다. 저는 두 아들들에게 많은 재산보다 훌륭한 신앙의 유업을 물려주고 싶습니다. 그래서 재권이와 재환이가 커서 주님의 몸 된 "한서교회"를 충성스러우며 헌신적으로 섬기는 일꾼이 되고 특별히 모범적인 장로가 되어 주님의 마음에 꼭 맞고 사람들에게 칭찬 받는 종이 되기를 소망하며 기도하고 있습니다.

여름성경학교 보조교사를 하며 큰 은혜를 받고나서는, 본격적으로 주일학교 교사로 봉사하고 있습니다. 학생들의 믿음이 하루하루 자라가는 모습을 바라보며 교사로서의 보람과 자부심 그리고 사명감을 느낍니다. 교회가 어려울 때, 담임목사님께서 인내와 겸손으로 시련과 환난을 슬기롭게 극복하시는 모습을 보며, 목사님을 깊이 존경하게 되었습니다. 목사님의 인내와 겸손은 제게 가장 큰 힘이 됩니다. 어느 날 새벽기도회 시간에 목사님의 말씀에 큰 은혜가 되었습니다. 기도할 때에 담임목사님께서 저의 머리에 손을 얹고 안수의 기도를 해 주셨습니다. 그날 새벽에 주님께 받은 큰 은혜와 감동은 저의 마음속에 항상 남아 있습니다. "하나님께서 복을 주실 때에는 시련의 보자기에 담아주신다" 는 담임목사님의 말씀을 기억해 봅니다. 시련과 어려움이 와도 말씀과 기도로 신앙의 중심을 지켜간다면, 그것이 오히려 유익이 됨을 확신합니다. 말씀을 의지하며 기도로 미래를 개척하는 주님의 봉사자로 최선을 다할 것을 다짐해 봅니다.(2006.11.19)

말씀의 복, 기도의 감사

김선아 집사

인생이 무엇이며 삶의 목적이 무엇인가를 알게 하신 주님께 감사와 영광을 올립니다. 저는 사랑하는 남편 구용회 집사와 결혼하고, 시어머님의 인도로 신앙생활을 시작하게 되었습니다. 무엇보다 감사한 것은 신앙의 남편과 시어머님을 만나 예수님을 알고 믿게 되었다는 사실입니다. 남편과 저는 만딸 별이를 갖게 되면서, 찬양대와 교사로 봉사하며 교회생활에 열심을 내었습니다. 저희 식구가 더욱 열심히 신앙생활을 할 수 있었던 것은 시어머님의 기도에 힘입은 것으로 믿습니다. 요즈음도 계속 시어머님께서는 변함없이 새벽기도의 단을 쌓고 계십니다. 저도 기도하시는 시어머님을 본받고 싶습니다.

얼마 전 남편에게 사업상 2박 3일의 중국 출장 일정이 잡혀 있었습니다. 사업상 중요한 출장이었습니다. 그런데 주일이 그 기간에 끼어 있고, 청장년회장으로 해야 할 중요한 교회의 일이 있었습니다. 사업을 주관해 주시는 분은 하나님이시며, 주님을 먼저 생각할 때에 우리 사업에 큰 복이 있음을 저는 믿습니다. 그래서 새벽기도 시간에 기도하며 주님의 뜻을 구하였습니다. 남편이 주일을 성수하고 맡겨진 교회의 일을 감당하면서 사업을 추진해 갈 수 있게 인도해 달라 매달렸는데, 그 뜻을 주님께서 응답해 주셨습니다. 아이를 키우며 바쁠 때, 저희 가정을 위해 기도해 주셨던 속회지도자님들의 중보기도는 저에게 큰 힘이 되었습니다. 함께 드리는 속회가 사랑과 믿음의 단단한 끈이 되어 주었던 것입니다.

매주 금요일 저녁 9시 심야기도회에서 많은 은혜를 받습니다. 이슬비에 젖는 것과 같은 잔잔한 은혜의 감동을 체험하고 있습니다. 저희 온 식구가 함께 주님의 몸 된 "한서교회"에 나와 열심히 찬양하는 모습 자체가 행복임을 깨닫게 됩니다. 열심히 찬양하며 담임목사님의 설교말씀을 사모함으로 받게 되면, 저의 심령 안에서 역사하시는 주님의 은혜로 힘껏 기도하게 됩니다. 담임목사님께서 저희 식구들의 머리마다 안수기도 해 주실 때에는 주님께서 저희 가정을 붙들어주심을 마음 깊이 깨닫게 됩니다. 은혜가 풍성한 "한서교회"에서 신앙을 다질 수 있는 은혜를 주신 주님께 찬양과 감사를 올립니다.

올해 제5기 크로스웨이 성서대학에 남편 구 집사와 입학하였습니다. 여러 번 크로스웨이 성서대학에 입학하였으나, 바쁜 일상으로 수료하지 못했습니다. 그러나 이번에는 반드시 수료의 영광을 얻게 될 줄 믿습니다. 저와 같이 성인이 되어 주님을 영접한 경우에는 체계적으로 성경을 공부할 기회가 없어서, 말씀의 깊은 뜻을 깨닫지 못하여 영적으로 갈급할 때가 많이 있습니다. 그러나 담임목사님께 성경 말씀을 배우게 되면서, 말씀과 신앙의 체계가 서게 되었습니다. 마치 모르는 곳을 갈 때에 지도를 보는 것처럼, 말씀과 신앙의 지도가 마음에 그려지는 것 같습니다. 그림으로 지도해 주시는 목사님의 말씀을 듣고 있으면, 성경의 어려운 개념도 쉽게 이해가 됩니다. 그리고 성경공부 시간이 기다려지고 기대 가운데 참여함으로 기쁨과 감격이 차고 넘치니, 우리 주님의 주관하심과 역사하심에 감사를 드립니다. 주님께서는 자상하신 담임목사님을 통해 우리 부부생활과 가족 전체의 삶을 너무도 행복하고 행복한 사랑의 샘으로 인도해 주셨습니다. 주님께서는 남편의 사업을 통해 선교사역에 대한 꿈과 비전도 주셨습니다. 주님께서 주신 꿈과 비전을 생각하며 더욱 열심히 기도하고 있습니다. 저희 가정이 주님 안에서 온전히 예수 그리스도의 생명을 느끼고, 세상에 그 풍성함을 나누는 가정으로, 지금처럼 매일매일 변함없이 자라가길 소원합니다. 감사합니다.(2006.11.26)

주신 사랑, 받은 사랑에 진심으로 감사하며

정선주 집사

저는 초등학교 시절 "여호와"란 이름은 "여호와증인"과 같은 이단종교집단에서 사용하는 말이라고 이해할 정도로 교회와는 단절된 환경에서 살았습니다. 그러나 장철용 집사를 만나 결혼을 하면서, 언니의 권유로 교회에 다니게 되었습니다. 처음 교회에 등록할 무렵에는 담임목사님께서 "한서교회"에 막 부임하셨을 때였습니다. 대예배를 중3층에서 드리고 있을 때, 예배를 방해하는 무리들로 인해 너무나 소란하였습니다. 몇 주째 예배를 드리는 둥 마는 둥 하며, "아니 교회가 왜 이래! 다음 주에는 딴 교회 가자"하며 교회 문을 나서곤 했지만, 이상하게 주님께서는 저희 가정을 매주 한서교회로 인도하셨습니다.

그러다 첫 아이를 가지게 되었습니다. 그땐 제가 하나님도 잘 모르고 그저 언니가 가자고 하니까 갔던 곳이 교회였기 때문에, 아이를 가져서도 기도도 할 줄 몰랐습니다. 그냥 아이를 갖게 되면, 당연히 낳고 기르는 것으로 알고 있었습니다. 임신 초부터 병원에만 가면, 불안한 이야기를 들었습니다. 그러나 다 그렇게 하면서 낳는 거라 생각했습니다. 그런데 우리가 원했던 첫 딸은 출산 예정일을 한 달 앞두고 주님께서 거둬가셨습니다. 그때부터 주님께서는 저에게 기도를 시키셨고, 저의 기도는 "하나님! 하나님께서 계시다면, 정말 살아 계시다면, 저희가 그렇게 원했던, 하나님께서 데려가신 그 딸을 다시 주세요" 하며, 주님께 부르짖어 기도하였습니다. 하나님께서는 간절히 부르짖는 저의 기도에 응답하여 주셨습니다. 2년 후에 사랑하는 딸 한나를 저희 가정에 선물로 보내주신 것입니다.

한나가 태어난 후에 예배도 열심히 참석하고, 속회도 열심히 드렸습니다. 한나가 아름답게 자라가는 모습을 바라보며, 주님께서 저희 가정을 택해주심에 감사하였습니다. 집사의 직분을 받으면서, 저는 교회학교 교사로, 사랑하는 남편 장철용 집사는 할렐루야 찬양대로 열심히 봉사하게 되었습니다. 속회 식구들과 많은 교회 어르신들의 기도로 한나의 동생을 갖게 되었지만, 두 번의 유산을 경험해야만 하였습니다. 분명 주님의 뜻이 있을 것이며, 더 큰 복으로 함께하실 것이라는 담임목사님의 위로의 말씀과 기도를 받고, 저와 장 집사는 그 어려움을 이겨내고, 큰 슬픔 속에서 주님께 감사할 수 있었습니다. 다만 안타까워하시며 따뜻한 사랑으로 위로해 주시는 시부모님과 친정의 부모님께 그리고 저희 가정을 위해 기도해주셨던 교회의 어르신들께 죄송할 뿐이었습니다.

그러다가 시부모님께서 사시던 집이 재건축이 되었습니다. 부모님께서는 그곳에서 저희가 살기를 원하셨습니다. 남편 장 집사와 저는 괜찮았지만 아이들이 교회 가까이에서 커가기를 바랐기에 부모님의 권유에 망설였습니다. 그런데 재건축을 다 끝내놓고 건축업자들끼리의 싸움으로 인해 준공이 떨어지지 않았습니다. 저희는 집을 계속 비워둘 수가 없어서 이사를 갈 수밖에 없었습니다. 마음이 너무 편치 않은 상황 속에서 며칠을 보냈는데, 마침 담임목사님께서 심방을 오셨습니다. 분명 저희 가정을 이곳으로 이사 오게 하심에는 주님의 뜻이 계실 것이라 말씀하셨습니다. 그러면서 장 집사와 저를 통해 시부모님께서 교회에 나오게 되실 것이라는 말씀을 주셨습니다. 담임목사님께서 주신 말씀에 의지하여 기도했지만, 시아버님께서 성격이 강하시고 주관이 뚜렷하셔서 전도의 확신이 들지를 못하였습니다. 하지만 주님께서는 2년 후에 시부모님을 교회로 인도해 주셨습니다. 지금은 열심히 교회에 다니시며 신앙생활을 하고 계십니다.

하나님께서는 이사 후에 오랫동안 기도하며 간구한 응답의 열매 희망이를 기쁨의 선물로 주셨습니다. 많은 아픔을 겪고 나서 받은 주님의 은혜이기에, 그 기쁨은 말로 표현할 수 없었습니다. 자녀들과 함께 드리는 가정예배는 주님 은혜에 감사하는 시간이었습니다. 때로 피곤하고 너무 늦어서 가정예배를 드리지 않으면 울고 보채는 아이들을 보면서, 회개하고 가정예배를 드립니다. 가정예배를 드리며, 주님께서는 큰 은혜와 많은 깨달음을 주십니다. 한서교회와 담임목사님을 위해 그리고 가족들을 위해 울면서 간절히 부르짖는 어린 딸 한나의 기도를 듣고 있으면, 신앙에 더 큰 열심을 내지 못하는 저를 돌아보며 부끄러울 때가 많습니다. 저희 부부는 한나와 희망이를 위해 기도하며, 저희가 받은 사랑에 조금이나마 보답하는 심정으로 주님의 사랑을 전하는 가정이 되게 해달고 기도하고 있습니다.

한나가 초등학교 2학년이 되면서, 무척 지치고 힘들어했습니다. 너무나 많은 물을 마시기 시작했고, 어디 차를 타고 가까운 거리라도 가려면, 한나가 무척 불안해하여 얼마 못 가서 물을 사야만 했습니다. 밤에도 1시간마다 일어나서 물을 마시고 화장실을 가서 잠을 못자는 생활이 반복되었습니다. 병원에서 3일간 입원하며 검사를 하였습니다. 그때는 희망이가 천식으로 하루 전 날 입원한 상태였습니다. 검사시간이 12시간 정도 소요되었는데, 그동안 한나는 물을 먹을 수 없었습니다. 20분마다 물을 먹던 아이가 물 한 방울 먹지 못하고 검사를 받아야 했기에 몹시 괴로워하였고, 저 역시 너무도 마음이 아팠습니다. MRI 촬영까지 하고 나서야 병명이 나왔습니다. 병명은 요붕증인데 뇌하수체에서 호르몬이 분비되지 않아 탈수를 일으키는 병이었습니다. 평생 호르몬제를 복용해야 했습니다. 담임목사님께서는 아버님과 같이 저희를 위로해 주시며, 주님께서 한나를 기적과 같이 고쳐 주실 것이라고 간절히 기도해 주셨습니다. 그때 비로소 마음에 평안이 찾아왔습니다.

평소 금요심야기도회를 너무도 사모하는 한나와 저희 가정은 이 일로 더욱 열심히 주님께 부르짖으며 매달려 간구했습니다. 퇴원 후 1년 넘게 병원에 다니며 2개월 간격으로 검사를 받았습니다. 그리고 호르몬제 처방을 받았습니다. 올해 7월 한나의 주치의께서 검사 결과를 이상히 여기시며 의학서적을 여기저기 들추어 보셨습니다. 이런 경우는 들어보지 못했다고 하시면서, 한나에게 100%는 아니지만, 호르몬이 분비되기 시작하여, 지금의 절반으로 호르몬제를 줄여도 된다고 처방하셨습니다. 그러면서 주치의 자신도 믿어지지 않는 일이라고 말하셨습니다. 저희 부부는 담임목사님과 교회 여러 어르신들의 기도를 주님께서 들어주시고, 어린 한나의 눈물의 기도에 주님께서 응답해 주신 것이라 믿고 감사의 기도를 드렸습니다. 주님의 은혜와 사랑을 경험하며, 저의 신앙은 체험적 신앙으로 보다 분명해지고 확실해졌습니다.

천사도 흠모하는 교회학교 교사의 직책을 감당하며 부족하지만 최선을 다하고 있습니다. 내 아이처럼 주님께서 맡겨주신 아이들을 사랑하고자 기도와 열심을 다하고 있습니다. 학생들이 차츰차츰 변해가고 성령님을 체험하는 모습을 보고 있으면, 저를 교사로 사용하시는 주님의 은혜에 더욱 큰 감사를 드립니다. 올해는 제5기 크로스웨이 성서대학에 다시금 입학하여, 이사하면서 제1기 때에 중단했던 성경공부를 이어가고 있습니다. 더욱 겸손한 마음으로 선한 욕심을 품고 은혜를 사모하며 매 수업에 임하고 있습니다. 주님께서는 담임목사님의 성경강의를 통해 전에는 알지 못했던 깊은 깨달음을 주십니다. 바쁘고 피곤하신 중에도 하나라도 더 가르쳐주시기 위해 최선을 다하시는 담임목사님께 정말 감사를 드립니다. 이처럼 저희 가정을 향하신 주님의 사랑의 풍성함을 알기에, 주님께서 기업으로 주신 자녀들을 믿음으로 양육하고, 주님의 기쁨되는 신앙의 가정이 되고자, 그리고 주님께서 허락해 주신 사명을 감당하고자 열심히 기도하며 최선을 다하겠습니다.(2006.12.3)

예수님 안에서 드리는 감사의 찬양

김은자 성도

 금년 7월 김인숙 장로님의 인도로 한서교회에서의 신앙생활에 첫 발을 내딛게 되었습니다. 저를 이렇게 좋은 한서교회로 인도하신 주님께 영광과 감사와 찬양을 올립니다. 결혼하고 4년 만에 아이를 갖게 되었습니다. 아이를 갖지 못할 때, 잠시 동안 등록하지 않고 새벽기도회에 나간 적이 있습니다. 그런데 남편이 외국에 나가 3년 동안 일을 하고 귀국한 이후 기적과 같이 아이를 잉태하게 되었습니다. 저는 아이를 갖게 되고 아들을 낳게 된 것은 하나님의 기적과 같은 은혜라는 믿음이 있었습니다. 그러나 시모님께서는 철저한 무속인(무당)이셨습니다. 제가 교회에 나가는 것이 시어머님과 남편에게는 절대 용납되질 않았습니다. 교회에 나가지 못하는 동안, 저는 주일이 되면 주님께 죄스러운 마음까지 들었습니다.

그러나 어쩔 수 없이 저는 교회 나가는 것을 포기하여야만 했습니다. 그러면서 시간이 흘러갔습니다. 시어머니께서 돌아가시고, 올해 5월에는 남편이 하나님께 부르심을 받았습니다. 남편과 사별하고, 집에 있는 것 자체가 무서웠습니다. 그런데 교회에 나오고 나서, 그러한 무서움이 완전히 사라졌습니다. 지금은 교회에 나와 예배드리는 것이 너무도 좋습니다. 매 순간 모든 일에 감사함이 넘쳐납니다. 교회에 나와 신앙생활을 하면서 저의 삶은 많은 부분에서 변화하였습니다. 교회에 다니기 전에도 저 나름대로 열심히 최선을 다해 살았는데, 교회에 다니고 나서는 이전 보다 더욱 삶에 모범이 되어야겠다는 생각을 합니다. 6년 동안 식당을 경영하며, 처음 5년 동안은 하루도 쉬지 않고 일을 했습니다.

식당을 경영하며 손님들과 종종 부딪힐 때에도 전과 다르게 "나는 교회를 다니지" 하는 생각이 들면서, 언행심사를 고쳐먹을 때가 많이 있습니다. 그리고 보는 사람마다 나와 함께 교회에 나가자고 전도를 합니다. 수요일 담임목사님께 지도받는 크로스웨이 성서대학이 처음 시작하는 신앙생활에 큰 유익이 됩니다. 수요일이 기다려지고, 예배의 시간 시간마다 사모함이 넘칩니다. 담임목사님의 말씀에 큰 은혜를 받고, 교회 와서 말씀을 들으면 마음이 편안해집니다. 악한 마음이 사라지고, 순간 순간 기도와 감사가 넘쳐납니다. 성경공부를 너무 하고 싶었는데, 하나님께서 저의 소망을 들어 주신 것입니다. 성경을 쓰는 것은 최고의 기쁨입니다. 성경을 쓰는 순간에는 잡념이 없어지고, 고민이 사라집니다. 성경의 한 구절 한 구절이 너무도 은혜롭습니다.

크로스웨이 성경공부를 시작하는 수업시간에 담임목사님께서 "이렇게 모이고 공부하게 해 주신 하나님께 감사드립니다"라고 기도해 주십니다. 그 기도는 저의 마음을 그대로 표현해 줍니다. 이렇게 공부할 수 있는 것이 정말 큰 하나님의 은혜입니다. 지금은 십일조를 낼 수 있게 해 달라고 기도하고 있습니다. 주일도 온전히 쉬면서 주님의 일을 하게 해 달라고 기도합니다. 지금은 아까워서 십일조도 못 내고 온전한 주일 성수도 못하고 있지만, 기쁨으로 십일조를 내며, 온전히 주일을 지키는 믿음이 되기를 소망합니다. 아들을 교회로 전도하여 앞에 나가 찬양대의 축복의 찬송을 받는 것이 저의 소망입니다. 주님께서 그 꿈을 이루어주실 줄 믿습니다. 저에게 새로운 생명을 주시고, 구원의 기쁨을 주신 주님께 모든 영광을 돌립니다. (2006.12.24)

내게 선하신 하나님

이윤희 집사

저는 모태신앙으로 어머님 한은화 권사님을 통해 예수 그리스도 안에서의 신앙을 배우고, 자연스럽게 어린 시절부터 한서교회에 다녔습니다. 지금까지 베풀어 주신 주님의 큰 은혜를 생각하며, 늘 우리 가정에 함께하여 주신 주님께 감사와 찬양과 영광을 드립니다. 결혼해서 큰 아들 성환이를 낳고 한동안 산후우울증으로 많은 어려움을 겪었습니다. 사소한 일에도 슬퍼하고 늘 근심 걱정이 앞섰습니다. 아이 하나를 키우는 양육의 과정이 너무도 힘들고 버거워, 둘째는 생각도 못하였습니다. 그런데 어느 주일 대예배시간 담임목사님의 말씀과 찬양대의 성가에 큰 감동을 받고나서, 기도하며 주님의 말씀을 묵상하던 중 둘째 아이를 잉태해야 한다는 소중한 마음이 저의 안에서 피어났습니다.

둘째를 갖고 병원에서 양수 검사를 받았습니다. 그런데 검사의 결과가 매우 좋지를 않았습니다. "기도하며 잉태한 아이인데, 주님께서 이 어려움을 주시는 이유가 무엇일까" 하며 낙심과 눈물로 하루하루를 보냈습니다. 그러던 중 저희 가정에 담임목사님께서 사모님과 함께 대심방을 하셨습니다. 담임목사님께서는 저의 고통과 근심을 알고 계셨고, 말씀과 기도로 큰 위로를 주셨습니다. 담임목사님의 심방을 받고 마음에 평안이 찾아왔습니다. 담임목사님과 부모님의 기도에 힘입어 저는 아이를 출산하기로 마음을 굳혔습니다. 그리고 간절히 주님께 매달려 태아의 건강과 무사한 출산을 위해 기도하였습니다. 둘째 아이를 출산하기 한 달 전, 조산 기운이 보였습니다. 병원에 입원을 하고 출산을 기다리며, 태아가 하루라도 더 태 안에 있어야 했으므로 일주일을 침상에서 움직이지 않고, 금식하며 주사를 통해 산모와 태아의 부족한 영양을 공급하였습니다.

힘든 시간이었지만 그 많은 어려움을 이겨내고 드디어 둘째 아들 지환이를 출산하는 기쁨을 얻게 되었습니다. 그런데 기쁨도 잠시, 지환이가 태어난 지 한 달 만에 시작된 태열이 온몸으로 번지면서 어린 아이에게 크나 큰 고통이 찾아왔습니다. 온 몸이 가려워 진물이 흐르고 잠을 못 자는 아이를 바라보며, 저는 몇 날 밤낮을 눈물로 회개하며 주님께 기도로 매달렸습니다. 그 상황 속에서 제가 할 수 있는 일은 기도 외에는 없었습니다. 시간이 흐르며 아이의 증상이 진정되었습니다. 감사와 눈물의 기도를 몇 번이고 반복했는지 모릅니다. 이 외에도 여러 가지 질병으로 둘째 아들 지환이는 입원과 퇴원을 거듭하며 검사와 치료를 반복하였습니다. 그 당시에는 너무도 힘들고 어려웠던 상황들이, 지나고 생각해 보니 주님의 임재와 함께하심의 임마누엘의 복을 경험케 하시는 은혜의 시간들이었습니다. 어려울 때 큰 힘이 되어 주신 주님을 찬양합니다. 그리고 옆에서 지켜보며 중보로 기도해 주신 담임목사님과 사모님, 그리고 부모님께 감사를 드립니다. 그분들의 눈물의 기도로 저는 둘째 아들 지환이를 수많은 병마에서 지켜 낼 수 있었습니다.

사랑하는 남편 박 집사가 지환이가 태어날 즈음, 다니던 직장을 정리하고 용기를 내어 개인 사업을 시작하게 되었습니다. 그러나 이전 사업체의 견제와 경쟁이 심하여 몇 개월을 고군분투하였습니다. 그 어려움 가운데서도 남편은 신뢰와 성실로 일관하며 기도로 이겨내었습니다. 경제가 몹시 어려운 때에 주님의 기적과 같은 은혜로 더 좋은 것을 풍성히 채워주시는 은혜의 체험을 하였습니다. 장남인 성환이도 잠언을 매일 한 구절씩 쓰며, 은혜 받기를 소원하고 저 또한 성경을 쓰며 말씀으로 온전히 생활하기 위해 노력하고 있습니다. 말씀 쓰기는 친정어머니 한은화 권사님께 배운 것 중 한 가지인데, 결혼하고 가정을 꾸려 나가며 어렵고 힘들 때마다, 창세기부터 요한계시록까지 남편과 자녀를 위해 밤낮으로 쓰시던 어머님의 모습이 떠오릅니다. 저 역시도 어머님의 신앙을 본받아 구약을 마치고 지금 신약을 쓰고 있습니다. 말씀을 쓰면 마음이 평안해지고 기도가 나옵니다. 말씀대로 실천하고 행동하는 살아 있는 신앙이 되길 소원합니다. 어려워도 낙심하지 않고 하나님을 바라보며, 주님의 선하심을 믿으며, 영과 육이 강건하기를 위해 항상 기도합니다. 저희 가정이 어려울 때 큰 힘을 주신 고마우신 모든 분을 위해 기도합니다. 새해 더욱 건강하시고, 주님의 크신 은혜 속에서 산을 평지로 만드는 능력의 기도로 승리하시길 기원합니다.(2006.12.31)

고요하고 잔잔한 주님의 은혜와 사랑

복금순 권사

 천국과 같이 아름다운 한서교회에서 인자하신 담임 목사님의 지도를 받으며 신앙생활 할 수 있는 은혜를 주신 하나님께 감사를 돌립니다. 저의 신앙여정은 그리 큰 굴곡이 있지는 않습니다. 그러나 평탄하고 고요한 중에 내려주시는 잔잔한 주님의 은혜를 체험하며, 감사로 주님의 몸 된 한서교회를 섬기고 있습니다. 주님 안에서 맺는 신앙의 교제가 너무도 좋다 보니, 믿지 않는 친구들과 소원해질 때가 있습니다. 그때마다 친구들이 저를 보며, "교회 생활이 정말로 재미있나 봐, 나도 교회 나가고 싶다"라는 말들을 합니다.

비가 오나 눈이 오나 열심히 새벽제단을 쌓으시고 담임목사님과 부교역자들을 대접함에서 큰 기쁨을 얻으셨던 시어머님과 친정어머님의 신앙이 오늘을 사는 저에게 귀한 가르침이 됩니다. 사랑하는 남편 소부섭 집사 역시 어머님의 신앙을 보며, 주일만은 철저히 성수해야 한다는 결심을 한다고 말합니다. 어른들의 귀하고 아름다운 신앙을 본받아 저도 담임목사님과 부교역자들을 대접하고 싶고, 부족하지만 조그마한 대접을 할 때에 큰 기쁨이 찾아옴을 여러 번 경험합니다. "호흡이 있는 자마다 여호와를 찬양하라(시 150:6)"는 시편의 말씀이 기억납니다. 개인적으로 찬양할 때에 가장 기쁩니다. 그래서 결혼하고 아이들을 임신하고 출산하는 기간 외에는 꾸준히 찬양대(임마누엘 찬양대, 하늘찬양단)로 봉사하였습니다. 주님께서는 찬양하는 저에게 기쁨과 함께 마음의 평안도 선물로 주셨습니다.

고난 가운데서도 묵묵히 참으시고 인내하시는 담임목사님을 바라보며, 신앙 안에서 주님을 향해 끝까지 충성해야겠다는 다짐을 합니다. 주일대예배시간 말씀을 들으면, 그 말씀이 꼭 저에게 해 주시는 말씀으로 고백될 때가 여러 번이었습니다. 언젠가 심야기도회 시간에는 팔과 무릎이 너무도 아파 견딜 수 없는 고통 중에 있을 때였습니다. 그때 담임목사님의 안수를 받고 그 고통이 씻은 듯이 사라지는 놀랍고도 신비한 체험을 한 적도 있고, 새벽기도회 시간에 더러 목사님의 안수 기도를 받고, 마음 속 깊은 감동으로 감사의 눈물을 흘린 적도 한 두 번이 아닙니다. 목사님의 강권함에 못 이겨, 크로스웨이 성서대학에 입학하여 공부하였을 때에는 말씀의 깊은 세계를 맛보게 되었고, 이를 감사함으로 간증하는 성도들의 모습을 보며 신앙의 큰 도전을 받았습니다.

신앙의 가정에 시집을 와서, 믿음 안에 견고한 신앙의 동역자인 형님 권주경 권사와 동생 박정선 권사를 만나게 해 주신 주님께 감사와 찬양을 돌립니다. 힘들고 어려울 때, 형님과 동생의 중보기도는 가장 큰 힘이 되었습니다. 권사 직분을 받기 전, 신앙적으로 한 단계 성숙해야겠다는 마음을 주님께서 주셨습니다. 마침 교회에서 40일 특별새벽기도회가 시작되었습니다. 아침을 금식하며 말씀과 기도를 깊이 사모하였습니다. 주님께서 특별새벽기도회 기간 중에 특별한 은혜를 체험케 하셨습니다. 깊은 기도의 경지에 들어가며 신령한 영적체험을 하게 하셨습니다. 하나님의 살아계심을 저의 심령이 체험케 되었습니다. 주님께서 나를 얼마나 사랑하시는지를 깨달을 수 있었습니다.

주님께서 2007년을 시작하면서, 그와 같은 신앙의 체험을 다시금 사모하게 하는 마음을 주셨습니다. 소망하기는 올해부터 우리 가정 전체가 온전한 십일조의 생활로 주님께 영광 돌리고 싶습니다. 작년 5월 11일부터 일천번제를 시작하였는데, 하기 전에는 물질적으로 어려워지면 어떻게 하나 많은 근심을 했습니다. 그러나 막상 하고 나니, 주님께서 부족한 부분을 채워주시며, 큰 기쁨과 평안을 주셨습니다. 사실 지금까지는 저만 온전한 십일조의 생활을 하였는데, 올해 사랑하는 남편도 함께 온전한 십일조를 시작하면서, 주님께서 우리가 생각지 못할 더 큰 복을 주실 것이란 확신이 있습니다. 올해 군대에 가는 큰 아들 재영이 그리고 대학에 입학하는 둘째 아들 재원이가 신앙 안에서 더욱 견고한 믿음의 일꾼이 되길 소망합니다. "항상 기뻐하라. 쉬지 말고 기도하라. 범사에 감사하라(살전 5:16~18)."고 하신 주님의 말씀대로 예수님 안에서 기쁨과 기도와 감사가 항상 넘치는, 그래서 주님께 영광이 되는 삶을 살기 위해 최선을 다하겠습니다.(2007.1.7)

주님께 순종하며, 이웃을 사랑하며

안명희 권사

 저의 조그마한 간증이 주님께 영광되길 소망합니다. 젊은 시절 새벽기도회 시간에 환한 빛 가운데서 "사랑하는 명희야" 부르신 그 음성을 따라 지금까지 부족하지만 하나님께 순종하고, 이웃을 섬기고자 노력하며 애써왔습니다. 그리 넉넉하지 못하던 가정형편이었지만, 주님께서는 순종하려는 저희 가정에 많은 복을 부어 주셨습니다. 이제는 자그마한 집도 장만하고, 아이들도 신앙 안에서 잘 자라며, 시모님과 남편의 깊은 사랑을 받고 주님의 몸 된 한서교회의 성도로 살아가며, 예수님 안에서 참된 행복을 누리고 있습니다.

담임목사님께서는 부족한 저를 초등부의 부장으로 그리고 3년 전부터는 유치부의 부장으로 세워주셨습니다. 목사님과 사모님의 자상하신 신앙의 지도를 받고 주님께 감사하며 살고자 노력하는 저였지만, 유치부의 부장 직분은 큰 부담이 되었습니다. 그러나 담임목사님의 말씀에 순종함이 바로 주님께 순종함의 첫걸음이란 믿음의 고백으로, 순종하며 유치부 부장의 직분을 수행하기로 결심하였습니다. 교회학교에서도 가장 어린 심령을 돌보는 유치부 부장의 직분을 감당하며, 저의 부족함이 가슴 저리게 다가왔습니다. 아이들의 영혼을 생각하며 간절히 기도할 때에, 주님께서는 아직 자라지 않은 어린 파란 싹의 깨달음을 주셨습니다. 그러면서 아직 자라지 않아 상처받기 쉬운 어린 싹과 같은 아이들을 신앙으로 양육하며, 믿음을 자라게 하는 교회학교 교사 직분의 중요성을 가슴 깊이 깨닫게 하셨습니다. "사람이 마음으로 자기의 길을 계획할지라도 그 걸음을 인도하는 자는 여호와시니라(잠 16:9)." 주님께서 가라 하면 가고, 주님께서 하라 하면 하는 순종의 신앙이야말로, 예수님의 인도함을 받고 사는 참된 믿음의 삶임을 고백합니다. 주님께서 맡겨주신 이 귀하고 거룩한 사명에 저는 오직 순종하며 충성할 뿐입니다.

8년 전에 사랑하는 시모님이신 이동순 권사님의 생명이 경각(頃刻)에 달한 매우 위태로운 순간이 있었습니다. 시누이들도 모두 와서 이제 어머님의 임종만을 기다리고 있었습니다. 아픔으로 고통당하시는 시모님의 모습이 너무도 애처로웠습니다. 슬픔 속에 있는 우리 가정에 담임목사님께서 심방을 와 주셨습니다. 담임목사님께서는 누워 계신 어머님을 바라보시며, 간절하게 기도해 주셨습니다. 목사님께서 기도해 주실 때, 옆에서 저는 "히스기야의 생명을 15년 연장시켜 주신 하나님, 부디 어머님의 생명을 연장시켜 주세요"라고 외치며 마음속으로 부르짖어 기도하였습니다. 그런데 놀라운 기적이 일어났습니다. 임종을 앞에 둔 어머님께서 소생하신 것입니다. 이후 어머님께서 말씀하여 주셨는데, 우리 집에 담임목사님께서 오셔서 기도해 주실 때, 목사님의 옆으로 하얀 옷을 입은 이들이 함께 보였다는 것입니다. 이후 어머님께서는 음식도 잡수시고 일어나서 남편과 아이들의 손을 잡고 교회에서 예배를 드릴 수 있으셨습니다. 지금은 밖에서 제가 일할 수 있게 집도 봐 주시고, 전화도 받아 주십니다. 삶과 죽음을 주관하시는 하나님의 놀라운 섭리를 저는 다시금 경험케 되었습니다.

시험과 환난이 올 때에 주님을 생각하며 천국을 바라보고 한 걸음 한 걸음 나아가고 있습니다. 나를 위해 십자가에 죽으신 예수님의 그 큰 사랑이 어려움과 시험을 이겨낼 수 있는 가장 큰 힘이 됩니다. 기도하며 말씀을 읽고 주님 안에 거하면 풀과 열매, 그리고 꽃과 새들, 이 모두가 행복하고 기쁨이 넘쳐 보입니다. 예수님 안에서는 모든 것이 행복하고 마음의 큰 기쁨이 됩니다. 예수님을 믿기 전에는 가난을 불행이라 생각하였습니다. 그러나 주님을 알고부터 가난은 불편일 뿐이며, 주님께 다가가고 하나님을 만나는 은총의 자리가 되었습니다. "순종으로 하나님 사랑, 섬김으로 이웃 사랑"이라는 교회 표어처럼, 올 한 해가 온전히 주님께 기쁨이 될 줄 믿습니다. 주님께서 주신 귀한 복에 감사하며, 주님과의 약속을 온전히 지키게 되기를 소망합니다. 그리고 주님께서 주신 고귀한 꿈과 소망을 이루기 위해 제가 할 수 있는 최선을 다 할 것입니다.(2007.1.14)

치료의 주님을 찬양하며

조명임 권사

지금까지 인도해 주신 주님께 영광과 감사의 찬송을 돌립니다. 2001년 5월 9일 자상했던 남편이 뇌출혈로 갑작스럽게 세상을 떠난 후, 참으로 많은 어려움들이 닥쳐왔고, 이를 이겨내야만 했습니다. 경제적이며 물질적인 고통은 그나마 나았습니다. 사람들을 통해 받는 오해와 외면 그리고 냉대는 정말 참기 힘들었습니다. 교회를 떠나려는 생각도 수차 하였습니다. 그러나 그렇게 하질 못했습니다. 교회를 떠남은 주님께서 기뻐하시지 않는 일이란 믿음이 있었습니다. 사람들에게는 저의 심정을 다 말할 수 없기에, 새벽마다 예배 시간마다 눈물을 흘리며 주님께 매달렸습니다. 들려주시는 담임목사님의 귀한 말씀을 통해 순간순간 큰 위로를 받았습니다. 주님만은 저의 모든 것을 잘 아시기에 기도할 때마다 마음 깊은 위로와 평안 그리고 기쁨을 안겨 주셨습니다. 좀 더 일찍 주님께 나와서 열심히 기도하며 신앙생활에 전력을 다했더라면, 아마도 그러한 고통들이 그러한 방식으로 오지는 않았을 것이란 후회도 있습니다. 비록 지금이라도 주님께 전심을 다하고자 최선을 다하니, 주님의 크신 은혜를 진정 가슴 속 깊이 깨닫게 됩니다.

2006년도 11월, 다리가 무척 아팠습니다. 도무지 잠을 잘 수 없을 정도로 극심한 고통에 시달렸습니다. 이대로 다리를 사용하지 못하는 것은 아닌가 하는 공포감이 생기기도 하였습니다. 한의원을 다니며 침을 맞고, 약을 달여 먹어도 다리의 통증은 더욱 심하였습니다. 한 번 침을 맞으면 30분씩 시간이 걸리는데, 너무 고통스러워서 몇 번 맞고는 더 이상 침을 맞을 수가 없었습니다. 급기야 하나님께 치료받기로 마음먹고 그해 12월 11일부터 감사헌금을 드리며 40일 새벽작정기도를 시작하였습니다. 자식들에게 나의 사연을 말하니, 아이들이 감사헌금 드릴 수 있는 돈을 주었습니다. 하루는 새벽기도가 끝나고 집에 와서 잠시 눈을 붙였습니다. 꿈속에서 "검사 한 번 해봐야 하는데"라는 가느다란 음성이 들려왔습니다. 잠시 후 한 남자가 서서 "그래, 검사 한 번 해봐!" 하는 것이었습니다. 저는 놀라 꿈을 깨었고, 큰 딸 영미에게 꿈 이야기를 하였습니다. 자식들의 간곡한 권고에 밀려, 병원에 가서 검사를 받았습니다.

한강성심병원에서 여러 번의 정밀촬영 후에, 중중 허리디스크라는 진단이 나왔습니다. 수술을 급히 받아야 할 정도로 상태가 몹시 나빴습니다. 수술 일정을 예약하고 병실을 잡았습니다. 한 동안 병원에 있어야 하기에, 옷과 간단한 짐을 챙기러 집에 들렀습니다. 몸과 마음이 너무도 피곤하여 잠시 눈을 붙였습니다. 잠을 깨서 일어나 영미에게 말하였습니다. "영미야! 나 수술 안 하련다. 주님께 고쳐달라고 다시 한 번 간절히 매달려 보련다." 그러고는 모든 수술 일정과 병실 예약을 취소하였습니다. 그때가 2007년 1월 2일이었습니다. 40일 작정새벽기도를 시작한 지 23일째 되는 날이었습니다. 다음 날 새벽, 목숨을 내어놓는 각오로 주님께 매달려 기도했습니다. 그날 새벽 설교를 마치시고, 담임목사님께서 저의 머리를 세 번을 누르시며 안수기도를 해 주셨습니다. 목사님의 안수기도를 받고, 저는 더욱 매달려 주님께 간절히 기도하였습니다. 기도하는 저에게 환상이 임하였습니다. 맑은 물이 강대상에서 흘러나오더니 저의 허리로 차 올라오는 것이었습니다. 그리고 물 위에 푸른색의 넓은 잎이 떠다녔습니다. 순간 저의 아픈 허리가 굉장히 시원해지는 느낌을 받았습니다. 주님께서 성령으로 치료해 주셨다는 확신이 생겼습니다. 최근에는 역삼1동에 있는 한의원에서 물리치료를 받고 있습니다. 한의사께서 "이 정도면 굉장히 통증이 심해 수술을 받아야만 하는데, 건강하게 생활하실 수 있다는 것이 너무 놀랍다"고 말씀하시는 것이었습니다. 저의 아픔을 헤아리시며 건강의 기쁨과 은혜를 부어주시는 주님께 감사와 찬양과 영광을 돌립니다.(2007.1.21)

은혜와 기적의 주님

김보경 집사

 한서교회에 본격적으로 나오기 시작한 지도 어느덧 4년이 되었습니다. 교회에 나가야겠다는 마음은 있었지만 쉽게 발걸음이 옮겨지질 않았습니다. 그러나 주변 분들의 권고와 전도에 힘입어 교회에 나오면서, 하나님을 향한 저의 마음이 조금씩 열리기 시작했습니다. 주님께서는 미용실을 찾는 손님들 중에 믿음이 좋은 분들을 보내주셨습니다. 그분들은 한결같이 교회를 한 번 정하면 꾸준히 그 교회에서 신앙생활을 해야 믿음이 자란다는 말씀을 해 주셨습니다. 그리고 시험이 오더라도 이기면 한 단계 성숙한 신앙을 소유한다는 가르침을 주었습니다. 속회는 신앙생활을 시작하는 저에게 매우 큰 힘이 되었습니다. 미용실의 일이 밀려 속회 예배를 못 드

릴 때에는 몹시 속이 상했습니다. 그러나 속회를 드리고 나면 감사와 기쁨이 넘쳤습니다. 특히 속회인도자님의 사랑이 담긴 간절한 중보기도를 잊을 수 없습니다. 무엇으로도 갚을 수 없는 큰 사랑의 빚을 진 것입니다.

수 년 전에 기도제목을 적고 그 메모를 성경에 넣고 가지고 다닌 적이 있었습니다. "세상에는 집도 많은데 왜 저의 집은 없을까요?" 기도제목을 적을 당시에는 도저히 이루어질 것 같지 않은 그러한 내용들이었습니다. 한 동안 기도를 하다가, 일상의 일로 잊고 지냈습니다. 종이의 크기도 작아 성경 어디에 두었는지도 몰랐습니다. 그런데 최근 크로스웨이 성서대학에서 공부하며 성경을 다시 읽게 되었습니다. 그러면서 우연히 기도제목이 적힌 메모를 발견하였습니다. 바로 그 종이였습니다. 저는 반갑고 놀라웠습니다. 감사한 것은 수 년 전에 적은 기도의 제목들이 오늘날 저에게 모두 이루어진 것입니다. 지난날을 회상해 보니, 집도 사고 이루어질 것 같지 않은 문제들도 마치 실타래가 풀리듯 해결되었습니다. 주님의 자상하신 배려와 사랑에 큰 감사를 돌릴 수 있었습니다. 사실 저는 건강 때문에 매우 큰 고통을 받았습니다. 저에게는 아주 큰 고질병이었습니다. 심할 때는 119구급차로 병원 응급실에 실려 나갈 때가 여러 번이었습니다. 일도 못하고 제대로 먹지도 못할 지경에 이르렀습니다. 주변의 병원은 큰 병원을 포함해서 여러 군데를 다녀 보았습니다. 병명은 '자궁선근증'으로 한결같이 자궁을 드러내는 적출을 시술해야 한다는 의사의 소견이 나왔습니다.

저는 수술 자체가 너무도 두려웠습니다. 그리고 자궁적출에 따른 심한 후유증에 대한 공포가 저를 사로잡았습니다. "오랫동안 병원에 입원하면 아이들을 어떻게 해야 하나." 그런데도 어쩔 수 없이 수술을 하지 않을 수 없었습니다. 수술날짜를 2006년 12월 8일로 잡고 계속 이 문제를 두고 주님께 기도하는 중, 11월경에 담임목사님께서 저희 사업장에 심방을 오셨습니다. 목사님께 저의 고통과 고민을 털어 놓았습니다. 목사님께서 간절히 저를 위해 기도해 주셨습니다. 당시에 저는 교회에 성도님들이 그렇게 많은데, 한 분 한 분 챙겨주시며 기도해 주시는 목사님의 따뜻하신 마음에 큰 은혜를 받고 마음 깊이 감사를 하였습니다. 이후로 더욱 간절히 주님께 매달려 기도하였습니다. "하나님, 제가 염려하는 것을 잘 아시지요. 제발 저에게 가장 좋은 방법으로 인도해 주세요." 금요심야기도회 시간에 눈물 흘려 찬양하며 기도하며 간절히 주님께 매달렸습니다. 담임목사님께 안수기도를 받고 저의 믿음은 더욱 분명해지고 확고해졌습니다.

수술하기 바로 하루 전, 12월 7일이었습니다. 문득 어느 병원에 가고 싶은 마음이 생겼습니다. 사실 일 주일 전에 그 병원을 가기로 예약이 되어 있었는데, 그날 중요한 일이 있어 가지를 못하고 수술하기 하루 전 날에서야 가게 된 것입니다. 그런데 의사 선생께서 저를 진찰하시더니 수술하지 않고 간단한 시술로 치료가 가능하다는 말씀을 하시는 것이었습니다. 저는 그 순간 너무도 놀라고 기뻤습니다. 하나님께서 저의 간절한 기도와 간구에 응답하셔서 역사하심을 순간 깨닫게 되었습니다. 즉시로 저는 그 시술을 받았습니다. 심한 고통이 깨끗이 씻겨 나가고, 지금까지 전혀 아프지 않고 잘 지내고 있습니다. 주님께서 저를 고쳐주시고 치료해 주심도 너무 감사한데, 올 해는 집사 직분도 받게 되었습니다. 교회의 모든 일에는 오직 순종만이 있을 뿐입니다. 주님께서는 저의 육신도 고쳐주시고, 저의 마음속에도 변화를 일으켜 주셨습니다.

지금은 주일 대예배시간 담임목사님의 말씀을 들을 때에 깨달음도 함께 옵니다. 주님께서는 전도의 마음도 주셨습니다. 남편과 친정 그리고 시댁이 모두 주님을 영접하지 못하고 있습니다. 저에게 2007년은 저와 가장 가까운 분들을 주님의 몸 된 교회로 인도하는 해가 될 줄 믿습니다. 그 동안 많은 신앙의 선배들께 사랑과 믿음의 빚을 졌습니다. 어려움 속에 뉴질랜드로 이민을 가게 된, 예수님을 영접하지 못한 친구가 있었습니다. 제가 진 사랑과 믿음의 빚을 생각하며 그 친구를 위해 중보 기도를 하였는데, 놀랍게도 주님께서는 사랑하는 친구를 주님의 몸 된 교회로 인도해 주셨습니다. 뉴질랜드에서 열심히 신앙생활을 하고 있다는 친구의 목소리가 전화로 제게 전달되었습니다. 예수님을 믿지 못하였을 때, 저는 교회에 나가는 일 그 자체가 달갑지 않았습니다. 그러나 주님을 믿고 말씀의 은혜와 기적을 체험하고부터는 이 세상에서 가장 중요한 것이 예수 그리스도를 믿는 신앙임을 알게 되었습니다. 모든 일에 감사가 넘치고, 긍정적으로 세상을 보게 됩니다. 주위의 좋은 분들을 만나게 하시고, 기쁘고 감사한 마음으로 세상을 살 수 있는 용기와 힘을 주신 주님께 감사의 찬양을 드립니다.(2007.1.28)

주님이 도와주셨어요!

이민석 집사

할렐루야! 지금 주님이 제 곁에 계시니 참 편안합니다. 제 인생에 주님의 사랑이 없었더라면, 저는 지금까지 방황하며 지내고 있을 겁니다.

저는 주님을 1996년 7월 21일에 독일 카이저스 라우테른 한인교회에서 처음 만났습니다. 그 한인교회를 다니면서 말씀과 성경공부를 통해 주님의 참 사랑을 느낄 수 있었습니다. 제 인생의 힘듦 속에 "주님이 계셨었구나!"라고 알게 되었습니다. 그래서 독일에 있을 때 교회봉사를 참 열심히 했습니다.

저는 전라도 강진의 매우 가난한 가정에서 태어났습니다. 그래서 초등학교도 간신히 다녔습니다. 초등학교 6학년 2학기가 끝나자마자 공장으로 나갔습니다. 공장에서 일하느라 초등학교 졸업식도 가질 못했습니다. 제가 그때 다녔던 곳은 요즘이라면 힘들고, 지저분하고, 위험하다고 해서 피하는, 가방공장, 피혁가공공장, 도금공장 등입니다. 그래서인지 몸과 얼굴에는 그때의 상처자국 투성이입니다. 피혁공장에서 일할 때 프레스에 손이 들어가 손가락 끝이 몇 개가 절단되었습니다. 도금공장에서는 화학약품 사용으로 피부트러블이 생겨 고생을 많이 했습니다. 게다가 여드름도 심했는데, 돈도 시간도 없어 피부 관리를 소홀히 할 수밖에 없었습니다. 그래서 그런지 동년배보다 몇 년 더 늙어 보인다고 합니다. 아내 양은미 집사에게 미안한 마음만 듭니다.

　제가 열여섯 살일 때, 그때가 1981년인데, 종로3가의 단성사 극장 뒷골목의 어느 도금공장에서 일을 하게 되었습니다. 그곳에서 대학 재수생을 만났는데, 그로부터 대학이 무엇인지를 들을 수 있었습니다. 그때부터 대학에 가는 것이 제 꿈이 되었습니다. 하지만 현실은 냉혹했습니다. '뱁새가 황새처럼 걷다가 가랑이 찢어지는 것은 아닐까' 생각하며 공부하는 것에 자신이 없었고, 또한 도금공장에서 저녁 늦게까지 일했기 때문에 책을 볼 여유도 없었고, 그런데다가 믿을 만한 구석을 찾아 볼 수도 없었습니다. 외모가 잘 생긴 것도 아니고 얼굴 피부는 쭈글쭈글하고 그렇다고 말 주변이 좋은 것도 아니어서, 절망감으로 삶을 더 이어나갈 필요를 느끼지 못하여 자살을 기도했습니다. 청산가리를 캡슐에 담아 신문지에 둘둘 말아 책상 밑에 감추어 두었습니다. 그리고 마음을 정하고 청산가리를 담아 둔 신문지를 펴 보니 캡슐과 청산가리가 녹아 신문지에 흡수되어 있음을 보았습니다. 그 순간에 '민석, 이 세상에서 더 살아야 할 이유가 있다' 라고 느꼈습니다. 그때 저는 죽음에서 삶으로, 어둠에서 빛으로, 절망에서 희망으로 빠져 나온 느낌이었습니다. 돈이 아무리 구겨지고 더러워져도 그 본래의 가치가 있는 것처럼 제 생명의 본질적인 가치는 얼굴이 쭈글쭈글해도 무식해도 말주변이 없어도 가난해도 상실되지 않는다는 것을 알게 되었습니다.

　그 청산가리 캡슐 사건 이후, 저는 더 열심히 살고 싶었습니다. 그래서 죽으려고 했던 곳을 떠나 구로공단이 있는 가리봉동으로 갔습니다. 그곳에서 자취방을 월세로 얻었고 지인의 소개로 전자부품을 만드는 중소기업에 취직할 수 있었습니다. 낮에는 전자시계 조립라인의 시다로 일했고, 저녁에는 자취방과 학원에서 검정고시를 준비했습니다. 가리봉동으로 이사 온 지 1년쯤 되었을 때, 중학교 검정고시에 합격하였고, 그 1년 뒤인 1983년 여름에 고등학교 졸업 검정고시에 합격하였습니다. 그후 대학 학비와 생활비를 마련하기 위해 일에 전념했고, 1987년에 대학에 들어갔습니다. 대학 학부와 석사를 마치고, 독일 프라운호프 연구재단의 3년 장학생으로 선발되어 독일 유학으로 물리학(이학) 박사가 되었습니다.

제가 가난 속에서 배움의 길을 온전하게 걸을 수 있었던 것은 주님이 도와주셨기 때문임을 믿습니다. 그렇지만 그때는 주님을 알지 못하였습니다. 그러나 역사를 주관하고 인생을 내신 주님, 잉태케 하시기도 하시는 그 주님이 저를 붙잡아두시고 섭리하심을 이제야 알게 되었습니다. 주님은 저를 도와주기 위해 다른 사람들을 움직였다는 사실을 말입니다.(2007.2.4)

주님을 믿으니 평안합니다!

저는 주님을 믿지 않은 가난한 가정에서 태어나 초등교육만 간신히 받았습니다. 학교 가방 끈이 짧아 가방공장, 피혁공장, 박스공장, 도금공장, 전자시계조립공장 등에서 시다 또는 보조원으로 일했습니다. 7세 때는 폐렴에 걸려 거의 죽다 살아났고, 13세 때는 콜레라에 걸려 불광동 보건소에서 격리생활도 했습니다. 또한 16세 때는 못 생기고 가진 것도 없고 배운 것도 없고 해서 비관 자살까지 시도했었습니다. 사회적으로 나쁜 길로 얼마든지 갈 수 있었지만 그렇게 살지 않았던 것은 주님의 선하심이 제 삶과 늘 동행했기 때문이라 믿고 있습니다.

　제가 힘들게는 살아왔지만 제 처지를 원망해 본 적은 한 번도 없었습니다. 그저 들판의 민들레처럼 강인하게 살아야겠다는 생각뿐이었죠. 들꽃은 장미처럼 아름답지는 못하나 들꽃이 없는 들판을 상상해 보십시오. 얼마나 삭막하겠습니까? 열심히 살겠다고 맘을 먹으니 일이 순탄하게 하나씩 풀리기 시작했습니다. 제가 그때는 주님의 내재하심을 믿지 않기 때문에 그 도움이 어디서 오는지 알지를 못했습니다.

　서강대 1학년 2학기 중간쯤에 모아둔 돈이 거의 바닥이 났습니다. 고민 끝에 어떤 교수님을 찾아가서 제 사정을 말씀 드렸더니 도서관에서 일할 수 있게 추천해 주셨습니다. 도서관 아르바이트로 생활비를 벌 수 있었고 등록금은 장학금과 국민은행의 대여로 해결할 수 있었습니다. 그래도 대학원에 가서 공부를 계속하고 싶었습니다. 대학원 입학시험에 합격하고 학과장님을 찾아가서 제 사정을 말씀드렸습니다. 그랬더니 수학 과외를 소개해 주시면서 더불어 3개월 과외비를 미리 받을 수 있게 도와주셔서 대학원 등록금을 마련할 수 있었습니다. 아무튼 생활비와 학비로 돈이 많이 필요했는데 그때마다 돈을 마련할 수 있는 아르바이트 자리의 길이 열렸습니다. 제가 바라는 소원은 늦게라도 다 이루어졌습니다. 이런 일이 주님을 알기 전에는 운이 좋아서라 생각했었는데 이제는….

　대학원을 마치고 유학을 놓고 고민하고 있을 때입니다. 그때는 제가 한국과학기술 연구소에서 위촉 연구원으로 일하고 있었을 때인데, 독일의 프라운호프 연구재단의 장학생으로 선발되었습니다. 그래서 독일어도 잘 못하는 제가 단 돈 3,000마르크(약 US$ 1,500)를 들고 독일 유학의 길을 떠났습니다. 독일에 유학 떠나기 전에 영국의 케임브리지 대학과 임페리얼 대학에도 합격되어 있었으나 학비 마련을 놓고 고민하고 있을 때에 독일장학금을 받게 되었던 것입니다. 제가 글을 올리게 된 동기는 하나님이 제게 역사한 일을 알게 하여 주님의 참사랑을 같이 나누는 데 있습니다.(2007.2.11)

드디어 주님을 만났습니다!

김포공항에서 홍콩을 거쳐 독일로 향하는 항공료가 제일 싼 캐세이 패시픽 항공을 탔습니다. 지금은 유럽으로 가려면 인천공항을 이용하지요. 그때는 김포공항을 떠나는 기내에서 많은 생각들이 밀려왔습니다. 초등학교 졸업 후 공장 생활 속에 참담하고 서글펐던 시간, 가방 공장에서 일할 때 콜레라균에 걸려 41~42℃의 고열과 그 후유증으로 고생했고 그 공장이 저 때문에 폐쇄되어 가슴 아파했지만 불광동 보건소에서 격리 수용되어 생활하는 동안만큼은 매 끼니 걱정 없이 잘 먹어 행복했던 그 짧은 시간, 두 손이 프레스에 들어가 짓눌려 피로 범벅이던 손가락을 천으로 대충 감싸 택시 타고 병원으로 급히 가서 수술을 받았고 입원 중에 두 손을 다 쓸 수 없어 화장실 가는 것이 무척이나 힘들었고 그 공장은 무허가라 아무런 보상도 받지 못했고 다 낫지도 않은 손으로 다른 공장을 찾으러 다녀야 했고 겨울만 되면 수술 받았던 손가락이 시린데 그때마다 그 기억으로 마음 아팠던 시간, 청산가리 먹고 비관 자살하려고 했던 끔찍한 순간, 최종학력 초등학교 졸업에서 벗어나기 위해 주경야독으로 검정고시를 준비했던 시간 그리고 서강대에서 물리학 학사와 석사를 받기까지 경제적으로 정신적으로 힘들어 분투했던 시간, 그러했기에 저에게 유학의 길은 정말 꿈만 같았고 기내에서 있는 동안은 기쁨으로 정말 행복했습니다. 그러나 이 기쁨도 비행기가 독일에 가까이 가자 걱정과 교차하기 시작했습니다. 원래 영어권으로 유학 가려고 했다가 독일로 가니 독일어는 알파벳만 알고 있었고 낯선 외국생활에 대한 막연한 두려움이 몰려왔습니다.

독일 프랑크푸르트 공항에 새벽에 도착하여 기차를 타고 제가 박사 과정을 밟을 프라운호퍼 생의학 연구소가 있는 센트 인베르트 마을로 갔습니다. 저는 연구소에 도착하여 지도 교수님에게 도착인사를 드린 후 곧장 잘란트 주립대가 있는 잘브뤼켄 시로 갔습니다. 그곳에서 한 유학생을 만났습니다. 그와 같이 대학을 둘러보고 난 후 차를 마시고 있는데 그는 질문 하나를 했습니다. "일요일에 바쁘니?" 제가 월요일에 도착하여 그와 차를 마시고 있는데 일요일에 무엇을 할지 생각한 바가 당연히 없었지요. 그래서 계획이 없다고 말했더니 그는 자기와 같이 인근 한인 교회를 가자고 제안해서 수락했습니다. 제가 새신자 양육부에서 봉사해 보니 한 영혼을 전도하고 교육하기가 무척 힘이 드는데, 그 당시 저는 교회를 가 본적도 없었는데, 어떻게 교회에 간다고 선뜻 말했는지 모르겠습니다. 그러나 그것이 제 인생을 바꾸는 순간이었습니다. 그때가 1996년 7월이었으니 제가 주님을 만난 지 벌써 만 10년이 넘었네요. 독일에서 카이저스라우테른 한인 교회를 다니면서 설교 말씀, 성경 공부 그리고 성도 간 교제를 통해 저는 주님을 알았습니다. 주님을 깊이 알기 전에는 열심히 살았기에 모든 일이 잘 풀린 것이라고 생각했습니다만, 일이 잘 되었음에도 마음에 평안이 없었습니다. 매 순간 삶의 긴장과 근심과 걱정과 초조 속에서, 마치 자전거 페달을 밟지 않으면 넘어지기에 계속 페달을 밟는 것처럼 그런 긴장된 마음으로 살았습니다. 그렇지만 주님을 믿고 나서는 그런 나약한 생각을 더 이상 하지 않았습니다. 능력의 주님이 도와주고 계시다는 믿음이 커가니 제 삶이 평안해져 갔습니다.

독일 도착한 지 얼마 되지 않아 시련이 찾아왔습니다. 독일 생활 18일 만에 한국으로 돌아가려고 비행기 표까지 예약했습니다.(2007. 2. 18)

주님 믿고 시련을 잘 극복했습니다!

제가 독일에서 삶을 시작한 지 한 달도 채 지나지 않았는데, 공부 때려치우고 귀국하려고 비행기 표까지 예약했습니다. 지도교수님을 통해 제 박사 연구를 도와주기로 한 K 박사가 텃세하고 뒷다리 잡는데 도저히 못 참겠더라고요. 원래 영국의 임페리얼 대학의 물리과에 가려고 했다가

돈 때문에 독일로 왔는데, K 박사와 업무 관계로 충돌이 잦아지니 K 박사와 같이 있다가는 인생 망치겠다고 생각되어 독일유학을 포기하려고 했습니다. 교회 나간 지 두 번 되었는데 왠지 죄를 짓는 것같이 마음이 무거웠고 주님을 만난 지 며칠밖에 안 되었어도 갈급한 심정으로 기도하게 되었습니다. 기도 중에 "주님 믿고 조금만이라도 더 견디어 보자. 분명히 독일로 보낸 이유가 있을 거야." 용기와 확신이 생겼습니다. 그러나 만약을 대비해 임페리얼 대학에 학비 문제로 1년 늦게 입학하겠다는 편지를 보내 승낙을 받아 놓았습니다. 그리고 K 박사와의 갈등을 놓고 기도를 많이 했습니다. 주님께서는 제가 먼저 변하도록 지혜를 주셨고 그것은 놀랍게도 효과가 있었습니다. 그래서 학비와 생계 걱정 없는 독일에 남기로 했습니다.

새내기 신자로서 부흥회에 참석했을 때 신자들이 기도하는 중에 바닥에 쓰러지고 소리치고 방언하고 울고 흐느끼는 장면을 보고 처음에는 당황했지만 차차 적응이 되었습니다. 사경회도 참석하고 성경 공부도 하며 신앙 생활하던 중 교회에 큰 시련이 닥쳤습니다. 2003년 3월 19일에 주일예배와 친교를 마치고 귀가하는 도중에 고속도로에서 대형 교통사고를 당해 교인 9명이 병원에 입원하는 일이 발생한 것입니다. 저도 그 중의 한 명이었습니다. 독일 뉴스와 신문에도 크게 보도되었던 일이지요. 교회가 차로 1시간 떨어진 곳에 있었기 때문에 차를 가진 집사님들이 봉사하는 마음으로 학생들을 태워주었는데 그날은 여자 집사 한 분이 운전했고 저는 조수석에 앉아 있었습니다. 우리는 1차선을 150km 정도로 달리고 있었는데, 뒤에서 벤츠가 헤드라이트를 깜빡깜빡 거리며 바짝 붙자 집사님이 당황했는지 운전대를 갑자기 틀었고, 집사님의 "운전대가 안 돌아가." 이 말이 귓가에 들리자 저는 안전띠를 부여잡고 "주여!"를 외치며 무서워 떨고 있다가 의식을 잃었습니다. 나중에 병원에서 들었는데 차가 5번 뒹굴고 중앙선 난간을 넘어 반대편 쪽 1차선으로 떨어졌다고 합니다. 그 순간에 반대 차선 쪽에 차가 지나갔다면 그 9명은 다 죽었을 텐데, 주님의 은덕으로 살았지요. 저는 안전띠를 맨 덕으로 정신적인 쇼크를 빼고는 다친 데가 하나도 없었습니다. 하지만 뒷자리의 학생들은 차 밖으로 튕기어 나가 중앙선 난간에 걸쳐 있거나 도로에 나뒹굴고 있고 다리가 부러지고 손목이 부러지는 등 큰 부상을 당했습니다. 그때 저는 운전면허를 따려고 연습 중에 있었고 고속도로 12시간 주행만 남겨놓고 있었는데 그 사고 후 남의 차를 타고 가는 것조차도 무서워서 3개월 동안 운전대를 잡을 수 없었습니다. 차만 타면 몸이 긴장하여 손발이 땀으로 흠뻑 젖었고 그 사고 후유증으로 몇 년 간 고생을 했습니다. 아무튼 그 사고로 교회는 어려움을 겪었으나 저로서는 신앙 성장의 계기가 되었습니다.

지금 제 삶을 되돌아보면 죽을 고비가 참 많았습니다. 폐렴도 걸리고, 콜레라에 감염되고, 비관하여 청산가리의 자살 유혹에 빠지고, 교통사고를 당하고…. 그러나 매 순간 극복할 수 있었던 것은 주님의 은혜라 믿고 있습니다. 헌데 주님께서는 저를 어디에 쓰시려고 이렇게 살리시는지 그 뜻을 헤아릴 수가 없습니다. (2007.2.25)

아, 하나님의 은혜로 이 쓸데없는 자

독일에서 살면서 주님의 사랑을 듬뿍 받으며 사는 가정을 꾸리고 싶었습니다. 그러나 저의 형편과 모습을 볼 때 그건 불가능해 보였습니다. 그래서 사도 바울처럼 혼자 살겠다고 아주 입에 달고 살았지요. 그러던 중 어느 날 기차 길로 700km 떨어진 드레스덴에 사는 C 집사님에게서 전화가 왔습니다. C 집사님은 같은 교회에서 봉사하며 지내다 미술 공부하러 드레스덴으로 떠났는데, 소개시켜 줄 분이 있다고 오라는 것이었습니다. 그곳은 빠른 기차(ICE)로 7시간이 족히 걸리고 또한 왕복 기차비만 해도 무려 $280이나 들어가니 갈 마음이 내키지 않았지요. 그런데 그 후 그 여자 분과 통화할 기회가 있었고, 그분의 목소리가 너무 아름다워 감동을 받았습니다. 그 해 이전에는 가지 않던 송구영신예배를 나가 배우자를 제1순위로 달라고 기도문을 작성한 지 수십 일도 채 되지 않았던 터라 주님의 응답이 아닐까 기대가 되어 주저 않고 찾아 갔죠. 우리는 주일예배 후 세계적으로 유명한 젬퍼 오페라 하우스 근처의 어느 찻집에서 만났습니다. 이런 저런 얘기를 나눴으나 그 여인은 저에게 관심조차 보이지 않았습니다. 하지만 저는 그 여인에게 마음이 있었고 혹시나 퇴짜를 맞을까 봐 걱정되어 이메일 주소를 적어주고 얼른 헤어졌습니다.

그 다음 날에 연구소에 가 보니 그 여인에게서 이메일이 하나 와 있었습니다. 아주 형식적인 안부 인사, 즉 "잘 돌아가셨습니까?"라는 내용이었습니다. 저는 아주 정성 들여 답장을 했습니다. 그 여인은 가끔씩 한 통의 단문의 이메일을 보냈는데, 저는 매일 장문의 이메일을 두세 번 보냈습니다. 그때 정말 갈급해서 주께 매일 매달렸습니다. 훗날에 그 여인이 얘기해 주었는데 제가 글을 참 감동 있게 썼다고 합니다. 그 여인이 주님께서 맺어주신 아내 양은미 집사입니다. 나중에 양 목사님이 우리의 이메일 교제를 아시고 은미에게 그 감동적인 이메일을 보낸 청년이 어떤 사람인가 물었다고 합니다. 그때가 마침 부활절 새벽성회 기간이었고, 목사님은 "그래, 우선 기도해 보자."라고 말씀하셨고, 2주 후 은미에게 "기도해 보니 좋은 청년 같더라. 한번 통화해 보고 싶다."라고 말씀하셨다고 합니다.

마침내 양 목사님과 전화 통화를 했습니다. 전화 통화 내내 저는 긴장으로 온 몸에 땀이 줄줄 흐르고 목이 바짝바짝 말랐습니다. 그 통화 끝에 목사님은 박사가 무보수 사찰성도로 봉사하다니 훌륭하다며 저를 보지도 않고 은미와의 결혼 날짜를 정했고, 얼굴도 보지 않고 결혼한다는 것은 좀 그러니 한국으로 오라고 했습니다. 우리는 인천공항에서 만났고, 주차장으로 가는 길에 마 사모님은 "기껏 공부시켜 놨더니, 어디서 저런 놈을 데려왔어."라고 양 목사님에게 투덜거렸다고 합니다. 합정동의 보길도에서 식사를 할 때 저를 보고 탐탁지 않게 여기시던 마 사모님에게 잘 보이겠다는 일념으로 열심히 서빙 하다가 옥수수 치즈구이 철판에 손까지 데이며 노력한 결과 마 사모님은 제게 춘원 이광수 안경 같은 동그란 까만 테 안경이 촌스럽다며 안경을 새로 사주셨고, 제 인물이 달라졌다며 기뻐하셨습니다. 사실 그날 회를 좋아하는 제가 아무것도 먹질 못했습니다. 결혼 바로 직전에 양총재 담임 목사님은 결혼관을 A4 용지 2장에 써오라 하셔서 6가지를 실천하며 살겠다는 내용으로 썼습니다. 그 내용을 다 기록하고 싶지만 핵심 키워드는 1. 주님을 섬기는 가정, 2. 십일조를 바치는 가정, 3. 기도와 대화로 평안을 이루는 가정, 4. 전도에 힘쓰는 가정, 5. 사회에 봉사하는 가정, 6. 달란트를 키우는 가정입니다. 결혼 당일 오전 11시에 가정 예배를 드리고 웨딩숍으로 갔는데 그때 부른 찬송가 410장이 언제나 제 마음 속에 남아 있습니다.(2007.3.4)

인고의 생활, 주님 붙들고 이겨냈습니다!

하나님께서 복 주셔서 결혼 생활은 참 행복했습니다. KIST 유럽연구소에서 일할 수 있었기 때문에 경제적인 어려움도 없었습니다. 그리고 제 가정에 한 생명이 잉태되어 더욱 기뻤습니다. 유년시절부터 고생을 많이 하며 살아온 제게 신앙이 좋은 배우자와 가정을 이루게 하시고 또한 한 생명을 허락하신 주님께 감사하는 마음으로 히브리어로 생명을 뜻하는 "하임"을 지어주었습니다.

2000년 12월 31일 송구영신예배 때 기도제목에 "1. 좋은 배우자를 주세요. 2. 박사학위 논문교정이 빨리 끝나도록 도와주세요."라고 썼습니다. 주님께 학업보다 배우자를 더 우선으로 기도드렸는데, 실제는 학업이 더 다급했습니다. 지도 교수님은 프라운호퍼 생의학 연구소장 직을 맡고 있어 매우 바빴고, 또한 출장을 자주 가셨고, 기내에서 기차 안에서

틈날 때마다 한두 페이지씩 읽어 논문을 수정해 주었습니다. 전체를 다 교정하기까지 무려 2년 10개월이 걸렸지요. 저 말고도 제자가 많았고, 출판된 논문, 특히 학위논문은 시간을 가지고 꼼꼼하게 천천히 읽어 전체적인 논리에 오류가 있어서는 안 된다고 늘 강조하셨습니다. 교수님의 제자는 2년 내지 3년 정도 기다리는 것은 보통이었습니다. 그 기다림 내내 저는 걱정, 불안, 초조로 아주 힘든 시간을 보냈습니다. 결혼하기 전에는 교정 진도가 거의 나가지 않았고, 그렇다고 독일 정서에서 교수님에게 자주 찾아가 부탁할 수도 없었습니다. 삼성 SDI 리쿠르트에 지원하여 입사가 결정된 상태라고 교수님께 말씀 드렸는데도, 교수님은 저의 상황에 전혀 아랑곳 안 하고 당신의 스케줄에 따라 천천히 교정해 주었습니다. 오직 주님께 애타게 부르짖을 수밖에 없었습니다. 하지만 그 기다림 속에 주님과 더욱 밀접하게 교통할 수 있어서 좋았습니다. "주님은 나의 어려움을 알고 있어. 분명히 주님의 스케줄에 나의 기도의 열매가 있을 거야." 그것을 알면서도 저는 끊임없이 유혹에 빠졌고 시험에 들었습니다. 그 기약 없는 기다림에 정신적으로 지쳐버렸지요. 그런데 결혼을 하고 나서부터 그 진도가 조금씩 빨라졌어요. 왠지 아십니까? 그렇게 된 것은 주님의 은혜요, 가족들의 기도라 믿습니다. 양 목사님은 전화로, 메일로 저의 정신적 고통을 위로해 주시고 집중적으로 기도해주시어 끝내 이겨내었습니다.

박사 학위를 받은 후 KIST 유럽 연구소에서 정규직 연구원으로 채용되었고, 월급도 많이 올랐고, 독일 정부로부터 Job 비자까지 받았습니다. 그때 주5일 근무에 종교 관련 휴일이 많아 은미와 하임이 데리고 인근 도시로 여행을 다녔고, 교회와 직장 동료들과 아주 행복한 나날을 보냈습니다. 그러던 중 양 목사님이 한국으로 와서 같이 살자며 매일 전화를 했습니다. 그뿐만 아니라, 삼성 SDI의 인사과에 전화를 해서, "이 박사가 삼성에서 한국을 위해 좋은 일을 할 수 있게 여건을 마련해 주고 3년 전의 약속을 이행해 주길 바랍니다. 나는 목사인데 이를 위해 계속 기도할 것입니다. 찾아뵐까요?'라고 말했더니 인사과에서 잘 알아서 할 테니 제발 찾아오지는 마시라고 당부했다고 합니다. 양 목사님은 회사가 이행하지 않자 인내와 끈기를 가지고 전화를 계속했고, 3개월이 지날 쯤에 인사과 직원의 전화를 받았습니다. "지금도 입사할 의향이 있느냐?" 아주 귀찮은 듯이 물었습니다. 몇 년 만 더 살면 영주권도 받을 수 있었는데 낙동강 오리알처럼 여기는 곳에 가서 더 이상 맘고생하며 살고 싶지 않았습니다. 한국으로 갈 것인가 남을 것인가를 놓고 기도하는데 양 목사님의 기도 때문인지 마음이 흔들리고 내가 있을 곳이 이곳이 아니라는 생각이 들어 아내와 의논한 후 한국으로 돌아오게 되었습니다. 그 후 한서 가족이 되었습니다.(2007.3.11)

주님 믿고 담대히 나아갔습니다!

독일에서의 안정된 직장, Job 비자, 영주권, 행복한 삶을 뒤로 하고 2002년 11월말에 입국하여 12월초부터 삼성그룹 입문교육을 창조관에서 받았습니다. 2주간의 교육을 마치고 삼성SDI의 중앙연구소에 갔는데, 팀 배치가 미정이라 사내도서관에서 4주 동안 기다려야 했습니다. 연구소 내에 제품과 재료에 따라 여러 팀이 있었고, 인사과 직원이 각 팀장과 면담을 가질 수 있게 연결해 주었습니다. 처음에는 다들 관망했지요. 연구소는 전자 출입증이 있어야 자유롭게 이동을 할 수 있습니다. 그때 출입증을 받질 못했고, 화장실 갈 때면 누군가가 문을 열어 주어야 했고, 출근과 퇴근과 점심식사는 인사과 직원이 와서 출입을 도와주었습니다. 감금상태나 별 다를 바가 없었지요. 별의별 생각이 다 들었습니다. '지금 왜 이 모양인가? 주님께서는 왜 이런 시련을 주시는가?' 독일로 되돌아갈까 고민도 했습니다. 하지만 전화로 기도해 주시고 힘주시는 양 목사님, 제 손을 꼭 붙잡고 위로해주는 아내가 있었기에 꾹 참고 견디어냈습니다. 또한 주님께 의지하니 갇혀 있음에도 마음은 편했고, 밝은 모습을 잃지 않았습니다. 그렇게 4주를 보냈는데, 전자재료 팀장님이 불러서 갔더니, "우리 팀에서 일하도록 뽑았네. 좋은 성과 바라네." 라고 말씀하셨지요. 그 후 2년이 채 안 되었을 때 팀장님은 회식 자리에서 "자네를 뽑을 때 모 아니면 도라 생각했었지. 그런데 이제 자네의 연구 실적을 보니 과연…."

2003년 여름에 일본색소학회는 강연초대를 팀장에게 보냈고, 제가 가도록 뽑혔죠. PDP TV에 초보인 제가 전문가들 앞에서 영어로 발표해야 하는데 상사의 명령이니 안 갈 수도 없었습니다. "피할 수도 없는 일이니 주님께 의지하고 담대히 나아가자"라고 기도드린 후에 발표 자료를 준비했고, 준비된 서류 뭉치를 가슴에 꼭 끌어안고 담임목사님의 안수기도를 받고 난 후 일본 오사카로 주님께서 함께하심을 확신하고 담대하게 가서 발표하고 돌아왔습니다. 그리고 2004년에는 그때 발표된 논문이 수록되었는데 한국인은 저 혼자였지요. 그 책은 한국 돈으로 약 65만 원 이상 되는데, 한 권 선물로 받았습니다.

초등학교를 겨우 나와 영어도 제대로 못 배워 simple English 발음이지만 2005년에 보스턴에서 개최된 SID 국제학회에서 세계의 디스플레이 전문 학자들과 함께 발표할 수 있었고, 2006년에도 샌프란시스코에서 개최되었는데 세계 각 나라 500명의 전문 석학 연구원들이 논문을 발표했는데 그때는 우수 논문상을 받았습니다. 또한 2005년도에도 회사 전체의 논문대회에서 금상을 받았습니다. 아무튼 참 신기하고 나 스스로 놀라운 것은 제가 영어로 말하면 다들 이해하였습니다. 영어 방언의 은사를 받은 것만 같습니다. 하나님께 감사와 영광을 돌립니다.

저는 제 결혼관의 핵심 6가지를 실천하며 살고 있습니다. 주일성수, 감사생활 및 십일조생활, 기도와 불신자 전도, 사회봉사, 달란트 개발. 뿐만 아니라 청년 시절 그렇게 좋아하던 술도 끊었는데 벌써 만 5년이 흘렀습니다. 경건한 마음 그리고 말씀 따라 주님과 동행하며 크리스천답게 살아야 한다는 생각을 품고 그렇게 살려고 최선을 다하고 있습니다. 십일조 생활에 충실하고 있지만 항상 주님께 더 드리고 싶은 마음이 벅차오릅니다.

지난 일을 돌이켜 보면, 가난과 무지, 질병과 좌절, 수없이 쓰러졌음에도 불구하고 다시 일어설 수 있었던 것은 주님의 은혜라 믿습니다. 주님을 의지하고 믿으니 주께서 참음, 용기, 지혜 그리고 사랑할 마음을 주시니, 제 삶이 더욱 풍요로워짐을 고백합니다. 앞으로도 하나님이 무한한 능력을 삶과 연구의 지혜로 계속 공급해 주실 것을 믿고 큰 기대를 가지고 2007년도를 달려갑니다. 하나님께 영광을…. 아멘.(2007.3.18)

주님의 인도함에 감사하며

김순애 권사

할렐루야! 살아계신 주님을 찬양합니다. 평범한 주부가 남자들도 하기 힘들다는 건설회사 사장이 됐다고 하면 사람들은 '원래 특별한 사람일 거야' 라든지 '남이 가지고 있지 않은 특별한 무언가가 있을 거야' 라고 생각합니다. 그러나 저에게는 사람들이 기대하는 특별한 것이 없습니다. 저 자신도 지금의 제 모습이 신기할 정도입니다. 주님께서는 저를 택해주셨고 인생의 모든 과정에서 항상 저를 지켜주시며 인도하셨습니다. 제가 서고 싶어서 선 것이 아니라, 주님께서 세워 주신 것이며, 크신 은총과 복을 부어주신 것입니다.

저는 본래 모태신앙은 아니었습니다. 불신 가정에서 막내로 태어났습니다. 그러나 주님께서 8세 때 저를 불러주셨습니다. 성탄절이면 교회에서 하는 연극과 선물이 좋아서 교회에 나갔습니다. 친구들도 데리고 교회에 열심히 나갔습니다. 전도하는 일은 어린 시절부터 주님께서 저에게 주신 귀한 선물이었습니다. 고교시절에는 성당에 다니며, 영세를 받았습니다. 성당에 다닌 시절 친구들을 인도했는데, 그 친구들은 아직도 성당에서 신앙생활을 합니다. 요즈음은 성당에 다니는 친구들을 교회로 인도하기 위해 기도하고 있습니다.

주님의 크신 은혜 속에 진실하며 성실한 믿음의 남편 송순회 권사를 만나게 하셨고, 아름다운 가정을 이루게 하셨습니다. 시어머님께서는 기도의 사람이셨습니다. 시댁 어르신 중에서 제일 먼저 주님을 영접하시어, 믿음의 씨앗이 되셨습니다. 역경 속에서도 신앙을 꿋꿋이 지켜내신 믿음의 용사이셨습니다. 결혼식 날 시어머님께서 해주신 축복기도는 아직도 잊을 수가 없습니다. 시어머님께서는 "하나님, 저는 농촌에 살면서 제가 하고 싶어도 못한 것이 많았고, 주님께 많은 헌금을 드리지도 못했습니다. 사랑하는 아들 가정에 복 주셔서 신앙생활 잘 하게 하시고, 매월 십일조를 10만 원, 100만 원, 1,000만 원 이상 할 수 있게 복 주시며 마음껏 영광 받아 주세요"라고 간절히 눈물로 기도해 주셨습니다.

그 당시 대학 졸업자의 초봉 월급이 14만원에 불과하였습니다. 저는 시어머님께서 기도해 주신 십일조의 금액이 너무도 엄청나서 꿈과 같이 느껴졌습니다. 그래도 주님께서 살아 역사하심을 분명히 확신하였기에, 사랑하는 남편 송순회 권사께 "어머님께서 기도하신 거 '아멘'으로 받으세요"라고 말하였습니다. 결혼 뒤 분가해 살면서 시모님의 간절한 눈물의 기도가 제 마음에서 점점 희미해져갔습니다. 교회에도 빠지는 날이 많았습니다. 주님과 멀어지는 삶을 살았던 것입니다. 그러나 주님께서는 저와 저의 가정을 향한 사랑의 손길을 놓지 않으셨습니다.(2007.4.15)

아픔 속에 만나주신 사랑의 주님

　　결혼하고 시어머님의 간절한 축복의 기도를 받은 저희 부부는 신혼의 단꿈을 안고 청주로 이사를 하였습니다. 사랑하는 남편 송순회 권사가 청주로 발령을 받았기 때문입니다. 이사한 뒤, 청주상당교회에 등록은 하였지만, 신앙생활을 제대로 하지 않았고, 주님과는 상관없이 내 마음대로 살았습니다. 세상 가운데 살던 저는 둘째 아이를 임신했는데, 82년 5월 임신 중인 둘째 아이는 예정일보다 훨씬 빠른 8개월 만에 세상에 나와 목숨을 잃었습니다. 저에게 정신적이며 육체적인 시련이 찾아왔습니다. 아이를 잃고 거의 6개월 정도 제대로 활동을 못할 정도로 아팠고 아이를 잃은 마음은 몸보다 더욱 고통스러웠습니다.

　　그 무렵 친구에게 빌려 준 돈도 친구 남편의 사업부도로 인해 받지 못하는 상태였습니다. 저는 자식과 건강과 물질을 한꺼번에 잃고 실의에 빠졌고 우울증까지 찾아와 죽고 싶었습니다. 그때에 주님께서는 저에게 사랑의 손길을 펴셨습니다. 저희 가정에 최 집사님을 보내주셔서, 저를 위해 눈물로 기도하게 해 주셨고, 위로해 주시며, 여러모로 도와주셨습니다. 최 집사님은 "하나님께서는 살아계셔서, 역사하시며, 예수님을 믿으면 하나님의 자녀가 되는 권세가 있고 모든 질병에서 해방되며, 죽은 자도 살리시고, 소경이 눈을 뜨며, 앉은뱅이도 일어나게 하시는 능력의 하나님"이라고 말하셨습니다. 그러면서 "광현이 엄마도 능력의 하나님을 만나면, 깨끗이 나아서 건강해진다"며 저에게 부흥회 참석하기를 간곡히 부탁하며 전도하셨습니다.

　　그러나 저는 교회에 가기가 싫었습니다. 이유는 교회의 소란스러운 모습 때문이었습니다. 천주교의 조용하고 경건한 분위기에 익숙해졌던 저는 통성으로 방언을 하며 울며 기도하고, 박수를 치며, 찬송하는 모습에 상당한 거부감을 그 당시에 가지고 있었습니다. 그런데 부흥회라면 얼마나 더 요란스러울까. 싫었지만 적극적으로 인도하시는 집사님을 따라 부흥회에 참석하였습니다. 예배당에 들어선 저는 주님께 기도하였습니다. "살아 계시다는 하나님, 한 번 만나면 해결된다고 했는데, 저에게도 오셔서 만나주세요. 건강하게 해 주세요"라고 저도 모르게 간절한 기도가 나왔습니다. 지금 생각해 보면, 그때에 성령님께서 강하게 역사하셨다고 믿어집니다.

간절히 주님께 기도하는 순간, 강단에 있는 십자가가 나에게 그리고 나의 마음속으로 가까이 다가왔습니다. 저는 순간적으로 가슴이 뜨거워짐을 체험하였습니다. 마음 속 깊이 회개의 기도가 솟아오르며, 주님 앞에 통회의 눈물을 흘리며 기도하였습니다. "하나님, 잘못했습니다. 몰라서 그랬습니다. 용서해 주세요." 내가 지은 죄를 회개하며, 눈물?콧물 흘리며 한없이 울며 또 울며 회개하였을 때, 나를 괴롭히고 나를 지배하였던 사단 마귀가 떠나갔고, 육적이며 영적인 질병에서 해방되었습니다. 할렐루야! 그 후로 저는 완전히 변화된 삶을 살았습니다. 어두운 그늘에서 주님 계신 광명으로 나아오게 되었습니다. 우울증이 저의 마음속에서 물러가고, 기쁨과 감사로 완전히 변화된 삶을 살게 되었습니다.

"그런즉 누구든지 그리스도 안에 있으면 새로운 피조물이라. 이전 것은 지나갔으니 보라 새것이 되었도다(고후 5:17)."(2007.4.22)

전도의 열정과 열매

주님의 인도하심 속에 심령대부흥회에서 큰 은혜를 받은 저는 집회의 모든 시간을 빠짐없이 참석했습니다. 집회가 끝날 무렵 몸은 거짓말처럼 다 나았습니다. 몸은 날아갈 듯 가벼웠고, 마음도 새로워졌습니다. 세상이 달라보였습니다. 날아다니는 새가 그렇게 예쁘고 하늘만 올려다봐도 웃음이 났습니다. 그렇게 아름다운 세상은 본 적이 없었습니다. "나 같은 죄인 살리신 주 은혜 놀라워…" 찬양을 드리면서 정말 한없이 울었습니다. 더 이상 살 소망이 없던 저를 이렇게 살려주신 은혜가 너무 감사했습니다. 찬양을 하면서 "하나님, 이 은혜를 어떻게 보답할까요. 어떻게 하면 갚을 수 있을까요"라는 마음이 떠나질 않았습니다.

불현듯 "전도를 해야겠다!"는 생각이 들었습니다. 믿음이 없던 어린 시절에도 친구들을 교회로 곧잘 인도하였습니다. 부흥집회가 끝난 다음 날부터 전도를 시작하였습니다. 의지는 대단했지만 성경도 제대로 몰랐고 어떻게 전도를 해야 하는지도 몰랐습니다. 주님께서 저를 구원해주시고, 병을 치료해주신 그 자체가 너무도 감사하였습니다. 전도할 때는 성경책을 들고 다녀야 한다기에 가방에 성경을 넣고 세 살 된 아들 광현이와 함께 아파트 1층부터 5층까지 돌며 초인종을 눌렀습니다. 광현이는 아침마다 "우리 엄마 오늘도 전도 많이 할 수 있게 해 주세요"라고 기도했습니다. 어린 광현이가 마음에 큰 힘을 주는 전도 동역자였습니다.

전도에 최선을 다하였던 저에게 주님께서는 많은 결실의 열매를 주셨습니다. 제가 두 달 동안 교회로 전도한 새신자의 숫자가 교회 전체에서 1년 동안 전도한 숫자보다 더 많았던 것입니다. 하나님께서 저를 전도의 도구로 삼아 주셔서, 그렇게 많은 새신자들을 주님의 몸된 교회로 인도하였던 것입니다. 오직 모든 영광을 주님께 돌립니다. 전도대상자를 정하면, 열심히 찾아갔습니다. 음식도 만들어서 함께 나누고, 이야기도 함께 나누었습니다. 그러한 과정을 통해 전도대상자는 자연스럽게 마음의 문을 열었습니다. 물질을 함께 나누고, 정성을 다하며, 삶에서 예수 그리스도의 모습을 보이기 위해 열심히 노력했는데, 이것이 그렇게 많은 전도의 열매를 거두게 하신 저 나름대로의 비법인 듯싶습니다.

제가 열심히 전도하는 모습을 보면, 아파트 주민들은 "아파서 누워 있던 광현이 엄마 아니냐. 언제 다 나았느냐"며 신기해했습니다. 저는 "하나님께서 치료해 주셨어요. 저와 같이 교회에 나가요. 우리 함께 주님을 만나요" 하고 그분께 전도했고, 그러면 고개를 끄덕이며 교회에 함께 따라 나오는 것이었습니다. 전도하신 분들은 모두 저와 함께 새벽기도에 나갔습니다. 새벽에 일어나기 힘들어하는 분들은 집집마다 돌아다니며 초인종을 눌러서, 새벽 4시 30분까지 아파트 놀이터에 모여서 새벽기도회에 나갔습니다. 주변에서는 "새벽부터 무슨 부흥회를 하나"라며 놀라워했습니다. 그 해에 저는 교회에서 가장 많이 전도한 사람에게 주는 "전도대상"을 받았습니다.

전도대상을 받고 나서, 전도를 더욱 열심히 하기 위해, 성경공부를 시작했습니다. 1년 동안 열심히 성경공부를 하며, 주님께서 원하시는 것은 무엇이든 순종하기 위해 최선을 다했습니다. 새벽기도, 전도, 심방, 봉사, 구제 등 주님께서 기뻐하시는 일이라면, 다 하려고 노력했습니다. 그래도 제가 주님께 받은 그 큰 은혜를 다 갚지 못한다는 생각뿐이었습니다. 담임목사님께서 설교시간에 "하나님은 한 영혼을 천하보다 귀히 여기시기 때문에 전도를 제일 기뻐하신다"는 말씀을 하실 때에는, 그렇게 용기가 되고 마음에 힘이 되어, 전도에 더욱 열과 성을 다하였습니다.(2007.4.29)

십일조의 복

전도의 열심과 열정으로 신앙의 큰 기쁨을 얻었습니다. 그러던 어느 주일 담임목사님께서 예배시간에 십일조에 관한 설교 말씀을 해 주셨습니다. "주일 성수뿐 아니라 십일조를 하는 것이 성도의 의무"이며, "십일조를 하게 되면 하나님께서 놀라운 복을 부어 주신다"고 말씀하셨습니다. 저는 순간, "아! 십일조를 해야지"라는 생각이 들었습니다. 우리 가정을 위해 축복기도를 해 주신 시어머님의 모습이 떠올랐습니다. 1983년 3월 처음으로 십일조 생활을 시작하였고, 순간순간 기도하면서 하나님께 감사하였습니다. 주변에서는 저를 위해 기도해 주시는데, 정작 저는 무릎 꿇고 기도한 적은 별로 없었지만, 하나님은 내 아버지요 나는 하나님의 딸이라는 자부심으로, 무엇이든지 필요한 것은 믿고 하나님께 구하면 주신다는 믿음으로 구했을 때, 응답해 주셨습니다.

하루는 친구가 청주에 땅을 사러 가는데 같이 가자고 했습니다. 그 친구는 땅을 사면서, 내게도 땅을 살 것을 권했을 때, 하나님께 기도하면서 이 땅을 허락하시면, 고아원이나 양로원을 하겠다고 마음먹고, 그 땅을 샀습니다. 애당초 투기를 하려고 산 땅은 아니지만, 그 땅은 이후에 가격이 많이 올랐고, 나중에 건축 사업을 하는 데 밑천이 되었습니다. 하나님은 내가 주님을 온전히 영접한 지 6개월 동안 너무 많은 기적을 보여 주셨습니다. 청주에서 전도를 하면서, 마음속에 세 가지를 기도했는데, 첫 번째는 남편직장문제였습니다. 〈주식회사 대농〉에 다니던 남편은 한 달에 두 번만 주일성수를 할 수 있었으므로, 온전히 주일성수를 할 수 있게 기도했습니다. 두 번째는 전도하면서 점점 많은 사람들이 우리 집에 오게 되는데, 13평 아파트는 공간이 좁으니 조금 넓은 집으로 달라고 했고, 세 번째는 이름을 "한나"라고 지어놓고, 예쁜 딸을 달라고 기도했습니다.

1984년 2월 하나님은 이 세 가지를 단번에 응답해 주셨습니다. 우선 집이 매매되었고, 다음날 남편은 서울 본사로 발령이 났습니다. 온전한 주일 성수가 가능하게 된 것입니다. 그 다음날 집을 구하기 위해, 서울에 상경해서 마포구 망원동에 집을 구하고 고속버스 타고 청주에 가는데, 속이 안 좋아서 산부인과에 가서 진찰을 하니 임신이라고 했습니다. 하나님께서는 기도제목 세 가지를 한꺼번에 이루어 주셨습니다. 서울로 가게 됐다는 사실을 목사님께 말씀드렸더니, "청주는 좁으니 서울에 가서 더 많은 사람을 전도하라고 하나님이 올려 보내는 것"이라고 격려해 주셨습니다. 당시 상당교회는 교회건축 시기였습니다. 나는 하나님께 두 평을 작정했으나, 드리지 못한 상태로 서울에 올라오게 되어, 이후에 작정한 헌금을 잊지 않고 상당교회에 헌금을 했습니다. 난 당연히 해야 할 일을 한 거라고 생각했지만, 교회에서는 떠나신 분이 잊지 않고 작정하신 헌금을 보내주셔서 너무너무 감사하다고 담임목사님께서 축복기도를 해 주셨습니다.

"사랑하는 자여, 네 영혼이 잘 됨같이 네가 범사에 잘 되고 강건하기를 내가 간구하노라(요삼 1:2)." (2007.5.6)

주님의 증인이 되리라

84년 3월 하나님의 인도하심으로 서울 생활을 방 한 칸에서부터 시작했습니다. 큰 꿈을 가지고 상경하여 생활하던 중에는 셋방살이 설움과 여러 가지 어려움이 있었습니다. 84년 9월 망원동에 침수로 인하여 수재민이 되기도 했고, 침수로 인하여 한나가 태어났을 때 방바닥이 내려앉아서 연탄불을 피지 못하여 냉방에서 몸조리해야 하는 어려움도 있었지만, 하나님은 지키시고 함께하셔서 감기에도 걸리지 않게 하셨고 믿음으로 승리하게 하셨습니다. 물난리를 통하여 하나님은 방 한 칸에서 방 세 칸 독채 전세로 이사할 수 있게 복 주셨습니다.

새문안교회를 섬기던 저는 가까운 한서교회로 옮기게 되었고 열심히 전도하던 중에 하나님께서는 성산시영APT를 주셨습니다. 성산시영APT 3710세대는 하나님께서 저에게 주신 전도의 황금어장이었습니다. 사람 낚는 어부가 되어 주님의 증인 된 사명 감당하라는 목사님의 축복기도가 생각이 났습니다. "오직 성령이 너희에게 임하시면 너희가 권능을 받고 예루살렘과 온 유대와 사마리아와 땅 끝까지 이르러 내 증인이 되리라 하시니라." 사도행전 1장 8절의 말씀을 붙들고 가는 곳마다 만나는 자마다 그리스도의 복음을 전하였습니다. 주님의 증인이 되라 명령하셨기에 주님 명령에 순종하며 최선을 다하였습니다.

저는 만 원짜리 지폐를 배춧잎이라고 표현하며 하나님께 많이 달라고 기도했고 주시면 주님 영광을 위해 사용하겠다고 기도했습니다. 1989

년 교회건축 헌금을 작정하는 시기에 남편(송순회 권사)과 간절히 기도하며 의논하였고 남편과 마음을 합하여 1억 원을 작정하고 하나님께 감사기도를 드렸습니다. 93년 남편 퇴직금과 모은 물질로 연희동에 낡은 집을 샀고 그곳에 건축하여 남편 사무실로 사용하려고 계획하던 중에 교회 장로님을 통하여 건축 설계허가를 받았고 건축해 주시기로 약속했으나 장로님의 바쁜 일정으로 말미암아 연희동까지 건축하기 힘들다고 다른 업자에게 맡기라고 했을 때 섭섭했지만 하나님은 저에게 건축 사업을 허락하실 계획이 있었던 것을 나중에 알게 되었습니다.

"내게 능력 주시는 자 안에서 내가 모든 것을 할 수 있느니라(빌 4:13)"는 말씀으로 하나님은 나에게 용기를 주셨고 강하고 담대함도 더하여 주셨습니다. 말씀을 붙들고 기도했으며 용기를 얻어 건축을 시작하게 되었고 하나님이 주관하시는 가운데 지하 1층 지상 4층 건물을 완공하게 하셨습니다. 입주자들이 입주할 시기에 첫 열매 예물을 하나님께 먼저 드릴 수 있도록 인도하신 하나님께 또한 감사를 드립니다.

하나님께서는 청주 가경동 384평에 고아원 양로원을 하겠다고 마음 먹었던 땅을 팔게 하셨습니다. 그리고 그 땅을 팔아 한서교회 부근에 땅을 사게 하셨고 건축 사업의 밑거름이 되는 물질로 복 주셨으며 건축 사업을 시작하게 하셨습니다. 건축현장에서 영혼 사랑하는 마음으로 전도하게 하셨고 입주자들에게도 전도하게 하셨습니다. 계속 이어 땅을 허락해 주셨고 건축하고 분양하게 하셨으며 하나님이 함께하신 가운데 형통하게 하셨습니다. 할렐루야! 모든 영광 하나님께 드립니다.(2007.5.13)

모든 영광 하나님께

"아무 것도 염려하지 말고 오직 모든 일에 기도와 간구로, 너희 구할 것을 감사함으로 하나님께 아뢰라. 그리하면 모든 지각에 뛰어난 하나님

의 평강이 그리스도 예수 안에서 너희 마음과 생각을 지키시리라."(빌 4:6~7)

98년 외환위기(IMF)가 터지면서 분양이 안 되어 자금 회전에 문제가 생겼습니다. 사기꾼까지 만나는 어려움도 있었습니다. 고난이 닥쳐온 것입니다. 고난이 곧 내게 유익이라는 말씀을 붙들고 하나님께 간절히 기도할 때에 깨달음을 주셨습니다. 십일조를 정확하게 드리지 못함을 하나님 앞에 회개하였고 말라기 3장 10절 말씀대로 하나님께 온전한 십일조를 드렸을 때 더 많은 복으로 채워주셨습니다.

이후에 하나님께서는 (주)시온종합건설회사를 허락해 주시어 송순회 권사와 함께 합력하여 선을 이루며 영광 돌리고 있습니다. (주)시온종합건설회사 회장님은 하나님이시고 저희 부부는 종업원으로 모든 일에 기도와 간구로 하나님께 아뢰면서 맡겨주신 물질을 잘 관리하고 선교하며 온전히 하나님께 영광을 돌리고자 합니다.

하나님의 준비하심과 계획을 깨닫고자 갈급한 마음으로 70일 철야 작정 기도를 하게 되었습니다. 기도하는 중에 저를 통해 영광 받으시기 원하시는 하나님의 계획을 깨달아 알게 하셨습니다. 주님은 언제나 나와 동행하시고 항상 함께하셔서 모든 일에 간섭하시고 복 주시는 살아계신 주님을 증거하는 간증사역자로 저를 택하셨습니다. 크고 작은 교회를 막론하고 전국적으로 주님이 가라 명령하는 곳이면 주님 심부름 하는 마음으로 달려가 그동안 베풀어 주신 은혜와 사랑을 나누고 살아계신 주님을 증거하며 온전히 주님께 영광을 돌립니다.

앞으로의 비전은 사랑하는 남편 송순회 권사(임마누엘찬양대장, 제3남선교회 회장)와 아들 송요셉 전도사와 딸 송한나(주일 3부 예배 반주자)와 더불어 오직 하나님께 영광 돌리는 사명자들이 되는 것입니다. 저는 청주에서 주님을 만났을 때 하나님께 고아원, 양로원 하겠다고 약속했던 일을 준비하기 위하여 현재 숙명여자대학교에서 사회복지과 공부를 하고 있으며 복지사역에 비전을 가지고 기도하며 준비하는 과정에 있습니다.

이미 죽었던 인생 그러나 예수님의 보혈로 모든 죄를 씻으시고 용서하신 주님을 찬양하며 새롭게 거듭나게 하심으로 새로운 인생을 살게 하신 예수님께 감사하며 모든 영광 하나님께 올려드립니다. 할렐루야!

"사랑하는 자여, 내 영혼이 잘됨 같이 네가 범사에 잘되고 강건하기를 내가 간구하노라(요삼 1:2)." (2007.5.20)

안심하라!
네 믿음대로
되리라!

발행일 2007년 7월 25일

양충재 지음

발 행 인 ┃ 신경하
편 집 인 ┃ 김광덕
편   집 ┃ 박영신 · 성민혜

펴 낸 곳 ┃ 도서출판 kmc
등록번호 ┃ 제 2-1607호
등록일자 ┃ 1993년 9월 4일

(100-101) 서울특별시 중구 태평로 1가 64-8 감리회관 16층
            (재)기독교대한감리회 홍보출판국
대표전화 ┃ 02-399-2008   팩스 ┃ 02-399-4365
홈페이지 ┃ http://www.kmcmall.co.kr
            http://www.kmc.or.kr
디자인 · 인쇄 ┃ (주) 아토21(02-2051-0980)

값 15,000원
ISBN 978-89-8430-360-7 03230